세계사를 바꾼
16가지
꽃 이야기

세계사를 바꾼 16가지 꽃 이야기

계절마다 피는
평범한 꽃들로 엮어낸
찬란한 인간의 역사

캐시어 바디 지음
이선주 옮김

현대
지성

이곳은 꽃들이 있는 세상이다

헨리 데이비드 소로

목차

꽃 모으기
11

꽃 모으기

2012년, 학술지 『노스 어메리컨 저널 오브 사이컬러지』는 꽃을 든 남성이 자동차를 얻어 탈 확률이 높다고 발표했다. 누군가를 살인 하려는 남성이 발길을 멈추고 작약부터 꺾지는 않는다고 생각하기 때문이다. 하지만 연구자들은 여기에 뭔가 더 중요한 요소, 더 결정 적인 요소가 있다고 믿었다. 꽃이 "감정을 강하게 불러일으키므로" 꽃을 들고 있는 사람을 보면 차에 태운다고 연구자들은 말했다. 이 책에서는 그게 어떤 감정인지를 파헤치려고 한다.

꽃은 독특한 색깔과 모양으로 눈길을 사로잡기도 한다. 독특한 색깔의 자주군자란, 오른쪽 왼쪽, 위아래가 완벽한 대칭을 이루는 해바라기, 공 모양의 파꽃, 디기탈리스의 우아한 꽃대에 눈길이 간 다. 꽃은 계속해서 우리에게 미학적인 깨달음을 주지만, 우리는 이 미 교육받은 것을 토대로 꽃을 보기도 한다. D. H. 로렌스는 수선화 를 보고 "목에 깃털이 달린 새가 횃대에 앉아 있는 모습"을 떠올렸 고, 프레데릭 세이델은 노란색 택시를 보면서 수선화를 떠올렸다. 존 러스킨은 잘 훈련된 감수성을 바탕으로, 아네모네 다발이 "흰 바탕에 주홍빛으로 연주하는 바이올린처럼 섬세하고 우아한 떨림, 다양한 색감을 보여준다"라고 선명하게 묘사했다. 뉴욕 현대미술관의 큐레이터이자 시인 제임스 스카일러는 1954년 3월 1일 전날, 오후 5시에 감상한 아름다움을 잊지 못했다. 그의 책상 위에 놓인 튤립의 초록색 잎과 분홍색 꽃잎이 맨해튼의 석양을 배경으로 찬란하게 빛나던 모습이었다.

하지만 꽃의 겉모습만 우리를 매혹하는 것은 아니다. 향기에 끌릴 때도 있다. 프랜시스 베이컨은 그 향기를 '꽃의 숨결'이라고 불렀다. 이웃의 울타리로 넘어가는 재스민 향내, 여름날 맨발에 닿은 백리향에서 훅 덤벼드는 냄새, 들이마시면 아찔해지는 사향장미의 향기. 아쉽게도 꽃을 재배하는 사람들은 대부분 매혹적인 향기를 그리 중요하게 여기지 않는다. 크기와 색깔을 보고, 무엇보다 빨리 시들지 않고 운송하기 좋은 꽃을 골라 기른다. 하지만 꽃집에 들어온 손님은 꽃 위로 몸을 기울여 냄새부터 맡으려고 한다고 꽃장수들은 말한다.

시각적, 후각적인 자극을 넘어서 우리는 꽃을 정말 좋아한다. 꽃과 관련된 여러 상징이 오랜 세월에 걸쳐 생기면서 전설, 역사, 속담, 시, 회화와 벽지 무늬 등 다양한 형태로 우리에게 전해졌기 때문이다. 꽃은 자연뿐 아니라 우리 문화에서도 살아 숨 쉬고 있다. 여자아이에게는 릴리(백합), 사프란, 포피(양귀비), 로즈(장미)나 데이지라는 이름을 많이 붙인다. 꽃의 라틴어 학명으로 농담을 할 수도 있다. 소설가 유도라 웰티는 밤에 꽃을 피우는 선인장 애호가 클럽의 회원이었고, 그 클럽의 모토는 '심각하게(serious를 선인장의 라틴어 학명

cereus로 바꾼 언어유희) 받아들이지 말자. 삶은 너무 신비하다'였다.

탄생과 죽음 그리고 그사이에 벌어지는 거의 모든 중요한 일을 기념할 때마다 우리는 꽃을 활용한다. 우리의 가장 깊고 오랜 기억 속에 꽃이 있다는 사실은 별로 놀랍지 않다. 공원에서 데이지 화환을 만들고, 옆집 튤립을 땄다가 야단을 맞고, 해바라기 씨앗을 심은 후 하늘 높이 자라는 모습을 지켜본 기억이 있다. 버지니아 울프는 아네모네에 관한 기억을 떠올린다. "엄마는 기차나 마차에 앉아 있었고, 나는 엄마 무릎 위에 있었다. 엄마는 검은색 바탕에 붉은색과 보라색 꽃이 수놓인 드레스를 입고 있었다. 나는 엄마 무릎에서 드레스의 꽃들을 정말 가까이에서 보았고, 지금도 검은색 바탕에 수놓인 보라색과 붉은색, 푸른색 꽃을 떠올릴 수 있다."

그들이 떠올리는 꽃과는 전혀 다른 향기를 풍길 때도 있지만, 향수는 이런 순간을 재현해준다. 마크 제이콥스는 '데이지'라는 이름의 향수를 만들면서 '귀족적이지도 이국적이지도 않지만 친근한 꽃'이라는 느낌을 선사하고 싶었다. 그런데 데이지에는 향기가 적어 재스민을 사용했다. 활짝 핀 벚꽃 나무들이 늘어선 '풍경'(향기가 아니라)을 떠올리게 하려고 만든 아쿠아 디 파르마(이탈리아 향수 브랜드)에서 출시한 '사쿠라' 향수에 재스민과 베르가모트, 분홍 후추 등을 넣어 '데이지' 향수를 만든 것이다.

❀

우리가 꽃을 사랑하는 이유 중 하나는 사랑, 죽음, 계층, 패션, 날

〈화환을 들고 있는 여성〉(1910-20년경)

씨, 예술, 질병, 국가에 대한 충성, 종교나 정치적인 이유, 우주를 향한 도전이나 시간의 흐름 등 삶의 크고 작은 문제들에 관해 서로 대화할 수 있도록 도와주기 때문이다.

우리는 아주 오래전부터 꽃을 통해 의사소통을 해왔다. 사랑을 표현하려고, 애도하는 마음을 나타내거나 사과하려고 꽃을 보낸다. 공중 보건 캠페인, 전쟁을 기념하거나 반대할 때도 꽃은 중요한 역할을 한다. 로라 다울링은 최근 오바마 행정부를 위해 '꽃 외교'를 했던 회고담을 내놓았다. 꽃은 백악관에서만 중요한 게 아니다. 카네이션은 러시아와 포르투갈에서 혁명을 의미하고, 사프란은 이제 인도의 민족주의 이야기를 담은 꽃이 되었다. 아일랜드에서는 개신교와 천주교를 상징하는 백합이 따로따로 있고, 중국의 나이 든 세대는 해바라기를 보면서 아직도 마오쩌둥 시대를 떠올린다. 이 책에서는 그런 이야기들을 모두 다루려고 한다.

사람과 식물의 관계에 관한 책을 쓰다 보면 축하 카드, 휘장, 속담, 램프, 노래, 사진, 의학, 영화, 정치, 종교와 음식에 관해 두루 이야기하게 된다. 꽃에 담긴 수많은 의미를 탐구하면서 문제를 제기한 회화와 연극, 시와 소설에 관해서도 할 이야기가 있다. 그래서 책을 꽃에 비유하기도 하고, 꽃을 책에 비유하기도 한다. 사람들은 일찍이 책을 '울타리를 두른 정원'에 비유했다. 각기 다른 내용을 모아 편집한 책은 다양한 꽃을 합친 화환이나 꽃다발로 비유했다. 선집選集, anthology이라는 단어는 원래 꽃antho을 모은다legein는 의미였고, 특별히 내용을 세심하게 골랐다는 사실을 강조했다.

그 전통을 따라 이 책에서도 16가지의 완전히 다른 꽃들을 모아

〈꽃 연구〉(1848). 자크 로랑 아가스 作

놓았다. 정원에서 피는 꽃, 플로리스트가 좋아하는 꽃과 함께 농작물로 재배하는 꽃도 소개했다. 일년생과 다년생, 덩굴식물, 나무 등 다양하다. 하지만 일부러 다양한 종류의 식물을 보여주려고 애쓰지는 않았다. 사실 이 책에서 탐구한 꽃들의 4분의 1은 국화과이다. 다양한 색깔의 꽃을 보여주려고 하지도 않았다. 이 책에는 노란색 꽃이 많이 나온다. 대신 다른 방식으로 다양한 꽃들을 보여주려고 했다. 역사가 오랜 야생화도 있고, 제국이 영토를 확장하면서 유명해진 꽃도 있고, 최근에 산업적으로 재배하기 시작한 꽃도 있다. 그래서 다양한 꽃을 혼합한 꽃다발 같은 책이 되었다. 내가 고른 16가지 꽃을 한 꽃병에 꽂기는 어려울 것이다. 사프란 크로커스는 키가 2.5센티미터 정도밖에 되지 않고, 아몬드꽃은 나무에서 자란다. 하

〈꽃을 손에 쥐고 있는 젊은 남성〉(1582) 일부.
헨드릭 골트지우스 作

지만 책에서는 그 꽃들을 나란히 놓을 수 있다(그게 책의 가장 큰 장점
중 하나다). 그리고 내 글이 꽃다발처럼 향기롭고 형형색색일 것이라
고 약속할 수는 없지만, 꽃보다 더 오래 살아남았으면 좋겠다.

꽃은 겉으로 드러나는 모습과 실체, 삶과 죽음, 시간의 본질 등 끈
질긴 철학적인 질문과 관련이 깊다. 우리 눈을 현혹하는 아름다움
이 어쨌든 계속될 수는 없다는 가르침을 주는 게 꽃의 주된 존재 이
유라고 도덕주의자들은 말한다. 구약 성경에는 "꽃은 시들지만, 하
나님의 말씀은 영원히 계속될 것이다"라는 가르침이 끈질기게 되
풀이해서 나온다. 시인들 역시 "오늘 웃고 있는 이 꽃이/ 내일이면
죽어가고 있으리"(로버트 헤릭)나 "환락의 앵초 길을 걷다가 영원한
지옥불로 들어가는"(셰익스피어 『맥베스』에서 문지기가 한 말) 같은 구절

〈녹색 위 빨간색〉(2012). 아냐 갈라시오 作

로 그런 가르침을 일깨운다. 16세기 네덜란드 미술가 헨드릭 골트지우스는 꽃 두 송이(그중 하나는 홀씨를 날리며 사라지는 민들레처럼 보인다)를 쥐고 있는 젊은 남성의 초상을 그리면서 라틴어로 "그리하여 세상의 영광은 지나간다"sic transit gloria mundi라는 금언을 집어넣어 주제를 강조했다.

　아냐 갈라시오의 최근 작품 〈녹색 위 빨간색〉을 보면 그 주제를 다시 활용했다는 사실을 알 수 있다. 작가는 빨간색 장미 1만 송이의 줄기를 자른 후 깔끔한 직사각형 모양으로 바닥에 깔았고, 가시를 매달고 누운 꽃송이들은 그대로 썩어갔다. 골트지우스(1558-1617)보다 400여 년 후에 작업하면서, 갈라시오는 삶의 덧없음보다는 예술 그리고 장미 자체의 덧없음에 더 관심을 가진다. 그저 며칠 후면 버려지려고 어마어마한 양의 장미가 먼 거리를 날아오는 현실에 관심을 가진다. 2017년 한 해에만 40억 송이의 장미가 비행기에 실려 콜롬비아에서 미국으로 왔다.

장미는 덧없음을 이야기하기에 적당한 꽃이다. 이솝 우화에서는 장미와 아마란스(우리가 아는 그 아마란스 같지는 않지만)가 토론을 벌인다. 아마란스가 장미에게 아름답다고 칭찬하자 장미는 아마란스에게 "아무도 나를 꺾지 않아도 나는 시들고 말아. 하지만 너는 계속 꽃을 피우면서 영원히 젊음을 유지할 수 있잖아"라고 이야기한다. 이솝은 꺾어서 말리더라도 색을 그대로 유지하는 아마란스를 부러워한다.

하지만 영원함이 정말 짧은 영광보다 나을까? 쉽게 동의하지 못하는 사람도 있다. 나는 장미와 양귀비처럼 생명이 짧아 우리에게 '죽음을 피할 수는 없다'라는 사실을 일깨워주는 꽃과, 카네이션이나 국화처럼 끈질긴 생명력이 있어 "그래도 계속 앞으로 나아가라"며 우리를 격려하는 꽃을 이 책에 모두 담았다.

어떤 꽃이든 의미는 언제나 상대적이다. 일종의 대조를 통해서만 그 의미가 드러난다. 큰 키(그리고 '대담하다')의 해바라기와 비교하면 제비꽃은 작다(그리고 '수줍어한다'). 온실에서 키우는 난초에 비해 들판의 데이지는 '자연스럽다'. 하지만 예쁘게 포장한 장미보다는 난초가 '자연스럽다'. 외래 식물은 한참 시간이 흘러 토박이처럼 되기 전까지는 이국적이다(멕시코에서 인도로 건너온 메리골드, 남아프리카에서 유럽으로 건너온 페라고늄처럼).

해리엇 비처 스토는 소설 『톰 아저씨의 오두막』에서 짙은 색 잎사귀가 달린 아라비아 재스민 등 열대지방의 최고급 꽃들로 가득한 노예주인 어거스틴 세인트 클레어의 흐드러진 뉴올리언스 정원과 전통적인 노예 오두막 주위에 눈부신 1년생 꽃들이 피어 있는 톰 아저씨의 깔끔한 꽃밭을 비교한다. 세인트 클레어의 '현란한'(외국에서 들어와 재배하는) 장미들은 수많은 꽃 아래에서 겨우 얼굴을 내밀지만, 톰 아저씨의 토종 찔레나무는 통나무 더미 위에서 힘차게 뻗어 나간다. 스토가 전하려는 메시지는 명확했다.

장미 한 송이에는 어떤 의미가 있고, 주황색이 아니라 흰색 백합 한 송이를 보여주는 게 어떤 의미인지 이해하면 도움이 되긴 하지만(이 책에서 그 의미를 파헤칠 것이다), 오래된 관습일수록 조금 흔들어놓고 싶은 유혹도 커진다. 5월의 사랑스러운 꽃봉오리만 이야기하는 게 아니라, D. H. 로렌스처럼 "해맑았다가 추하게 시들어가는 꽃" 이야기도 할 수 있다. 『톰 아저씨의 오두막』이 세계적인 베스트셀러가 된 지 7년 후 샤를 보들레르는 시집 『악의 꽃』을 출판했다. 이 시집에 실린 시에서 보들레르는 아름다운 여름날 아침에 들판을 거닐다가 기절할 뻔했던 애인을 떠올린다. 익숙한 이야기 같다고? 글쎄. 꽃처럼 곰팡이를 피우면서 썩어가는 시체가 햇빛에 드러났기 때문이라는 사실을 알고 나면 으스스해진다. 보들레르는 "죽음의 상징을 보고 싶다면, 들판에 있다"고 말한다.

꽃봉오리를 처녀에 비유하거나 시인 에밀리 디킨슨이 "야생화 블루벨이 벌 연인을 맞이하려고 허리띠를 풀었다"라고 표현했듯 꽃은 수백 년에 걸쳐 주로 여성에 관한 비유로 쓰였다. 여성의 눈을 제비꽃, 뺨은 백합, 입술은 장미, 허벅지는 연꽃에 비유했다. 18세기에는 야외 식물 채집이 숙녀의 몸과 마음에 모두 도움이 되는 완벽한 운동이라고 생각하기 시작했다. 하지만 정원에서 땅을 파고 나무를 심는 일은 튼튼하고 활동적인 여성에게 맡기는 게 가장 좋았다. 루이자 존슨은 1839년에 출간한 최초의 정원 안내서에서 굳이 손을 더럽히겠다고 우기는 숙녀는 높은 화단을 선택하라고 제안했다. 허리를 굽혀 꽃을 돌보기에는 힘에 부치는 여성이 많다는 게 이유였다.

여성은 수동적인 아름다움을 지닌 데다 연약하므로 꽃과 닮았다는 이야기를 수백 년 들었지만, 각자의 목적을 위해 꽃이란 수단을 다른 방식으로 활용한 여성도 많았다. 영국 여성들은 수줍어하는 듯 보인다는 제비꽃을 여성 참정권 운동을 상징하는 꽃으로 만들었고, 시인 메리앤 무어가 장미에게 "네 아름다움은 자산이라기보다 골칫거리이고, 가시가 그나마 최고"라는 사실을 알라고 가르친 것을 보면 꽃에 관한 기존 관념을 거부하면서 새로운 해석을 제시했음을 알 수 있다. 흑인 예술 운동에 참여한 그웬돌린 브룩스는 고개를 빳빳하게 쳐들고 "분노하는 꽃"을 찬양하는 시를 쓰고, 앨리스 워커는 "혁명적인 피튜니아"를 환영하는 시를 썼다. 최근에는 리타 도브가 "아무도 의식하지 않으면서 밤새 눈부시게 빛나는" 달맞이꽃에 찬사를 보내며 노래하는 시를 썼고, 루피 카우어는 "가장 빛나는 삶을 살기로 한" 해바라기를 여성은 닮아야 한다는 시를 썼다.

※

무엇이 삶을 밝게 만들어주냐고 물을 때 꽃이라고 대답하기 쉽다. 사람들은 꽃을 필수품보다는 장식품으로 생각하기 때문이다. 랄프 왈도 에머슨 같은 작가가 "한줄기 아름다움은 세상의 모든 실용품보다 가치 있다"고 주장했다면, 실용주의자들은 "꽃을 먹을 수는 없다"고 대답한다. 프랭클린 D. 루즈벨트가 1936년 대통령 선거 운동 때 "꽃은 먹을 수 없다"라고 똑같이 말했다. 공화당의 상대 후보 앨프 랜던이 '해바라기 주'라고 불리는 캔자스 주지사였던 게 주된 이유였다. 미국 유권자들은 루즈벨트와 뉴딜이 자신을 먹여 살릴 수 있다고 확신했으므로 압도적인 표 차로 루즈벨트를 재선시켰다. 물론 해바라기는 먹을 수 있다는 게 아이러니다. 사실 우리는 화초의 많은 부분을 먹는다. 이 책에도 꽃의 씨앗(아몬드), 열매(로즈 힙, 해바라기), 줄기와 뿌리줄기(연꽃), 암술머리(사프란)로 만든 식품이 등장한다.

꽃이란 사치품을 즐길 수 있느냐가 진짜 문제다. 식량 문제가 해결되기 전까지는 오직 즐거움을 위해 정원을 가꾸는 문화는 인류 역사상 어디에도 없었다. 수천 년에 걸쳐 꽃을 기르는 일은(숲에서 꽃을 꺾는 게 아니라) 꽃 재배에 필요한 땅과 일꾼이 있는 부자들만의 호사였다. 하지만 현대에 와서 도시 상업 문화의 발달로 중산층과 노동자층까지 꽃 소비자가 되면서 현대의 꽃 문화가 형성되었다. 꽃은 어느 정도 살 수도 있는 사치품이 되었다. 그것은 혁명적인 개념이었다.

1910년, 시카고의 공장 감독관 헬렌 토드는 "여성은 세상의 어머니여서 여성이 투표로 목소리를 내면 그 나라에서 태어나는 모든 아이가 삶의 빵(살 집과 안전)과 삶의 장미(음악, 교육, 자연과 책)를 누리는 날을 앞당기는 데 도움이 될 것"이라면서 여성이 참정권을 가져야 한다고 주장했다. 그다음 해에는 제임스 오펜하임이 "맞다. 우리는 빵을 얻기 위해 싸운다. 하지만 장미를 얻기 위해 싸우기도 한다!"라는 시를 발표하면서 헬렌 토드의 주장을 왁자지껄한 외침으로 만들었다. 그 외침은 다양한 음악이나 다양한 목적으로 되살아나면서 절대 사라지지 않았다.

전하려는 메시지는 명확하다. 인간은 빵이나 장미 혹은 경단이나 벚꽃 혹은 찰스 디킨스의 소설 『어려운 시절』의 구절처럼 꽃길 걷기와 현실 중 하나만 선택하라는 강요를 받지 말아야 한다. 우리는 둘 다 가질 수 없는가? 우리에게는 두 가지 모두 필요하지 않은가?

2차 세계대전 중에 영국 정부는 국민 모두 채소를 기르면서 "승리를 위해 농사를 짓자"고 설득했지만, 정원 가꾸기 관련 매체는 정원을 유지해야 한다고 주장했다. 씨앗을 소개하는 한 카탈로그는 꽃이 집 안과 마음을 모두 밝게 만드는 데 중요한 역할을 한다는 사실을 일깨웠다. 한련화나 메리골드를 조금 키운다고 많은 공간을 차지하지 않는 데다 꽃을 돌보면서 '불안한 마음을 달랠 수 있다'는 주장이었다.

이런 주장이 나오기 시작한 때는 고대로 거슬러 올라간다. 이슬람교 창시자 마호메트의 주장이라고 할 때도 있고, 그리스인 의사이자 철학자 갈레노스가 주장했다는 말도 있다. 둘 중 한 명이 "빵 두 덩이가 있다면 그중 한 덩이는 팔아서 수선화를 사야 한다. 빵은 육체의 식량이고, 수선화는 마음의 식량이다"라고 했다는 것이다.

히아신스나 백합이 수선화 대신 사랑받기도 했지만, 1910년쯤에는 장미, 특히 긴 줄기를 가진 장미인 '아메리칸 뷰티'가 가장 호사스러운 꽃이었다.

'과시적 소비', '트로피 와이프' 같은 용어를 만들어내 유명해진 사회학자 소스타인 베블런은 (앙고라 고양이와 깔끔한 잔디밭처럼 '비싼 아름다움'을 지닌) 이런 꽃들을 그저 "사치를 드러내는 물건"으로 분류했다. 이런 비싼 장미의 재배는 기업 자본주의의 생리를 잘 보여주기도 했다. 1904년, 스탠더드 오일 설립자의 아들인 존 D. 록펠러 주니어가 스탠더드 오일처럼 큰 회사와 아메리칸 뷰티의 성장 과정이 비슷하다고 한 말은 유명하다. 큰 회사와 아메리칸 뷰티의 화려함 둘 다 그저 적자생존 그리고 자연의 법칙과 신의 법칙이 작용한 결과라고 주장했다. 이런 비유는 금방 유명해졌고, 록펠러가 크고 화려한 장미 한 송이를 만들어내려고 다른 꽃봉오리들을 잘라내는 모습을 그린 캐리커처가 나오기 시작했다.

클로드 맥케이가 쓴 시처럼 "고단하게 일하는 인간 기계/ 비록 얽매여 있지만, 아름다움을 갈망할 수 있다". 작가들은 노동자가 꽃을 재배하고 감상하면서 그들에게도 감성이 있다는 사실을 보여주었다고 오랫동안 이야기해왔다. D. H. 로렌스는 노팅엄셔 광부들이 "아름다움을 제대로 알아보는 것 같은 관조하는 눈빛으로" 자기 집 뒤뜰의 꽃들을 바라본다고 지적했다. 로렌스는 그 광부들이 꽃을 보면서 감탄하지도 즐기지도 않지만, 사심 없이 제대로 응시한다면서 "예술가의 자질을 보여준다"고 결론 내렸다.

"정원 가꾸기도 예술이다." 이 말은 앨리스 워커가 1974년에 쓴

1905년 4월, 주간지 『커머너』에 실린 가이 스펜서의 캐리커처.
존 D. 록펠러 주니어와 어메리칸 뷰티가 보인다.

에세이 「우리 엄마의 정원을 찾아서」의 주제이기도 했다. 그의 증
조모, 조모, 어머니 세대의 '창의적인' 흑인 여성이 제한적이지만 자
신을 표현할 수 있었던 수단이 무엇이었는지 소개하는 글이다. 워
커는 그 여성들이 누비바느질, 노래 그리고 무엇보다 정원 가꾸기
같은 일상적인 활동을 통해 표현하는 창의성을 찬양했다. 그는 어
머니의 정원이 "색색의 꽃들로 눈부시게 아름답고, 디자인이 독창

적이고, 생동감과 독창성이 넘쳐서 낯선 사람들이 어머니가 만든 작품 가운데 서 있거나 걸어 다니고 싶어서 차를 몰고 왔다"라고 감동적으로 썼다.

앨리스 워커는 미국 남부 조지아에서 성장했고, 리처드 라이트 역시 워커보다 조금 전 이곳에서 성장한 흑인 소설가였다. 라이트가 어렸을 때도 미시시피 삼각주는 아름다운 곳이었다. 사과나무가 꽃봉오리를 터뜨리고, 목련 향기가 여름 공기를 채웠다.

하지만 워커, 맥케이, 로렌스와 달리 라이트는 계절마다 이렇게 우아하게 변화하는 풍경이 어떻게 진정한 예술을 만들어낼 수 있는지 알아내려고 노력했다. 그는 매일매일 해가 뜰 때부터 질 때까지 힘들게 일해야 해서 "봄이든 여름이든 가을이든 겨울이든 시간이 무자비하게 흘러" 계절의 순환이나 꽃이 사실상 아무 의미도 없는 '미시시피 소작인'의 관점에서 보려고 했다.

우리는 어디에서 어떻게 사느냐에 따라 각자 다른 방식으로 한 해를 구분한다. 언제 씨앗을 심고, 건초를 모으고, 곡식을 수확하는지에 따라 생계가 좌우되는 사람들에게는 계절이 가장 중요하다. 특정 성인의 날에 날씨가 어땠는지, 어떤 꽃이 피었는지를 보면 다가오는 해가 어떠할지를 알 수 있다고 여길 때도 많았다. 성촉절(聖燭節, 2월 2일)에는 스노드롭이 많이 피어야 하고, 성 발렌타인의 날(2월 14일)에는 크로커스가 많이 피어야 한다.

계절의 변화는 근본적으로 빛의 문제다. 지구가 태양 주위를 1년에 걸쳐 공전하면서 어느 위치에 있느냐에 따라 계절의 리듬이 나타난다. 한 해에는 낮이 가장 긴 하지와 가장 짧은 동지 그리고 낮과 밤의 길이가 똑같은 춘분과 추분 등 4개의 축이 있다. 그렇다 해도 사계절이 각각 3개월씩 나타나는 달력은 너무 단순해 보인다. 몬순이나 허리케인처럼 해마다 발생하는 자연현상을 고려하거나 생태학적으로 계절을 판단하면 어느 정도 융통성을 발휘할 수 있다. 예를 들어, 스노드롭이나 뻐꾸기가 처음 모습을 드러내면 봄이 시작되었다고 보는 식이다. 물론 우리가 어느 지역에 사느냐에 따라 모든 게 달라진다.

사계절로 뚜렷하게 나눈다는 게 별로 맞지 않는 지역도 많다. 가령, 인도에서는 두 달씩 묶어 여섯 계절로 나누는 게 더 유용하고, 이집트에서는 나일강이 매년 범람하는 때를 기준으로 세 계절이 등장한다. 존 뮤어는 캘리포니아 센트럴 밸리에는 봄과 여름, 두 계절밖에 없다고 지적했다. 11월이면 "아름다운 꽃들이 활짝 피는" 봄이 시작되지만, 5월 말이면 모든 식물이 "생기를 잃으면서 마르고 버석버석해져" 오븐에 구운 것처럼 되기 때문이다.

카리브해 지역도 두 계절밖에 없어서 시인 데릭 월컷은 계절이 가뭄과 비라는 두 가지 직접적인 힘을 드러낸다고 생각했다. 월컷은 유럽인들이 "이런 기후에는 계절 구분도 미묘한 느낌도 없다"고 하면서 서인도 제도 사람들을 '예술을 할 수 없는 존재'로 보았다고 비판했다. 월컷은 또한 계절 변화를 예찬하고 계절이 바뀌는 기후에서 최고의 예술이 생겨난다고 믿도록 교육받으면서 성장한 서인도 제도 사람들은 "그들의 예리한 시각이 ABC나 삼원색처럼 원초적이고 근원적이며 날것 그대로라는 사실에 두려워할 수밖에 없다"고 기록했다. 수선화를 다룬 장에서는 카리브해 지역 작가들이 봄과 워즈워스에 관해 무엇이라고 말했는지 살펴보면서 이런 불안에 관해 더 이야기하려고 한다.

나는 이 책을 사계절로 나누어 구성했다. 주로 영국에서 자란 나에게 익숙한 방식이기 때문이다. 북반구 온대지역의 자연에서 계절마다 피어나는 친숙한 꽃들을 많이 소개했다. 늦겨울에는 스노드롭이 피고, 여름에는 해바라기가 피고, 가을에는 국화가 핀다. 하지만 산업화와 도시화가 오랫동안 진행되었기 때문에 자연스러운 계절 변화를 느끼기 어려울 때가 많다. 현대의 꽃 재배 체계에서는 새로운 방식이 폭넓게 도입되고 있다. 19세기 말부터 온실에서 꽃을 재배하면서 국화, 카네이션, 장미와 다른 많은 꽃을 1년 내내 볼 수 있게 되었다. 그 꽃들이 원래는 계절에 따라 피었다는 사실조차 잊어버릴 때가 많다. 게다가 1년 중 어느 때고 배를 사서 먹고 튤립을 살 수 있는 현대 도시에서 사는 사람들 사이에는 새로운 문화 전통이 생겨났다. 꽃이 피는 시기보다는 밸런타인데이 장미, 5월 1일 근로자의 날 카네이션처럼 구체적인 기념일과 특정 꽃을 연결해 생각하는 문화 말이다.

각각의 꽃이 나타내는 계절이 달라지는 데는 여러 이유가 있다. 예를 들어, 초여름에 꽃을 피우는 개양귀비는 1차 세계대전 참전용사를 상징하는 꽃이 되면서 1차 세계대전 종전 기념일이 있는 11월에 다시 (조화로) 피어난다. 게다가 기후 변화가 계절에 영향을 끼치면서(북쪽 기후도 여름과 겨울이 길고 간절기는 짧은 남쪽 기후와 비슷해졌다) 사계절로 구성한 이 책이 시대에 뒤떨어져 보일 수도 있겠다는 생각은 든다.

봄

봄

봄
그것은 봄의 노래!
나는 오랫동안
봄의 노래를 기다려왔다.
-〈땅의 노래〉, 랭스턴 휴스

봄의 제왕이여,
그녀와 나를 화해시켜 주세요.
나는 당신에게 꽃을 갖다 드릴게요.
-〈소박한 부탁〉, 인도의 사랑 시

봄은 이렇게 시작한다. 짙어지는 푸른 잎사귀, 천천히 부풀어 오르는 꽃봉오리, 점점 길어지는 낮…. 느릿느릿 바뀌다 갑자기 뭔가 더욱 확실해진다. 토마스 하디가 소설 『광란의 무리를 떠나서』에서 묘사했듯 "북적거리고, 팽팽해지고, 서로 밀치고, 모두 함께 힘을 모은다." 꽃봉오리는 점점 벌어지고, 정원사와 작가는 그 모습을 지켜본다. 스노드롭, 투구꽃, 크로커스, 옴팔로데스, 앵초, 아네모네, 튤립, 히아신스, 제비꽃, 수선화. 제라드 맨리 홉킨스가 "풍요로운 모습으로 모두 바삐 움직인다"라고 했듯 봄에 관한 이야기는 언제나 똑같다. 하지만 봄은 매년 어느 곳에서나 놀랍도록 아름다운 모습을 보여준다.

데이지는 봄을 알리는 꽃 중 하나이다. 속담에서 이야기하듯 일곱, 열둘, 열아홉 송이(정확한 숫자는 그때그때 달라진다) 데이지가 "우리 발에 키스하려고" 나타나는 때는 봄밖에 없다. 꽃을 여성이라고 생각한다면 데이지는 그 해의 사랑스럽고 어린 소녀들이다.

봄의 시작을 남녀의 복잡한 역학 관계로 읽어내는 이야기도 있다. 오비디우스는 행복한 결말로 끝나는 일종의 강간으로 봄이 시작되었다고 상상한다. 요정 클로리스는 바람의 신 제피로스에게 납치당한 다음 플로라 여신으로 변신하고, 입에서 꽃을 쏟아낸다. 플로라는 "제피로스가 나에게 신부라는 이름을 주었고, 내가 결혼생활에 불만이 없기 때문에" 제피로스의 성폭행을 용서했다고 말한다. 제피로스는 또한 "해마다 꽃이 만발한" 영원한 봄을 플로라에게 지참금으로 주고, 꽃을 다스리게 했다. 하지만 '다스린다'는 게 그다지 어울리는 말은 아니다. "꽃들의 색이 몇 가지인지 세어보고 싶었던 적이 많지만, 그럴 수 없었다. 너무 많아 셀 수가 없었다"고 플로라는 설명한다.

영국이나 일본처럼 사계절이 뚜렷한 곳에서 생활하는 시인, 화가, 작사가 들은 봄꽃을 볼 때마다 그저 또 다른 계절이 온다고 받아들이는 게 아니라 자신의 상상력이 완전히 새롭게 작동할 징조로 환영했다. 영국(좀 더 넓게 보자면 영어권 세계)에서는 워즈워스의 시에 등장하는 수선화만큼 상상력을 불러일으키는 꽃도 없다. 하지만 우리가 자메이카 킹스턴이나 심지어 스코틀랜드 애버딘에 살았더라면 봄이 왔다고 왜 그렇게 야단법석인지 이해하기 어려울 수 있다. 엘스페스 바커의 소설 『오 칼레도니아*O Caledonia*』의 주인공 재닛은 "이런 곳에 사는 사람들은 '봄'이라는 단어를 사용하지 않았어. 그들은 '겨울의 끝'이나 '여름의 시작'이라고 말했어. … 겨울이 사그라지면 여름이 되었고, 간절기는 아예 없는 듯했어. 봄이 왔다고 기뻐하면서 시와 노래로 환영하는 일은 좀체 없었어"라고 생각한다.

잉글랜드 남부에서조차 계절 변화에 대한 기대를 회의적으로 본다. 어느 여름날, D. H. 로렌스 소설의 주인공 채털리 부인은 숲속의 꽃들을 보려고 남편 클리퍼드 경을 바퀴 달린 의자에 앉혀 밖으로 데리고 나갔다. 두 사람은 언쟁을 벌인다. 클리퍼드는 지배층과 피지배층 사이에는 넘을 수 없는 장벽이 있다고 주장하고, 사냥터 관리인과 바람을 피우던 코니(채털리 부인)는 동의하지 않는다. 그때 클리퍼드가 갑자기 블루벨, 히아신스와 물망초를 바라본다. 그리고 "영국의 봄만큼 사랑스러운 게 또 있을까?"라고 외친다. 두 사람이 꽃 때문에 화해했다고 암시하는 구절일까? 전혀 그렇지 않다. 코니는 "봄꽃조차 의회에서 제정한 법령에 따라 피는 것처럼 말하잖아. 영국의 봄이라니! 아일랜드의 봄이나 유대인의 봄이라고 하면 안 돼?"라고 조용히 투덜거린다.

봄은 그저 세상을 바꾸기만 하는 것으로 그치지 않는다. 앨리 스미스는 시간과 공간, 사람을 연결하는 위대한 존재이기도 하다고 적었다. 조지와 아이라 거쉬윈 형제는 "멋지고, 놀랍고, 황홀하고, 매혹적인 네 잎 클로버의 시간"이라고 표현했다. 코니는 사냥터 관리인과 관계를 맺는 게 제일 중요하다(여름 편 참조). 클리퍼드처럼 아무와도 관계를 맺지 못하고 버려진 사람은 유명한 재즈곡 가사처럼 "지난해에 썼던 부활절 모자와 함께 선반 위에 올라가 … 눈이 와서 클로버를 덮길 기도할 뿐이다". 실연한 사람은 어느 계절보다 봄이 가장 괴로울 수 있다.

19세기 사회학자 에밀 뒤르켐은 우리 생각과는 달리 봄에 자살률이 올라가고, 이는 "만물이 깨어나기 시작하고, 활동을 새로 시작하고, 관계가 싹트고, 교류가 많아지기" 때문이라고 정확한 이유를 설명했다. 앨리 스미스는 '에이프럴April'(4월)이라는 단어가 "열다, 다가갈 수 있게 하다, 다가가지 못하게 하는 것은 뭐든 제거한다"라는 의미를 지닌 라틴어 '아페리레aperire'에서 유래했음을 일깨운다. 하지만 새로울 게 없거나 겨울의 족쇄를 떨쳐버리지 못하거나 이 모든 정수, 이 모든 기쁨에 다가갈 수 없을 때는 뭔가 미묘하게 우울해지기 시작한다. 아마도 봄은 매년 어김없이 찾아오지만, 완전히 새롭기도 해서 그런 느낌이 들 것이다. 너새니얼 호손은 "봄이 새롭게 푸르러질 수 없을 정도로 세상이 그렇게 타락할까?"라고 물었다. 음, 그렇다. 어떤 때는 돌이킬 수 없을 정도로 타락했다는 느낌이 확실히 든다.

셸리는 "겨울이 왔다 갔다"라고 썼고, 키츠는 "하지만 해마다 깊은 슬픔이 돌아온다"라고 한탄했다. 그리고 그저 시간이 흐르는 게 달갑지 않은 사람도 있다. 35세 생일을 몇 달 앞두고 데이비드 소로는 "나이가 들면서 우리는 봄이 와도 생기를 찾지 못할 수도 있고, 우리의 겨울이 절대 끝나지 않을 수도 있다"라고 썼다. 젊은 사람도 이렇게 비관론자가 될 수 있다. W. D. 스노드그래스 역시 30대 초반에 머리 위로 떨어지는 봄꽃을 보고 "나무도 나도 곧 헐벗게 될 것"이라는 생각밖에 들지 않았다. A. E. 하우스먼의 시에 등장하는 슈롭셔 청년은 20세밖에 되지 않았는데도 자신이 앞으로 몇 번이나 봄을 맞을지 세어보려고 한다. 그는 자신의 수명을 70세로 추정하면서 "그렇다면 겨우 50번밖에 안 남았다"라는 사실을 깨닫는다.

> 그리고 활짝 핀 꽃들을 보려면
> 눈에 덮인 벚꽃을 보러
> 숲으로 가려면
> 50번의 봄으로는 빠듯하다.

1차 세계대전 때 많은 젊은이가 시집 『슈롭셔의 젊은이』를 전쟁터로 가지고 갔고, 작곡가 조지 버터워스도 그랬다. 그는 이 시를 비롯한 하우스먼의 시들에 곡을 붙여 노래로 만들었다. 버터워스는 1916년 8월 5일, 35세 때 저격병이 쏜 총에 맞아 사망했다. 자그마치 백만 명의 젊은이가 사망하거나 부상한 솜 전투에서였다.

가을이 죽은 사람을 위해 꽃 축제를 벌이는 때라면, 봄에는 살아 있는 사람들과 함께 즐거워한다. 이게 고대의 보편적인 관습이었다. 하지만 오늘날 봄 축제는 대부분 기념행사와 관련이 있어서 그 계절에 자연스럽게 피는 꽃이 아닌 상업적으로 재배한 꽃을 사용한다. 메리골드는 멕시코 '죽은 자의 날' 축제에서 중심 역할을 하는 꽃이어서 가을 편에 포함했지만, 힌두교 홀리Holī 봄맞이 축제의 꽃이기도 하다. 미국인 대부분이 부활절에 사는 꽃은 일본에서 수입한 다양한 백합이다. 다른 곳에서는 남아프리카 공화국에서 수입한 칼라를 산다(남아프리카 공화국에서 칼라가 꽃 피우는 시기는 8월부터다). 개인이나 종교뿐 아니라 사회와 정치에서도 새로워지려는 희망을 품을 수 있다. 그래서 전 세계 근로자의 날 집회에서 상징으로 사용하는 빨간색 카네이션을 봄 편의 마지막 꽃으로 소개했다. 원래는 여름에 피지만, 온실 재배로 일찍 개화해 봄을 상징하게 된 꽃이다.

1

데이지

로버트 번스가 "아주 작고, 소박하고, 끝부분은 진홍색"이라고 노래한 데이지(학명 Bellis Perennis)를 구태여 자세히 소개할 필요가 있을까? 달콤한 향기를 풍기고, 수수하고, 잘난 척하지 않고, 겸손하고, 온화하고, 서민적이라는 게 데이지를 표현하는 형용사다. 엘리자베스 켄트는 데이지를 '울새 같은 꽃'이라고 생각했고, 존 클레어는 매년 '오랜 친구'처럼 반기며 맞았다. 유럽 서부와 중북부가 원산지이지만 미국과 오스트레일리아를 포함해 온대 지방 전역으로 퍼진 데이지는 워낙 많은 곳에서 자라기 때문에 관점에 따라 가장 민주적인 꽃으로 볼 수도 있고, 흔한 잡초로도 볼 수 있다.

홀로 피는 법이 없는 데이지의 습성 때문에 "당신과 같은 마음입니다"라는 꽃말이 빅토리아 시대에 생긴 것 같다. 루이스 캐럴은 감상적인 표현을 늘어놓는 이런 흔한 방식을 비꼬았지만(그의 소설에 등장하는 꽃들은 조용히 신호를 보내지 않는다. 실제로 말을 한다), 그러면서도 같은 종류끼리 연합하는 익숙한 방식은 그대로 유지했다. 데이지가 『거울 나라의 앨리스』에서 모습을 드러낼 때는 워즈워스의 시에서처럼 "수많은 꽃이 별처럼 반짝이는" 게 아니라 여럿이 시끄럽게 떠들어댄다. 한 송이의 '작고 날카로운' 목소리도 견디기 어려울 정도지만, 모든 데이지가 동시에 말하는 나쁜 습관 때문에 바람결에 이리저리 흔들리던 (말할 가치가 있는 사람이 있을 때만 대화에 참여하는) 참나리를 짜증 나게 한다. 결국, 도도한 앨리스가 허리를 구부리고 "입을 다물지 않으면 너희를 뽑아버릴 거야!"라고 위협적으로 말한다.

데이지는 다른 의미에서도 일상적인 성격을 지녔다고 할 수 있다. 데이지의 영어 이름이 옛 영어 'dægesege'('낮의 눈')에서 유래했기 때문이다. '낮의 눈'은 리 헌트가 눈여겨보았듯, 데이지가 밤에는 분홍빛 눈썹을 내렸다가 아침에 다시 올린다(꽃잎을 오므렸다 펼친다)는 사실을 나타낸다.

고상하게 마거리트(데이지)를 노래하는 전통이 있는 프랑스의 중세 시에서는 데이지와 여성이 같은 미덕을 가졌다고 하지만, 밝은 측면보다는 언제 다정하게 구는 게 적절할지를 더 강조한다. "꽃잎을 펼쳐 태양 쪽으로 기울인다는 것은 자존심을 내세우지 않고, 겸손하고 예의 바르고 반갑게 맞이한다는 뜻"이라고 기욤 드 마쇼는 분명하게 말했다. 그는 계속해서 "손으로 데이지를 따서 마음껏 바라보고, 내 입 그리고 눈으로 들어 올리고, 키스하고, 만지고, 냄새

맡고, 느끼면서 그녀의 아름다움과 달콤함을 감미롭게 즐길 수 있다면 더는 아무것도 바라지 않는다"라고 이야기했다. 하지만 사랑스러운 꽃이 꽃잎을 "정말 꼭 오므려 아무것도 그 안으로 들어오지 못하게" 하고, "황금빛 중심이 약탈이나 도적질을 당하지 않게 하는" 능력도 똑같이 경탄할 만하다. 마쇼가 보물 이야기를 하면서(마거리트라는 단어에는 진주라는 뜻이 있다) 우화적으로 표현한 의도를 알아차리기 어렵지는 않지만, 그는 무심코 식물 문제와 관련해서도 언급했다. 하지만 식물이라는 맥락에서는 데이지가 지나치게 약탈당한다기보다 거의 약탈당하지 않는다고 할 수 있다. 밤에는 제대로 된 꽃가루 매개체가 돌아다니지 않기 때문에 데이지는 소중한 꿀이 증발하는 것을 막으려고 꽃잎을 오므린다.

1900년, 리처드 키어튼은 새로운 세기의 시작을 기념하는 방법으로 데이지의 하루 리듬을 더욱 시적으로 보여주려고 동트기 전에 런던 근처 들판을 찾았다. 오늘날 자연사 사진의 창시자 중 한 명(그의 남동생 체리Cherry가 나머지 한 명이다)으로 인정받는 키어튼은 일출 전에 한 장, 직후에 한 장, 이렇게 두 장의 사진을 촬영했다.

그 이미지들(《잠들어 있는 데이지》와 《잠에서 깬 데이지》)을 랜턴 스크린에 비추었을 때 평생 시골에서 살아온 남녀 관객들은 경탄하면서 바라보았다. 이것으로 사진이 누구에게나 가치 있다는 사실이 증명되었다고 키어튼은 말했다. 도시인뿐 아니라 시골 사람도 그들 주위에서 끊임없이 일어나는 흥미로운 변화들을 많이 놓치고 사는 게 분명했기 때문이다. 하지만 우리가 키어튼의 사진을 보면서 느끼는 즐거움은 그저 기록된 장면을 보는 것 이상이다. 빽빽하게 피어 있는 꽃들을 초점을 좁혀 바로 위에서 촬영한 그의 사진은 우리 시대의 보이지Voysey 벽지 디자인이나 구스타브 카유보트가 자신의 식당에 데이지 화단을 만들려고 1890년대에 그린 평면 패널화를 떠올리게 한다. 또다시 뒤섞인 자연과 문화다. 그리고 여기에 인공조명 문제까지 덧붙어 들어왔다. D. H. 로렌스는 초창기 시 중 하나에서 피커딜리 서커스의 노란색 전등 아래서 '모든 잘못을 깨달은' 데이지들을 상상한다. 그리고 불행히도 동시에 등장한 창백한 얼굴의 매춘부들을 데이지와 비교한다. 로렌스 생각에 꽃이나 인간의 자연스러운 리듬에 끼어드는 것은 절대로 좋은 일이 아니다.

윤곽으로는 데이지 형태가 단순해 보이지만(어린아이들이 꽃을 묘사할 때 주로 그리는 게 데이지다), 그 구조는 굉장히 복잡하다. 중앙의 밝은 노란색 화반花盤을 멀리서 보면 하나의 꽃으로 보인다. 하지만 데이지는 관 모양의 작은 꽃들이 수십 개씩 빽빽하게 모여 이루어져 있다. 각각의 꽃마다 아주 작은 암술과 수술이 들어 있다. 데이지가 속한 국화과科의 원래 이름 'Compositae'은 이렇게 작은 꽃들이 모인 합성물composite임을 나타낸다. 데이지의 화반은 꽃잎이 아니라 '주변화'로 알려진 또 다른 무리의 아주 작은 꽃들에 둘러싸여 있다.

루소는 그 꽃들을 작고 하얀 혀들에 비유했다(데이지와 해바라기에는 화반과 주변화가 모두 있지만, 같은 과의 다른 꽃에는 둘 중 하나만 있다. 민들레에는 주변화만 있고, 엉겅퀴에는 화반만 있다). 벨리스 페레니스(데이지)의 구조는 특별히 파리, 벌, 나비에 매력적이다. 주변화에 내려앉아 화반의 꿀과 꽃가루에 다가가기 좋아서다. 다른 먹이를 찾기 어려운 초봄에는 많은 곤충이 잔디밭의 데이지에 의존해 생명을 유지한다. 하지만 잔디 볼링장이나 테니스 코트의 관리인은 사방으로 뻗어 나가는 데이지의 뿌리줄기를 제거하려고 정말 애를 많이 쓴다.

데이지는 사람에게도 보물을 제공한다. 약제사들은 데이지의 꽃과 잎을 모두 사용해서 상처, 특히 멍을 치료할 찜질 약을 만든다(데이지는 때때로 뼈 풀이나 멍 풀로 알려지기도 했다). 데이지의 모양과 습성은 또한 눈병을 치료하는 아이브라이트(학명 Euphrasia officianalis)처럼 눈과 관련 있는 꽃 무리에 속한다는 사실을 보여주었다. 잠바티스타 델라 포르타와 윌리엄 콜스 같은 16~17세기의 식물학자들이 활용한 이론에 따르면 그렇다. 그들은 신이 각각의 식물마다 "특별한 '표시'signatures를 남기셨기에, 그 식물의 특징을 보면 어떻게 사용할지 알 수 있다"라고 믿었다. 데이지를 만지면 성장에 방해가 된다고 믿는 사람들에게는 작은 키로 자라는 데이지의 습성이 또 하나의 표시로 보였다. 그래서 유모들에게는 아기가 데이지를 만지지 못하게 하라고 가르쳤지만, 개 사육사들에게는 강아지의 몸집을 키우고 싶지 않으면 먹이로 주는 우유에 데이지를 넣으라고 말했다.

🌼

데이지가 어린이를 연상시킬 때가 정말 많은 이유 중 하나는 자그마한 크기 때문이다. 요크셔에서는 그 꽃을 '어린이 풀'이라고 부른다. 하지만 그 꽃이 어디에서나 많이 피어 있어 어린 시절 쉽게 갖고 놀 수 있다는 게 조금 더 그럴듯한 설명이다. 어른들은 데이지 들판(아니면 동네 공원)을 이리저리 돌아다니면서 데이지를 가지고 놀던 시

DOCTRINE OF SIGNATURES.

PLANT RESEMBLING THE EYES.

FROM A WOODCUT OF THE XVI. CENTURY.

아이브라이트와 인간의 눈을 비교하며 잠바티스타 델라 포르타
의 '형상유비설'※을 설명하는 목판화

절을 향수에 젖어 돌아볼 때가 많다. 때때로 그 놀이를 좀 더 어른에게 어울리는 용도로 바꾸기도 하지만.

먼저 데이지의 하얀색 주변화를 떠올리면서 누군가가 우리에게 반했는지 아닌지 알아내려고 그 작은 꽃들을 하나하나 떼어 냈던 시절이 기억날지도 모른다. 데이지 주변화의 숫자는 다양하기 때문에 이 놀이를 하면서는 조마조마할 수도 있다. 하지만 홀수가 많아 '반했다'라는 답을 얻어내기 쉽다고 주장하는 사람도 있다. 나를 좋아하는 사람이 올해나 내년에 나타날지, 언젠가 나타날지, 아니면 아예 나타나지 않을지, 그 사람이 부자일지, 가난한 사람일지, 거지일지, 도둑일지 아니면 용감한 육군일지, 푸른 제복의 해군일지, 늠름한 공군일지 그리고 얼마나 많은 사람이 나를 좋아할지, 그 사람이 나를 다정하게 대할지, 열정적으로 대할지와 같이 좀 더 복잡한 질문도 가능하다.

데이지의 부드럽고 연한 줄기를 이용해 데이지 체인을 만드는 놀이도 있다. 데이지 줄기의 중간에 날카로운 손톱으로 작은 구멍을 만든다. 다른 줄기를 그 구멍으로 밀어 넣으면서 길게 이어 목걸이, 팔찌나 화관을 만든다. 리처드 메이비는 『영국의 식물*Flora Britannica*』에서 이런 놀이를 몇 가지 기록했다. 그중에는 노란색 꽃들

＊　　　　doctrine of signatures, 식물의 형상과 신체의 형상 사이의 유비를 통해 효능을 알아낸다는 의미로 사용한 용어로 형상유비설(形象類比說) 정도로 옮길 수 있다─편집자

사이로 긴 줄기의 데이지를 밀어 넣어 애벌레 모양으로 만드는 웨일스의 놀이와 줄기에 낸 구멍 사이로 꽃잎을 집어넣어 거꾸로 자라는 것처럼 보이게 하는 아일랜드와 오스트레일리아의 놀이도 있었다.

오늘날에는 서로 연결된 것을 가리킬 때 '데이지 체인'이라는 말을 폭넓게 사용한다. 전기전자 배선과 장치, 데이터를 연결하는 시스템을 비롯해 어떤 일이 계속될 때, 3명 이상이 성행위를 할 때, 특정 주식의 가격을 올리기 위해 계속 거래할 때 등 온갖 상황에서 사용한다. 매년 5월이면 바사 대학 2학년 학생 몇 명이 하얀 드레스를 입은 채 데이지와 월계수를 엮어 정교하게 만든 길이 45.7미터의 로프를 들고 졸업식에 참가한다. 소설가 메리 매카시는 1930년대 초에 바사 대학에 다녔지만, 한 번도 이런 행사에 참가한 적이 없었다. 대학 친구들은 메리 매카시의 짓궂은 미소, 부스스한 머리카락, 아일랜드인의 전형적인 특징을 보여주는 얼굴을 상당히 신이 나서 떠올리면서 '데이지로 만든 체인이 어울릴 만한 사람은 아니었다'라고 한다. 그리 관대하지 않은 평가다. 하지만 매카시 역시 소설 『더 그룹*The Group*』에서 그들의 우정, 성생활과 직장생활을 그리 관대하지 않게 묘사했다. 매카시가 데이지 체인이라는 말에서 서로 얽힌 여성의 삶을 생각했다면, 그의 소설이 《섹스 앤 더 시티》,《걸스》같은 텔레비전 드라마를 비롯한 여러 이야기를 계속 만들어냈으니 정말 잘 맞는 말이다.

꽃송이를 강이나 호수에 배처럼 띄우는 일도 인기 있는 놀이 중 하나다. 떠내려가는 꽃송이들을 지켜보는 일만큼 재미있는 게 있을

바사 대학의 데이지 체인(1910)

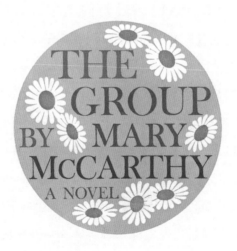

메리 매카시의 소설 『더 그룹』의 미국 초판 표지. 데이지 여덟
송이는 여덟 명의 주인공을 상징한다.

까? 1931년 영화 《프랑켄슈타인》에서 괴물(보리스 칼로프 주연)이 바로 그 광경을 지켜보았다. 마리아라는 어린 소녀가 호수에 데이지를 던지면서 같이 놀자고 하자 괴물은 즐거워한다. 순진한 소녀와 괴물이 어울리는 모습은 감동적이다. 하지만 괴물은 꽃송이들을 모두 던진 후 꽃과 아이를 구분하지 못하고 마리아를 물에 던져버린다. 그다음 엄청나게 죄책감을 느끼면서 숲으로 도망친다. 미국과 여러 나라의 영화 검열관들은 그 장면이 너무 무시무시하다고 판단해 프랑켄슈타인이 소녀를 던지기 직전 부분부터 완전히 삭제했다. 하지만 그 때문에 영화가 더 으스스해졌을 뿐이다. 다음 장면에서 소녀의 시체가 등장하자 무슨 일이 벌어졌는지 관람객이 추측해야 했기 때문이었다. 원본 영상은 1980년대에 와서야 복원되었다.

1964년 미국 대통령 선거에서 린든 존슨이 배리 골드워터를 이기도록 도왔던 토니 슈와츠가 유명한 정치 광고를 만들면서 '데이지 소녀'를 떠올렸을 때도 아마 마리아와 괴물을 생각했을 것이다. 그는 어떤 정보를 주거나 뭔가를 주장하지 않는 광고를 처음 선보이면서 이후 선거 운동의 원칙을 완전히 바꾸어놓았다. 광고의 목적은 분명하고 단순했다. 보는 사람의 감정을 자극하면서 휘어잡으려고 한 것이다. 그것도 60초 안에 반응을 이끌어내려고 했다. 광고 연출자는 즉각적인 반응을 유도하기 위해 분명하고 쉽게 알아볼 수 있는 이미지를 활용해야 했다. 어린 소녀가 데이지 꽃잎을 한 장 한 장 떼어내는 영상이 딱 맞았다. 그게 무슨 의미인지 모두 알기 때문이었다.

냉전 시대에 사는 데이지 소녀는 미친 듯이 날뛰는 괴물보다 더

무시무시한 위협과 마주하고 있다는 메시지였다. 소녀가 꽃잎을 한 장 한 장 떼어내며 숫자를 세는 장면으로 영상은 시작한다. 1, 2, 3, 4, 5, 7, 6, 6, 8, 9, 10…. 소녀는 숫자를 세면서 귀엽게 버벅거린다. 그 다음 굉장히 정확한 로켓 발사 카운트다운이 시작된다. 소녀의 눈을 클로즈업하자 핵폭탄이 터져 버섯구름이 피어오르는 장면이 검은 눈동자에 나타난다. 충동적이고 호전적인 골드워터에게 표를 주면 미국인이 맞을 운명을 암시하는 장면이었다. 하지만 이 광고에서는 골드워터의 이름이 전혀 나오지 않는다. 대신 "하나님의 자녀가 모두 함께 살 수 있는 세상을 만들지 않으면 어둠의 세계로 빠져들지도 모릅니다. 이제 결단할 때입니다. W. H. 오든의 시 〈1939년 9월 1일〉에 나오는 구절처럼 '우리는 서로 사랑해야 합니다. 아니면 우리는 죽습니다'"라고 읊조리는 존슨의 목소리가 나온다. 그제야 "11월 3일에 존슨을 대통령으로 뽑으세요"라는 다른 목소리가 나오면서 이 광고의 목적이 무엇인지 알려준다. 그 광고는 공식적으로 단 한 차례밖에 방송되지 않았지만, 뉴스에 계속 나오면서 충격을 주었다. 존슨은 대통령 선거에서 61퍼센트의 표를 얻으면서 당선했고, 데이지를 떼어내던 3세 소녀 모니크 코질리어스는 스파게티오SpaghettiO와 쿨 팝스의 광고 모델이 되었다.

'데이지 소녀'는 이제 정치 광고 역사에서 전설이 되었고, 공화당(랍 애스토리노와 마이크 허커비)과 민주당(힐러리 클린턴)이 모두 최근에 다시 활용했다. 힐러리 클린턴은 2016년, 예측 불가능하고 호전적인 도널드 트럼프가 대통령이 되면 핵 위협이 어느 때보다 심각해질 수 있다는 사실을 보여주기 위해 모니크를 다시 불러냈다. 코질

1964년 린든 존슨의 대통령 선거운동 광고 〈평화, 어린 소녀〉에
등장한 소녀와 데이지

리어스는 꽃잎을 떼어내던 세 살 때 모습을 다시 보면서 "1964년의 제 모습이에요. 우리가 어렸을 때 느꼈던 핵전쟁에 대한 두려움을 아이들은 다시 겪지 않아야 한다고 생각했어요. 그런데 이번 선거에서 핵전쟁 위협이 다시 떠오르는 것을 보면 정말 무시무시해요" 라고 말한다.

❦

데이지 소녀는 이렇게 괴물이나 핵폭탄 같은 위험에 직면한다. 하지만 그런 위험보다 처녀성을 빼앗길 위협을 당할 때가 더 많다. 물론 모든 소녀는 이런 위험을 느끼고, 그들의 삶은 꽃봉오리였다가 활짝 핀 다음에 시들어가는 꽃으로 비유된다. 18세기 말에 시인 로버트 번스가 쟁기질하다 자그마한 데이지의 가느다란 줄기를 건드린 후 곧장 '순진한 처녀의 운명'을 떠올리면서 그런 비유가 단단히 자리 잡았다.

꽃 같은 처녀는 무자비하게 망가뜨리는 쟁기 날을 피할 수 있을까? 20세기 초반에는 그런 운명을 그저 암시만 하는 게 아니라 그림으로 그리고 음미할 때가 많았다. 가리 멜처스가 그린 조금 무시무시한 작품 〈붉은 옷을 입은 후자Red Hussar〉는 내가 아는 한 가장 노골적으로 처녀의 운명을 보여준다. 벌거벗은 여성은 자신의 가슴을 애무하는 멋진 남성에게 빠져들어 데이지 꽃병을 넘어뜨린다. 탁자로 물이 쏟아지는데도 넘어진 꽃들(키가 큰 황소 눈 데이지[학명 Leucanthemum vulgare])은 여성의 정숙을 지키려고 애쓴다.

하지만 데이지가 소녀의 순수함을 상징한다는 명성도 흔들리기 시작했다. 1920년대의 냉소주의를 보여주는 1924년 소설 『위대한 개츠비』에서 특히 그랬다. 주인공인 제이 개츠비는 진짜 데이지, 맑은 눈에 흰 드레스를 입은, 흠잡을 데 없는 백인 소녀의 전형을 숭배했다. 하지만 섹스와 거짓말, 속임수로 얼룩진 스콧 피츠제럴드의 소설을 다 읽고 나면 데이지 뷰캐넌이라는 여주인공의 이름이 완전히 풍자적이라는 사실을 깨닫는다. 그는 자연스러운 게 아니라 인위적이고, 풋내기가 아니라 능수능란하고, 자신을 낮추고 겸손한 게 아니라 안락한 자리를 지키면서 힘들게 투쟁하는 가난한 사람들을 내려다보며 우월감을 느끼려고 한다. 『거울 나라의 앨리스』에 나오는 꽃들처럼 그도 말을 하지만, 온통 돈 이야기뿐이다.

데이지에 관한 고정관념이 뒤집히고 나면 어떤 일이 벌어질까? 1950년대와 1960년대에는 아이같이 순수한 이미지를 새로운 시대에 맞춰 재창조하려고 데이지를 활용하면서 새로운 성격의 데이지 소녀가 등장했다. 영화 제작자들이 새로운 시대의 성적 자유, 말하자면 천진난만한 성생활을 자연스럽게 보여주려고 선택한 꽃이 데이지였다. 잭 케루악이 각본을 쓰고 G-스트링 엔터프라이스가 제작한 영화 《내 데이지를 따세요Pull My Daisy》(1959년)는 시작 부분에 나오는 노래 〈미쳐버린 데이지The Crazy Daisy〉에서 이런 사실을 분명히 보여준다. 케루악, 앨런 긴즈버그와 닐 캐서디가 쓴 시에서 따온 가사를 아니타 엘리스가 여성 입장에서 재즈 식으로 부른다. "내 데이지를 따세요/ 내 잔을 기울이세요/ 내 문들은 모두 열려 있어요." 메시지는 분명했다. 데이지는 이제 처녀성을 빼앗길까 봐 두려움에

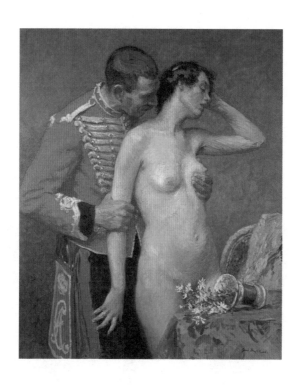

가리 멜처스 〈붉은 옷을 입은 후자〉(1912-15년경)

떠는 소녀가 아니었다. 대신 자신의 성적 운명을 기꺼이 책임졌다.

프랑스 영화감독 로제 바딤의 1956년 코미디 영화 《데이지 따기 En effeuillant la marguerite》에서 데이지 옷을 입은 '아이 같은 여성' 브리지트 바르도가 연기한 아마추어 스트리퍼 그리고 체코의 뉴 웨이브 영화감독 베라 치틸로바의 영화 《데이지들 Sedmikrásky》에서 이런 데이지 소녀를 볼 수 있다. 《데이지들》은 두 명의 무정부주의자 소녀 마리1과 마리2가 데이지 들판에서 나타난 후 자유자재로 흐르는 이야기다. 100년이 조금 넘는 기간 동안 작고 귀여운 데이지는 이처럼 변신을 거듭했다. 이제 정숙하거나 겸손한 여성이 아니라 성적인 매력이 넘치는 여성을 상징하는 꽃이 되었다.

1956년 코미디 영화《데이지 따기》광고에 등장한 브리지트 바르도

2

수선화

V. S. 나이폴이 1969년에 발표한 소설의 주인공 비스워스는 기자가 되고 싶어 런던에서 운영하는 '기자 양성 학교' 통신 강좌에 등록한다. 여러 힌트를 주고 창밖을 내다보라고 하면서 "봄-여름-가을-겨울에 관해 각각 재치 있는 글을 쓰라"는 게 그 강좌의 처음 과제다. 비스워스는 카리브해 트리니다드에서 살기 때문에 여름에 관해서는 아무 어려움 없이 써 내려간다. 하지만 한 번도 경험해본 적 없는 봄과 가을, 겨울에 관해서는 맹렬한 상상력을 발휘하고 키츠의 시를 인용해 썼다. 학교는 그의 글에 깊은 인상을 받는다.

식민지 문화에서는 봄만큼 숭배하는 계절이 없고, 수선화만큼 상징성이 큰 꽃도 없다. 카리브해 지역과 대영제국 전체 초등학생은 무엇보다 워즈워스의 시 〈수선화〉를 외워야 했다. "나는 구름처럼 외로이 떠돌았네"라는 첫 구절로 잘 알려진 시다. 나이폴은 "분명 작고 예쁜 꽃이기는 하지만, 우리는 한 번도 본 적이 없었다. 그 시가 우리에게 어떤 의미가 있었겠는가?"라고 묻는다. 나이폴뿐 아니라 많은 카리브해 지역 출신 작가들은 사계절을 고집하는 게 너무 동떨어지고 강압적인 식민지 문화의 잔재라고 생각한다. 식민지였던 트리니다드(나이폴), 세인트루시아(데릭 월컷), 안티과(자메이카 킨케이드), 아이티(에드위지 댄티캣)나 도미니카 공화국(진 리스)에서 공부했던 작가들은 모두 수선화를 공부해야 했다. 셰익스피어는 수선화가 "아름다움으로 3월의 바람을 매혹한다"라고 했고, 로버트 헤릭은 수선화가 너무 금방 떠나간다고 눈물을 흘린다.

20세기 카리브해 지역 작가들은 수선화 시들을 배우고 외우는 일에 진절머리를 내지만, 워즈워스 시가 말하는 꽃에는 이상할 정도로 강렬한 감정을 느끼면서 완전히 다른 방식으로 접근한다. 진 리스의 소설 『그들이 책을 불태운 날 The Day They Burned the Books』(1960)은 식민지 시대 경험에 담긴 애매한 성격에 관한 풍자에 가깝다. 젊을 때는 아름다웠던 카리브해 지역 출신 유색 인종인 어머니와 항상 술에 취해 있고 폭력적이었던 백인이자 영국인 아버지 사이에 끼여 괴로워하는 에디 이야기를 담은 소설이다. 에디는 엄마 편을 들어 "아빠는 항상 수선화 이야기를 하시잖아요? 수선화가 이곳 꽃들보다 훨씬 멋지다고 하시지만, 틀림없이 거짓말이에요"라면서 수선화를 좋아하지 않는다고 선언한다. 하지만 아버지가 돌아가시고 어머니가 곧장 아버지의 책들을 불태우자 에디는 충격을 받아 키플링의 소설 『킴Kim』을 구하려고 달려간다.

자메이카 킨케이드도 수선화에 관해 이중적인 감정을 느낀다. 그가 1990년에 발표한 소설 『루시Lucy』의 주인공인 19세 소녀는 햇볕이 따갑고 가뭄이 잦은 카리브해 섬을 떠나 미국의 한 도시에서 입주 도우미로 일한다. 사계절이 뚜렷한 도시로, 그곳에서는 사람들이 모두 풍요롭게(그래서 분명 행복하게) 살았다. 소녀는 1월에 그 도시로 오고, 3월까지는 수선화를 보지 못한다. 하지만 겨울 공기를 따뜻하게 데우지 못하는 연노랑 태양을 보거나 금발의 크고 작은 여섯 식구가 (보이지 않는 끈으로 묶은 꽃다발처럼 모여) 사진 촬영을 하면서 흠잡을 데 없이 훌륭하다는 인상을 주는 가족까지 … 수선화라는 존재는 어쩐지 모든 곳에서 떠도는 것 같다. 루시는 어린 시절 식민지 문화에서 생활하면서 상상했던 장면이 그대로 펼쳐져 흠칫 놀란다. 드디어 (집주인이 크게 선심 쓰듯 선물한) 수선화를 보니 복잡하고 불필요한 생각을 없애주려는 꽃처럼 단순하고 예쁘다. 바꾸어 말해 수선화를 보면서 "천사의 얼굴을 한 짐승 그리고 짐승으로 보이는 천사"를 모두 떠올린다.

킨케이드 소설에서 루시는 (천사 같기도 하고 짐승 같기도 한 금발의 미국인과 대비해서) 자신을 계속 잡초처럼 생각하지만, 에드위지 댄티캣이 1994년에 발표한 소설 『숨결, 눈, 기억Breath, Eyes, Memory』의 등장인물은 자신을 수선화처럼 보려고 한다. 마르틴은 아이티의 더위를 견디려고 개량되었다는 수선화 품종을 좋아한다. 황금 호박색의 수선화는 그들을 받아들인 원주민의 피부색처럼 구릿빛을 띠는 듯했다.

마르틴은 수선화가 낯선 곳에서도 고개를 쳐들고 당당하게 행동하면서 적응을 잘하는 이민자 같다고 생각한다. 여러 해 헤어져 살던 엄마와 함께 지내려고 미국으로 온 마르틴의 열두 살짜리 딸 소피는 "우리 엄마는 수선화/ 바람에 흔들리면서도 강인하다"라고 쓴 카드를 만든다. 흰색 깃이 달린 노란색 원피스를 입는 소피 역시 수선화처럼 보이려고 한다. 하지만 그게 그렇게 단순하지 않다. 마르틴의 이야기가 환희보다는 충격적인 경험을 중심으로 펼쳐지기 때문만은 아니다. 댄티캣 소설에 나오는 소피와 킨케이드 소설에 나오는 루시 모두 수선화에 관한 무시무시한 악몽을 꾼다. 루시는 거리에서 쫓기다 수선화 더미에 산채로 파묻히는 꿈을 꾸고, 소피는 꿈에서 수선화처럼 노란 천을 몸에 두르고 긴 갈고리를 팔처럼 달고 있는 엄마를 본다.

루시나 소피 같은 소녀들은 성장하면서 다른 지역의 꽃들을 배운다. 그리고 카리브해 지역의 작가들은 보통 그런 꽃들에 관해 각각의 상상력을 발휘한다. 데릭 월컷은 "내가 사는 곳에서 자라는 식물이나 더위보다 한 번도 본 적 없는 수선화와 눈을 더 진짜처럼 느꼈다. 책과 상상 속에서 사는 존재이기 때문이었다"라고 되풀이해서 설명했다.

식민주의에서 벗어나 새로운 글쓰기를 하려는 노력은 협죽도, 히비스커스, 포인시아나처럼 고향 식물의 아름다움을 깨닫는 과정과도 같았다. 나이폴은 어릴 적 좋아했던 흰 꽃이 재스민이었다는 사실을 깨닫는 게 첫 번째 단계였다. 한편 킨케이드는 자신이 지나치게 비난했을지도 모른다고 생각한 수선화 그리고 워즈워스와 결국 화해했다고 주장했다. 미국 버몬트에서 산 지 20년이 넘은 2006년,

그는 오락가락하는 마음으로 수선화 알뿌리 1만 개를 심었다. 이중 절반이 넘는 5천500개는 워즈워스가 얼스 호수에서 부드러운 바람에 춤추는 모습을 보았다고 노래한 레인펠츠 얼리 센세이션이라는 품종의 수선화였다. 그는 워즈워스와 경쟁하려는 게 아니라 오히려 수선화와 워즈워스의 시를 어린 시절에 느꼈던 영국의 폭압적인 질서에서 떼어내고 싶었다고 말했다. 하지만 알뿌리 심기에 관한 킨케이드의 에세이는 활짝 핀 꽃을 내려다보며 구름처럼 자유롭게 떠도는 워즈워스의 시 같은 이미지로 끝나지 않는다. 그보다는 수선화에 발이 묶이는 장면으로 끝난다. 킨케이드는 "내 뜰로 나가고 싶다. 그런데 수선화의 노란 꽃을 받치고 있는 우아하고 긴 줄기에 발이 뒤엉켜 꼼짝도 못 한다"라고 고백한다.

✿

1802년 4월 15일, 안개가 끼고 금방이라도 비를 뿌릴 듯한 아침에 윌리엄 워즈워스가 영국 레이크 디스트릭트의 얼즈워터 호 글렌코인 만 주위를 산책하다가 쓴 시가 이 모든 갈등을 만들어냈다. 워즈워스는 그날 "구름처럼 외롭지" 않았다. 언제나처럼 여동생 도로시와 함께 산책했다. 호숫가에 빽빽하게 줄지어 핀 수선화를 보고 워즈워스가 시를 썼다고 기록한 도로시의 일기는 유명하다. 꽃들이 한 덩어리처럼 모여 있어 강력한 인상을 준다는 사실을 처음 알아챈 사람도, 수선화가 어떻게 뒤척이고 춤추는지, 호수에서 불어오는 바람을 맞으면서 어떻게 정말 웃는 것처럼 보이는지, 계속 변화

무쌍하게 춤을 추면서 어떻게 그렇게 즐거워 보이는지 관찰한 사람도 도로시였다.

1807년에 첫 출간 후 일부 수정하고 추가해서 1815년에 재출간한 워즈워스의 시는 생전에 높은 평가를 받지 못했다. 시인 애나 슈어드는 "워즈워스는 사소한 주제에 형이상학적인 의미를 붙이는 자기중심적인 작가로 희화화되었다"라고 당시의 수많은 평가를 압축해서 전했다. 윌리엄과 도로시 워즈워스가 모두 사망하고 도로시의 일기가 출간되고 난 다음에야 수선화가 관심을 끌기 시작했다. 다른 시인들의 인정을 받았다기보다 19세기 중반 호수 지방에 철도가 건설되면서 홍보 효과를 노린 관광업계가 더 관심을 보이긴 했지만.

워즈워스는 사실 수선화뿐 아니라 데이지, 블루벨, 애기똥풀처럼 레이크 디스트릭트의 다양한 꽃들에 관한 시를 썼다. 워즈워스가 좋아한 꽃은 애기똥풀이었다. 그렇다면 워즈워스가 그 지역과 관련 있다는 사실을 홍보하려던 사람들은 왜 수선화를 주목했을까? 사에코 요시카와는 샛노란 수선화와 잿빛의 우중충한 하늘이 선명한 대비를 이루기 때문일 것이라고 말한다(애기똥풀도 노란색이지만 꽃잎이 너무 작다). 어쨌든 1850년대에는 레이크 디스트릭트 관광 안내 책자에 윌리엄 워즈워스라는 작가의 '설득력 약한 비유'와 함께 도로시가 설명한 산책길이 실렸다. 처음에는 워즈워스가 수선화를 보았던 얼즈워터 부근에 관심이 집중되었지만, 점차 정확한 장소는 중요하지 않게 되었다. 관광객들은 그 지역 어디에서나 수선화를 찾기 시작했다. 사람들은 관광객에게 보여주려고 엄청난 양의 수선화 알뿌

월리엄 워즈워스의 시 〈수선화〉의 첫 구절을 새긴 로열 팰콘 웨어의 쟁반

리를 새로 심기도 했다. 그런데 윌리엄스와 도로시 워즈워스 남매가 감탄했던 나팔 수선화(학명 Narcissus pseudonarcissus)가 아니라 다른 품종이었다. 어쨌든 다양한 품종의 수선화들이 그 지역 호숫가와 길가, 숲속, 접시 닦는 행주, 과자 통, 머그잔과 접시 등 어디에나 등장했고, 지금도 볼 수 있다. 2012년에는 워즈워스가 살던 집 건너편 빅토리아 시대 호텔이 '수선화 호텔'이라는 이름으로 재개장했다.

내가 만약 4월 어느 날 아침에 얼즈워터를 찾아온 19세기 관광객이고, 운 좋게도 부드러운 바람에 춤추는 수선화를 발견했다면 그 유명한 시가 어떻게 탄생했는지 보여주는 일종의 시적 발상지에 도착했다고 생각할지도 모른다. 워즈워스 같은 시인의 시를 읽으면 특히 더 그런 마음이 강해진다. 사실 윌리엄 워즈워스는 여동생 도로시와 달리 자신이 무엇을 보았고, 그날 무엇을 느꼈는지를 묘사하는 데는 관심이 많지 않았다. 그보다는 그런 평범한 경험으로 어떻게 강력한 상상력을 펼칠 수 있을지 곰곰이 생각했다.

> 나는 바라보고 또 바라보았지만
> 그 풍경이 얼마나 값진지 미처 몰랐네
> 멍하게 혹은 깊은 생각에 잠겨
> 이따금 소파에 누워 있을 때면
> 고독이 선사하는 축복으로
> 마음의 눈에 수선화가 떠오르네
> 그럴 때면 내 마음에 기쁨이 차올라
> 수선화와 함께 춤을 추네.

워즈워스가 깊은 생각에 빠졌다가 기쁨을 느낀 이유는 즐거웠던 산책이 떠올랐기 때문만은 아니었다. 워즈워스는 아마 집에서 멀지 않은 곳에서 노란색 수선화를 보았을 것이다. 하지만 수선화를 다시 떠올릴 때는 중고등학교, 케임브리지 대학교에서 공부한 그리스어와 라틴어 표준 교재뿐 아니라 그가 좋아했던 『아라비안나이트』 등 수많은 책에서 읽은 상상력 그리고 마음의 눈을 동원했다. 영국 독자들이 페르시아 서정시와 함께 『아라비안나이트』를 번역해 노란색 천으로 감싼 작은 책으로 읽을 수 있게 된 지 얼마 되지 않았을 때였다. 워즈워스는 자연의 수선화와 문화에서 발견할 수 있는 수선화를 결합해 시적인 상상력을 풍성하게 펼쳤다.

워즈워스는 그리스, 로마와 페르시아의 고전에서 수선화에 관한 내용을 많이 찾아냈을 것이다. 그 책들에 나오는 수선화는 워즈워스가 보았던 노란색 나팔 수선화가 아니라 그리스와 이탈리아가 원산지로, 고대 교역로를 따라 중국과 일본에까지 퍼진 타제타 수선화다(학명 Narcissus tazetta). 계속 여러 지역으로 퍼져 재배되었기 때문에 무엇이 진짜 품종인지 분간하기는 어렵다. 어쨌든 폼페이의 프레스코화에서 페르시아의 세밀화, 중국의 두루마리 그림까지 곳곳에서 일종의 타제타 수선화를 찾을 수 있다. 그리스 신화에서 페르세포네가 눈부시게 아름다운 타제타 수선화에 손을 뻗었다가 하데스에게 납치되어 지하세계로 끌려갔고, 구약 성경에 나오는 '샤론의 장미'가 타제타 수선화라고 주장하는 사람도 있다.

타제타 수선화와 나팔 수선화의 모습은 완전히 다르다(사실 종류가 다르다). 나팔 수선화는 줄기 끝에 커다란 꽃 한 송이가 피지만, 타제타 수선화는 작은 꽃 여러 송이가 핀다. 여덟 송이가 피기도 한다. 고대 그리스의 시인 호메로스는 백 송이가 핀다고 하지만, 과장이라고 할 수 있다. 시인들은 노란색의 둥그런 눈 같은 부화관副花冠이 하얀색 꽃잎들에 둘러싸인 타제타 수선화의 독특한 모습에 주목했다.

그리스와 페르시아 고전은 타제타 수선화를 눈이나 바라보기와 연관지었다. 나르시스(수선화)라는 이름도 오비디우스가 소개해 유명해진 전설에서 따왔다. 자신을 사랑하는 사람들을 무시하다가 물에 비친 자기 모습을 보고 사랑에 빠진 아름다운 청년의 이름이 나르시스다. 그는 물에 비친 자신의 모습을 끊임없이 응시하지만, 더

〈금요일에 흰 궁전에 있는 바흐람 5세〉의 일부. 12세기 페르시
아 시인 니자미의 작품 『캄사』의 삽화를 곁들인 16세기 필사본
에 수록되어 있다. 쉐이크 자다 作

13세기 중반 중국 화가 조맹견趙孟堅의 두루마리 그림에서 타제
타 수선화의 눈이 밖을 내다본다.

가까이 다가가려는 순간 그 모습은 사라진다. 그는 결국 물에 빠져 죽고, 노란색 컵 모양 주위에 흰색 꽃잎이 모인 수선화로 다시 태어난다. 그 전설은 페르시아와 아라비아로 건너가 시에 담겼고, 그곳에서 수선화와 눈 사이에 더욱 밀접한 연관성이 생겼다.

수선화와 눈이 동의어처럼 생각될 때도 있다. '나르시스 눈'은 크게 뜬 눈(어리둥절하거나 사랑 때문에 잠을 이루지 못하는 상황을 암시)일 수도 있고, 흐릿한 눈(극도로 흥분하거나 취한 상태)일 수도 있고, 맥 빠진 눈(우울한 상태)일 수도 있고, 보이지 않는 눈일 수도 있다. 나르시스 눈은 별을 암시할 수도 있고('그 밤의 나르시스'), 엄청난 재산('에메랄드 줄기에 은으로 된 눈이 달려 있고, 눈동자는 도금한 것 같다')을 암시할 수도 있고, 매혹적인 아름다움을 가리키기도 한다. 장미꽃 봉오리 같은 입술, 튤립 같은 뺨, 재스민 같은 가슴과 함께 수선화 같은 눈은 완벽한 아름다움을 상징한다. 하지만 애인이 나르시스 눈을 반짝이며 침대에 들어올 때는 진짜 나르시스(수선화)를 방에서 치우고 싶을지도 모른다. 수선화가 사람들의 성행위를 지켜본다는 이야기가 있기 때문이다. 15세기 페르시아 시인 부샤키 아티마는 수선화의 모습이 흰 빵 여섯 조각으로 둘러싸인 달걀 프라이 같다고 비유했다.

윌리엄 워즈워스와 아내 메리는 수선화와 눈의 연관성에 관해 전부는 아니어도 어느 정도 알았던 게 분명하다. 마음의 눈이라는 이미지를 제안한 게 메리였다. 그런데 수선화의 종류를 혼동한 채 제안한 것 같다. 눈으로 비유되는 수선화는 타제타 수선화지만, 워즈워스가 본 수선화는 나팔 수선화였다. 어쨌든 워즈워스가 다른 문화의 수선화까지 받아들였기 때문에 그 지역에서 피는 갖가지 수선화가 워즈워스와 무관한 건 아니라고 생각하는 게 좋겠다. 이후 정말 많은 카리브해 지역 작가들이 증명했듯이 워즈워스 역시 수선화에 관한 상상을 펼치는 게 숲속 산책만큼이나 중요하다는 사실을 알았을 것이다.

🏵

나팔 수선화의 원산지가 영국인지 아니면 아주 오래전에 영국으로 귀화했는지 정확하게 알 수는 없다. 하지만 지역을 대표하는 꽃이 되려고 경쟁하는 또 다른 텐비 수선화(학명 Narcissus obvallaris)의 기원은 더욱 알기 어렵다. 나팔 수선화보다 크기는 작고 색깔은 밝은 이 꽃의 부화관은 성벽 도시 '텐비'라는 이름처럼 성벽과 비슷해 보인다. 18세기 후반에 웨일스의 해안 도시 텐비에서 처음 관찰되었고, 영국에서 자라는 수선화들과는 완전히 다른 모양이어서 어디에서 유래했는지에 관한 소문이 빠르게 퍼졌다. 영국 저술가 리처드 메이비는 "페니키아 선원들이 텐비 수선화의 알뿌리와 무연탄을 맞바꾸었다. 플랑드르에서 온 정착민이 그 수선화 알뿌리를 가지고 왔거나 프랑스나 이탈리아의 수도사들, 아마도 텐비 바로 옆 캘비섬 수도사들이 약초밭에 심었을 것이다"라고 소문을 정리한다. 이국적인 이야기가 수없이 덧붙여지면서 텐비 수선화는 19세기 말에 다시 한번 잠시 굉장한 인기를 끌었다.

그 수선화와 여러 이야기는 그 후 거의 잊히다가 1970년대 와서야 다시 주목받았다. 고모에게 줄 선물을 찾던 한 소년 덕분에 텐비의 관광 책임자가 관심을 가지면서 그 독특한 꽃을 관광에 적극 활용하기 시작했다. 그 후 텐비 수선화를 대량으로 심고 '수선화'라는 이름의 휴가용 숙소를 대규모로 세웠고, 오늘날에도 수선화의 인기가 수그러들 줄 모른다. 하지만 텐비 수선화가 웨일스 남서부 한쪽 구석에 있는 텐비에서만 볼 수 있는 독특한 꽃이라는 주장에 이의를 제기하는 사람이 있다. 유전자 분석을 해봐야 같은 종류인지 그저 비슷한 종류인지 알 수 있겠지만, 스페인 산악지역의 몇몇 곳에서도 비슷한 야생 수선화가 많이 자라고 있기 때문이다. 이 사실이 알려지면서 귀화 식물인 텐비 수선화가 어디에서 유래했는지 또 다른 이야기가 나올 수도 있다.

3

백합

당신이 알고 있는 백합을 모두 떠올려보자. 들판이나 계곡, 정원, 물가에 핀 백합, 꽃다발이나 코르사주로 만들거나 꽃병에 꽂거나 관에 넣은 백합. 비잔티움, 이집트, 페루, 버뮤다와 건지섬의 백합. 참나리tiger lily, 얼레지trout lily, 거미 백합spider lily, 뻐꾹나리toad lily같이 여러 종류의 백합. 백옥처럼 하얀 백합도 있지만, 노란색, 주황색, 빨간색, 심지어 푸른색 백합도 있다. 하지만 이 중 아주 소수만 '진짜' 백합이다. 구약성서 아가雅歌에 등장하는 골짜기의 백합조차 아마 다른 꽃일 것이다.

이 장에서는 여기서 부활절 백합 한 종류만 소개하려고 한다. 사실은 부활절 백합(학명 Lilium longifolium)과 칼라(학명 Zantedeschia aethiopica) 두 종류다. 부활절 백합의 원산지는 일본, 칼라의 원산지는 남아프리카다. 부활절 백합과 칼라가 어떻게 기독교의 부활절 축제와 관련되었는지 이해하려면 다른 백합과 축제도 알아야 한다. 꽃의 이름과 의미가 계속 바뀌기 때문이다.

※

최초의 흰색 백합으로 학명이 릴리움 칸디둠Lilium candidum인 백합은 우리에게 성모마리아 백합으로 알려져 있다. 하지만 그런 생각은 비교적 최근에 시작되었다. 이 백합은 기독교 문화와 관련 맺기 훨씬 전부터 지중해 동부 전역에서 음식이나 약으로 먹거나 의식에서 사용하는 꽃이었다. 기원전 1600년부터 크레타섬 프레스코화에서 진홍색 마르타곤 백합 옆에 자주 등장하는 꽃이다. 터키, 시리아, 레바논과 이스라엘이 원산지이지만, 이제 그곳에서는 멸종 위기 식물이 되고 있다. 그 백합은 맨 처음 페니키아의 무역로를 따라 전파되었고, 아마도 로마인이 영국에 가지고 왔을 것이다. 사람들은 그 백합이 예쁘다고 감탄하면서 종기나 수종水腫 치료제로도 소중하게 여겼다.

초기 기독교 문헌을 보면 성모마리아 백합은 성모마리아와 관련 있는 여러 꽃 중 하나였다. 영국 수도사이자 역사가인 가경자可敬者 비드는 성모마리아 백합의 흰색 꽃잎이 마리아의 순결, 황금빛 꽃밥은 내면의 신성한 빛을 암시한다고 말했다. 하지만 성모마리아와 관련 있는 다른 꽃도 많다. 성 암브로시우스는 붓꽃을 보고 성모마리아의 고독을, 데이지를 보고 성모마리아의 겸손을 연상했고, 클레르보의 베르나르는 "성모마리아는 제비꽃처럼 겸손하고, 백합처럼 순결하고, 장미처럼 자애로우면서 하늘의 영광과 찬란함을 보여준다"라고 했다.

장미과 레이디스 맨틀(학명 Alchemilla mollis)이나 난초과 개불알꽃(lady's slipper, 학명 Cypripedium calceolus)도 원래 성모마리아Our Lady 꽃이었다. 성모마리아Mary와 금빛gold이라는 의미를 합한 메리골드(marigold, 학명 Calendula officinalis)는 3월 말에 꽃을 피워 수태고지 축제와 연관되었다. 7월에 꽃을 피우는 성모마리아 백합은 나팔 같은 모습으로 성모 방문 축일을 알린다.

중세 말과 르네상스 시대 수태고지 회화에서 백합이 등장할 때는 계절과 연관성이 없다. 가브리엘 천사가 성모마리아에게 나타나 성령으로 잉태하게 된다는 사실을 알려주는 상징적이고 기적적인 사건의 본질을 꽃과 연결해서 강조할 수 있었고, 계절과는 상관이 없었다.

게다가 백합은 순수함과 생식능력의 독특한 결합을 강렬하게 보여준다. 성모마리아의 잉태가 육체에서 시작된 게 아니라는 사실을 상징하려고 수태고지 회화에서 성모마리아는 백합을 쥐고 있지 않은 모습으로 그려진다. 백합은 꽃병에 꽂혀 있거나 가브리엘 천사가 쥐고 있다. 꽃이 줄기에 달린 모습에도 의미가 있다. 한 줄기에 세 송이가 달려 있는데, 두 송이는 활짝 피었고 한 송이는 꽃봉오리다. 그리스도의 성육신成肉身으로 성 삼위일체가 완성된다는 의미를 강조하려는 목적에서 그렇게 표현했다.

중국과 일본에서 다른 흰색 백합들이 들어온 19세기가 되어서야 릴리움 칸디둠이 성모마리아 백합으로 알려졌다. 대체로 라파엘 전파 형제단Pre-Raphaelite brotherhood의 노력 덕분에 릴리움 칸디둠이 새롭게 관심을 끌면서 수태고지와 관련된 꽃으로 그려진 것이다. 결국, 19세기 말에는 '라파엘 전파前派 백합'으로까지 알려졌다. 이런 맥락에서 오스카 와일드는 그 백합과 상당히 우스꽝스러운 관계를 맺었다(카네이션 참조).

백합은 또한 교회 장식에서 더욱 두드러진 역할을 하기 시작했다. 오늘날에는 거의 모든 교회가 계속 꽃장식을 하지만, 19세기에는 꽃장식을 두고 교리적인 논쟁을 많이 벌였다. 종교개혁 후 개신교 교회는 가톨릭 미사 때 사용하는 향, 성화聖畵와 함께 꽃을 사치 문화라고 배격했기 때문이다. 하지만 꽃에 열광하는 빅토리아 시대 분위기와 함께 꽃에 교육 효과가 있다는 믿음이 퍼지면서 교회의 태도도 점점 달라지기 시작했다. 시인이자 신부였던 프레데릭 윌리엄 페이버는 "꽃은 종종 현인賢人의 가르침보다 더 깊은 교훈을 준다"라고 설명했다. 게다가 영국의 저술가 윌리엄 알렉산더 배릿은 널리 알려진 책 『교회의 꽃장식Floral decorations of Churches』에서 "꽃에 둘러싸이고 싶은 욕구는 인간 본성에서 거의 본능적인 부분"이라고 주장했다. 꽃은 집이나 교회를 아름답게 장식할 뿐 아니라 조용한 경배로 왕의 왕 하나님을 한없이 찬양하면서 교회를 더욱 신성한 장소로 만든다(제라늄과 스노드롭 참조).

20세기 초 부활절 카드

상업적으로 재배한 꽃을 쉽게 구할 수 있게 되었다는 점도 이런
변화를 가져온 중요한 요소다. 부활절 장식에서 백합, 특히 흰색 백
합이 꼭 필요하다고 모두가 생각하더라도 성모마리아 백합은 거의
제때 꽃을 피우지 않는다. 상업적으로 꽃을 재배하는 사람들은 그
대신 적절한 시기에 꽃을 피우는 다른 백합을 홍보하기 시작했다.

그중 하나가 부활절 백합(학명 Lilium longifolium)이다. 류큐 제도에서
일본으로 건너온 백합으로 네덜란드의 식민지 개척자들이 18세기
에 유럽으로 가지고 오고, 영국의 식민지 개척자들이 19세기에 버
뮤다 제도로 가지고 갔다. 1870년대에 한 관광객이 미국에 이 꽃을

세계사를 바꾼 16가지 꽃 이야기

소개했고, 윌리엄 해리스라는 한 수완 좋은 묘목 업자가 '버뮤다 부활절 백합'으로 판매해 돈을 많이 벌었다. 줄기가 길고 오랫동안 꽃을 피우는 이 흰색 꽃은 성모마리아 백합과 모습이 비슷하지만 부활절에 맞추어 꽃이 피도록 조정하기가 훨씬 쉬웠다. 열성적인 신자들은 꽃피는 시기를 조절하는 문제에는 별 관심이 없었다. 그 대신, 삶에서 힘든 시기를 거치고 있지만, 언젠가 빛이 찾아오면 모든 영광 가운데 빛날 것이라는 생각으로, 그 백합이 자신을 격려하는 순례자라고 해석하고 싶어 했다. 종종 향로香爐로 묘사되기도 하는 이 백합의 강한 향기 또한 중요한 성공 요인이었다. 공산주의 시인인 클로드 맥케이는 백합의 성스러운 상징에는 전혀 관심이 없었지만, "어떻게 비기독교인인 내가 강력한 향기에 마음을 빼앗겨 제단에서 경배했는지 모르겠다"라고 회고하면서 향수에 젖은 채 백합 향기에 관한 글을 썼다.

오늘날에도 최소한 미국에서는 모두가 그 꽃을 부활절 백합으로 생각한다. 부활절이 되면 교회에 가지 않아도 여기저기에서 그 꽃을 볼 수 있다. 1900년쯤에는 부활절 패션(부활절 모자)과 색칠한 달걀, 꽃과 카드 등 부활절 선물이 인기를 끌었고, 성모마리아와 닮은 데라고는 전혀 없는 소녀를 등장시키는 상품도 많았다. 1930년대에는 품종개량으로 키 작은 백합이 나오면서 화분에 심는 식물로도 판매되었다. 그리고 오늘날에는 대부분 화분에 심긴 백합을 볼 수 있다. 미국에서 부활절 백합은 포인세티아, 국화, 철쭉 다음으로 인기 있는 화분 식물이다. 오리건주 남부와 캘리포니아주 북부 4개 농장에서 화분에 심는 천만 개의 백합 알뿌리를 대부분 공급한다.

〈부활절 헌금〉(1896). 찰스 월터 스텟슨 作

　이 우아한 백합이 시장을 완전히 장악하기 전에는 또 다른 꽃이
부활절 백합이라는 명예를 얻으려고 경쟁했다. 영국에 알려진 바로
는 남아프리카 칼라 혹은 아룸이라고 불리는 꽃이다. 19세기 중반
쯤에 원예 잡지들은 칼라에 대해 "너무 흔해서 꽃을 조금이라도 좋
아하는 사람이라면 누구나 기를 정도"라고 설명했다. 하지만 수요
가 많아서(1878년 부활절에 샌프란시스코의 한 교회는 4천 송이를 주문했다) 꽃
농장들이 필요한 칼라를 대부분 공급했다. 미국 화가 찰스 월터 스
텟슨은 칼라를 재배하는 패서디너 근처 들판을 그린 으스스한 그림

세계사를 바꾼 16가지 꽃 이야기

〈꽃 파는 사람(백합을 든 소녀)〉(1941). 디에고 리베라 作

에 〈부활절 헌금〉이라는 이름을 붙였다.

부활절 백합은 워낙 많이 필요해서 언제나 양이 부족했다. 꽃을 공급하는 곳이 많아지고 가격도 낮아지자 교회와 집에서의 꽃장식은 점점 더 정교해졌다. 그리고 유행처럼 소비주의가 몰아치자 꽃장식에서도 뭔가 새로운 생각을 해내는 게 중요했다. 예를 들어, 피터 헨더슨이라는 뉴욕의 플로리스트는 1887년에 커다란 칼라 모양의 꽃바구니를 부활절 장식으로 선보였다. 다른 사람들도 부활절 장식을 생각하기 시작했고, 새 백화점의 쇼윈도를 종교적으로 꾸미는 게 놀랍지 않은 일이 되었다. 가령 1890년 시카고의 한 귀금속 가게는 부활절에 흰색의 커다란 십자가 모양으로 창문을 장식했다. 흩뿌려진 하얀 장미 꽃잎과 흰색 칼라calla 백합 안에 다이아몬드가 순수한 이슬처럼 반짝였다. 칼라가 20세기 초에 명품 중 최고의 명품(가난한 사람들이 재배했지만)이라는 지위를 누린 데는 분명 멕시코 화가 디에고 리베라가 수많은 칼라의 무게에 짓눌린 멕시코 꽃장수를 정말 많이 그렸다는 이유도 있었다.

　부활절을 위해 키우는 칼라는 흰색(다른 색깔의 칼라도 나온다)이라는 사실 외에는 성모마리아 백합과 공통점이 거의 없다. 커다란 꽃잎으로 보이는 게 사실은 꽃을 완전히 감싸는 변형 잎인 불염포佛焰苞다. 불염포 안에는 꽃대라는 가는 기둥이 들어 있다. 작은 꽃들로 뒤덮인 줄기다. 프로이드가 칼라의 상징을 지적하기 전에도 남근 같은 꽃대(빅토리아 시대 사람들이 보기에는 완전히 꼿꼿했다)와 꽃을 감싸고 있는 불염포(이전에는 고깔이나 조개껍데기 같은 모양으로 보았지만, 요즘은 분명 여성 생식기로 본다)의 조합은 많은 예술가의 관심을 불러일으켰다. 정신분석학이 관심을 끌던 시대에는 남성이지만 여성 흉내를 낸 보드빌 배우 버트 사보이를 꽃으로 표현하면서 경의를 표한 찰스 데무스의 〈칼라 백합〉(1926)부터 살바도르 달리의 〈위대한 자위행위자〉(1929)와 로버트 메이플소프의 수많은 사진까지 칼라를 성적으로 해석한 작품이 많았다.

　하지만 칼라의 구조적인 특징에 주로 관심을 가진 사람들도 있었다. 흰색의 뚜렷한 윤곽이 돋보이는 칼라는 세련되고 현대적으로 보였고, 에드워드 시대에 정말 인기가 있었던 가냘프고 자연스러운 꽃들과는 대조적인 모습이었다. 콘스턴스 스프라이 같이 유행을 선도하는 꽃 디자이너들이 활용하면서 칼라는 세련된 아르데코 실내장식에 항상 등장했다. 조지아 오키프는 꽃의 일부를 클로즈업한 거대한 칼라 초상화를 많이 그렸다. 오키프의 남편 앨프레드 스티글리츠는 오키프의 칼라 그림이 에로틱하다고 성공적으로 홍보했지만, 오키프 자신은 칼라의 구조와 공간에 관심을 두고 새로워 보이게 그렸다고 주장했다. 꽃을 커다랗게 확대해서 그렸기 때문에 사람들이 흔한 이미지를 떠올리기보다는 눈을 크게 뜨고 시간을 들

〈노란색 칼라〉(1926). 조지아 오키프 作

여 바라볼 것이라면서 "당신은 내가 그 꽃을 당신처럼 보고 생각한다는 듯 내 꽃에 관한 글을 쓴다"라고 비판했다(이런 태도에 관해서는 장미 부분 참조).

※

부활절 백합에 관한 또 다른 시각도 있었다. 1925년에는 1916년 더블린의 부활절 봉기를 기념하는 상징으로 백합을 선택했다. 공화주의자 여성 조직인 아일랜드 여성 평의회는 삼색기 대신 백합을 들자고 제안했다. 1921년 영국 아일랜드 조약으로 삼색기의 의미가 약화했다고 느꼈기 때문이었다. 그들은 녹색(잎), 주황색(꽃대)과 흰색(불염포)이 들어 있는 부활절 백합으로 삼색기를 다시 들었다고 주장했다.

좀 더 현실적인 이유도 있었다. 아일랜드 여성 평의회는 영국 재향군인회가 양귀비로 참전 군인을 기리면서 엄청난 성공을 거두는 모습을 지켜보았다. 부활절 백합 배지를 판매하면 아일랜드 묘지협회가 공화당 전사자들을 기념할 기금을 모을 수 있다고 생각했다.

1916년 봉기의 상징을 바꾸거나 판매를 줄이려는 시도도 있었지만, 백합 배지는 이후 아일랜드에서 줄곧 판매되었다. 북아일랜드에서는 1960년대 말부터 1998년 성금요일 협정까지 개신교와 가톨릭이 격렬하게 갈등을 빚던 분쟁 기간 삼색의 의미를 강조한 부활절 백합이 점점 더 중요한 상징이 되었다. 1969년 말에 공화주의 운동이 분열하자 옷깃에 붙이는 종이 배지의 방식까지 중요해졌다.

벨파스트의 벽화를 촬영한 사진(2010). 키스 러플스 作

공식 아일랜드 공화국군과 임시 아일랜드 공화국군은 다음 해 부활
절에 따로따로 기념 행진을 벌이면서 공식 공화국군은 접착식 배지
를 붙이고, 임시 공화국군은 일반 핀으로 배지를 달았다. 그래서 공
식 공화국군에 '끈적이'라는 별명이 붙었지만, 임시 공화국군에 '핀
머리'(멍청이)라는 별명을 붙이지는 못했다. 하지만 부활절 백합을
그린 벽화에서는 그 핀도 상징에 포함되었다.

　성금요일 협정은 그런 상징을 버리라고 어느 한쪽을 설득하는 게
어렵다는 사실을 인정하면서 새로운 제도, 특히 북아일랜드 의회라
는 선진 입법부를 만든 사람들이 이제 분열이 아니라 상호 존중을

확대하는 방식으로 상징을 사용하도록 보장해야 한다고 주장했다. 북아일랜드 의회는 아마꽃을 새로운 상징으로 채택하기도 했다. 아마꽃이 무엇을 상징하는지(아마는 북아일랜드에서 성행한 리넨 산업, 여섯 송이 꽃은 북아일랜드의 여섯 주를 상징한다) 기억하는 사람은 중립적인 상징이 필요하다는 사실에 거의 이의를 제기하지 않았다.

2001년에 아일랜드 민주통합당이 국회의사당에서 부활절 백합을 전시하자는 제안을 논의하자며 봄 휴회 기간부터 국회를 소집하면서 부활절 백합이 다시 관심을 모았다. 앞서 신페인당Sinn Féin이 아일랜드 묘지협회가 하는 일을 알리는 안내판을 백합 옆에 설치하자고 제안했다가 거부당했지만, 민주통합당은 백합조차 들여놓을 수 없다고 우겼다. '겁 많은 흰색 백합', '소심한 부활절 백합'에 관한 욕이 난무하고, 백합이 고양이에게 위험하다는 심각한 경고도 나왔다(신장 손상, 구토, 식욕 부진, 우울증과 죽음까지 초래한다는). 한 국회의원은 "그런 공기를 마시면서 일하고 싶나요?"라고 물었다. 결국, 신페인당의 제안은 거부되었지만, 백합은 그대로 남았다. 다음 해에는 조금 더 온건한 얼스터 통합당이 11월에는 양귀비, 4월에는 부활절 백합, 7월에는 주황색 백합을 전시하는 타협안을 제안했다.

주황색 백합은 오라녜-나사우 공으로 1689년부터 아내 메리와 함께 영국, 아일랜드와 스코틀랜드를 공동 통치했던 윌리엄 3세의 상징 중 하나다. 하지만 아일랜드 개신교에는 윌리엄 3세가 1690년 보인Boyne 전투에서 제임스 2세가 이끄는 가톨릭 군대를 물리친 게 가장 중요했다.

주황색 백합 혹은 불꽃 백합(학명 Lilium bulbiferum)의 원산지는 주

오라녜 공 윌리엄 3세의 초상이 있는 카르투슈(1660년대 중반).
얀 다비츠 데헤엠 作

로 남부와 중부 유럽이지만 적어도 15세기에는 네덜란드에서도 자라고 있었고, 그때부터 플랑드르 회화에 등장하기 시작했다. 청어가 많이 잡히는 철에 꽃이 피어서 한때는 청어 백합으로 불리기도 했지만, 지금 네덜란드에서 부르는 공식 이름은 호밀 백합이다. 호밀을 재배하는 척박한 모래땅에서 발견될 때가 많기 때문이다. 윌리엄 3세와 주황색 백합의 관련성은 얀 다비츠 데헤엠Jan Davidsz. de Heem이 그린 초상화에서 처음 확인된다. 해바라기, 작약, 나팔꽃, 장미, 체리, 멜론, 살구, 오렌지와 함께 두 개의 독수리 문장紋章, 의문스러운 네덜란드 사자까지 등장하는 화려한 카르투슈 안에 청소년인 오라녜 공 윌리엄 3세가 그려져 있고, 초상 바로 밑에 주황색 백합이 보인다. 데 헤엠은 호사스러운 정물화를 잘 그리는 대가였고, 그림을 보면 오라녜 가문의 힘과 부유함이 잘 나타나 있다. 윌리엄 3세와 메리 부부는 런던 햄프턴 코트 궁전의 정원도 호사스럽게 꾸미고 싶었다. 그래서 그들이 주황색 백합을 잔뜩 심었다고 주장하는 사람도 있지만, 사실은 네덜란드의 최첨단 유리 온실 3동을 설치해서 당시 영국에서 이국적으로 취급받는 식물들을 모아 길렀다. 상징적인 의미에서 주황색 백합을 기르고 싶었을지도 모르지만, 이 온실에서 기를 수 있는 백합은 희망봉에서 가져온 푸른 백합(학명 Agapanthus africanus)밖에 없었다.

18세기 말에 북아일랜드에서 설립된 개신교 단체 오렌지단은 주황색 백합에 관한 노래, 수염패랭이꽃과 주황색 백합 그림으로 장식한 현수막으로 윌리엄 3세와 보인 전투를 기념했기 때문에 푸른 백합에는 별 관심이 없었다. 그리고 하얀색 부활절 백합처럼 주황색 백합도 옮겨심기 어렵다는 사실이 증명되었다. 2007년에 셰이드로라는 회사(주주의 80%가 오렌지단이었다)가 전쟁터의 '진짜' 흙덩어리와 함께 주황색 백합 알뿌리를 팔겠다는 생각으로 보인 전쟁이 벌어졌던 땅 109,270제곱미터(약 3만 3천 평)를 사들였다. 하지만 결국 수출하는 알뿌리보다 수입하는 알뿌리가 많았다. 오렌지단 본부는 1차 세계대전 솜 전투를 기념하려고 2016년 한 해에만 네덜란드 알뿌리 18만 개를 사들였다.

하지만 상황이 변한 것 같다. 2013~2014년, 신페인당 지도자 게

리 애덤스는 자신의 집 뜰에서 잘 자라고 있는 주황색 백합 사진을
애국주의를 상징하는 주황색 백합 노래와 함께 트위터에 올렸다.
팔로워들이 놀라워하자 애덤스는 "내 뜰에 주황색 백합이 가득하
다는 사실은 시대와 인구 통계가 변하고 있다는 증거다. 우리는 불
편한 동거를 하고 있다"라고 농담하면서 답글을 달았다.

4

카네이션

"그 남자가 카네이션을 가지고 왔어. 그때부터 끔찍한 데이트가 될
줄 알았어"라고 샬럿은 인생 최악의 데이트에 관해 말한다. 2003년
맨해튼, 더 정확하게는 미국 드라마 〈섹스 앤드 더 시티〉에 나오는
장면이다. 샬럿이 왜 카네이션을 하찮게 여기는지 우리는 이해할
수 있다. 싸고, 오래가고, 슈퍼마켓에서 쉽게 살 수 있다는 점에서는
카네이션이 좋지만(영국에서 판매되는 꽃의 60%가 카네이션이다), 정성을
많이 들인 느낌을 주지는 않는다. "집으로 초대받았을 때 카네이션
꽃다발을 선물해도 좋을까요? 절대 아니죠!"라고 패션 잡지 『보그』
의 편집자 수지 멘케스는 말했다.

제우스신에게 바치던 꽃인 카네이션(학명 Dianthus caryophyllus)의 지위가 어떻게 이렇게 땅에 떨어졌을까?

패랭이꽃 속屬 300여 종의 꽃 중 하나인 카네이션의 원산지는 지중해이지만, 재배 역사가 길어 기원을 정확하게 밝히기는 어렵다. 15세기에는 북유럽 정원에 확고하게 자리 잡았고, 그때부터는 과거를 되돌아보지 않았다. 카네이션은 나쁘게 말해 '자연의 서자'라고 할 수 있는 갖가지 주름과 줄무늬를 지닌 잡종을 쉽게 만들어내기 때문에 인기를 얻었다. 하지만 다양한 카네이션을 수집했던 귀족과 카네이션을 기르고 전시했던 플로리스트만큼 '괴물 같은 자손'인 카네이션을 높이 평가한 사람도 없었다. '플로리스트'가 오늘날에는 꽃을 파는 사람을 뜻하지만, 17세기에서 19세기 말에는 꽃 애호가 아마추어 장인을 가리키는 말이었다. 예를 들어, 방직공 중에는 전시나 대회에 참가하기 위해 특별한 품종의 꽃을 키우는 사람이 많았다. 앵초, 튤립과 히아신스도 모두 인기가 많았지만, 흰색 바탕에 한 가지 색 줄무늬, 여러 색 줄무늬, 가장자리만 짙은 색깔 등 카네이션만큼 다양한 종류를 갖춘 꽃도 없었다.

이 모든 게 식물 번식의 메커니즘이 제대로 밝혀지기 전부터 시작되었고, 대개 우발적인 결합이나 환경 요인의 능숙한 조작으로 다양한 품종이 생겨났다. 꽃은 식물의 생식기일 뿐이고, 인위적으로 결합하면 어떤 품종이든 만들어낼 수 있다는 주장(칼 폰 린네가 1735년에 대담하게 제시했다)이 받아들여지면서 18세기 식물 혁명은 모든 것을 바꾸었다. 여기에서도 카네이션이 핵심 역할을 한다. 뚜렷하게 다른 두 가지 품종을 결합해 맨 처음 인위적으로 잡종을 만들어내고 기록을 남긴 꽃이 카네이션이기 때문이다. 1717년에 토머

알렉산더 마샬이 17세기 중반에 펴낸 화보花譜에서 카네이션을 다룬 페이지. 마샬은 뒷면에 카네이션의 이름을 라 크루아, 파스 마나크, 론델, 제너럴 코르넬리우스, 제너럴 벡이라고 밝혔다. 책에 그려진 284종류 꽃 중 60종류가 카네이션이다.

스 페어차일드라는 런던의 묘목 업자가 수염패랭이꽃(학명 Dianthus barbatus)의 수술 꽃가루를 카네이션의 암술로 옮겨 '어느 쪽과도 같지 않은 식물'을 만들어내면서 창조주(혹은 큐피드) 역할을 했다. 칼 폰 린네가 『식물의 종*Species Plantarum*』을 출판하면서 식물의 명명법(속과 종으로) 그리고 꽃의 수술과 암술 수에 따라 분류하는 체계를 확립하기 30여 년 전이었다. '페어차일드의 노새'(수컷 당나귀와 암컷 말의 결합으로 생긴 잡종 노새처럼 번식력이 없다)라고 불리는 잡종 카네이션 표본 두 개는 옥스퍼드대학교의 식물표본 상자와 런던 자연사 박물관에 남아 있다.

그 이후 개발된 수천 종류의 카네이션 중에서 나는 카네이션과 분홍색 패랭이꽃(학명 Dianthus chinensis)을 결합한 사철 카네이션에 초점을 맞추고 싶다. 미국 묘목 업자들이 이 꽃을 받아들이면서 19세기 말에 상업적인 대규모 재배가 자리 잡을 수 있었다. 덕분에 7월의 꽃이라고 불릴 정도로 한여름 정원용 꽃이었던 카네이션이 1년 내내 대량 재배되면서 5월 근로자의 날과 어머니날, 2월 어느 날 밤 극장에서 모두 활용할 수 있게 되었다.

❀

극작가 오스카 와일드가 '발명해서' 1892년 〈윈더미어 부인의 부채〉 초연 때 자신의 지지자들에게 달아달라고 부탁한 녹색 카네이션은 서로 다른 품종을 결합해 만든 것이 아닌 변종으로, 식물이라기보다 '예술품'에 가까웠다.

오스카 와일드가 맨 처음 좋아한 꽃은 카네이션이 아니었다. 10년 전, 미술공예 운동이 한창일 때 그는 해바라기와 백합을 좋아한다고 밝혔다. 디자인의 가장 완벽한 본보기로 여겨져 가장 자연스럽게 장식 미술로 활용할 수 있기 때문이었다(윌리엄 모리스도 해바라기와 백합을 직물과 벽지 디자인에 활용했다). 와일드의 재치를 따라잡지 못하던 풍자 작가들은 그의 꽃 사랑을 반기면서 풍자했다. 주간지 『펀치Punch』는 1881년에 오스카 와일드의 머리를 해바라기로 표현하면서 그의 '나른한 백합 사랑'에 관한 시를 발표했다. 백합이 길고 나긋나긋할지 모르지만 "축축한 잎을 달고 있는 가늘고 약한 꽃"이라고 교묘하게 비꼬는 시였다.

예술 지상주의가 데카당스라고 불리는 '새롭고 아름답고 흥미로운 질병'으로 진화했던 1890년대가 되자 백합과 해바라기 대신에 진하게 염색한 카네이션처럼 뭔가 자연스럽지 않은 꽃이 인기를 얻었다. 염색 자체가 굉장히 인공적이지만, 아무 색이나 좋아하지는 않았다. 데카당스에 빠진 예술가들은 노란색과 녹색을 최고로 여겼다. 데이비드 캐스턴이 지적하듯 녹색은 식물을 대표하는 색이므로, 인위적인 색이어서 그들이 좋아했다는 게 믿기지 않을 수도 있다. 녹색green과 자라다grow의 영어 어원이 같다는 사실은 엽록소가 푸른색과 붉은색 빛의 전자기 에너지를 대부분 흡수하면서 광합성(식물이 햇빛을 이용해 이산화탄소, 물을 영양분으로 바꾸는 과정)이 이루어진다는 사실을 일깨워준다. 그런데 자연의 색인 녹색이 카네이션 꽃잎의 색깔이 되는 순간 정말 인공적으로 보인다. 그린 트릭이나 그린 마그마 같은 패랭이꽃이 더 선명한 녹색이지만, 오스카 와일드의 영향 때문인지 오늘날에는 녹황색 카네이션(엘시 케친Elsie Ketchen이나 줄리 마틴Julie Martin)을 쉽게 찾을 수 있다.

하지만 오스카 와일드는 품종 개량이 아니라 아닐린 염료로 녹색 카네이션을 '발명'했다(런던 쇼핑몰 벌링턴 아케이드의 플로리스트 에드워드 굿이어의 도움을 받았다). 카네이션 염색은 새로울 게 없었다. 식물 품종 개량에 관해 알려지기 전에는 주로 다양한 색깔의 물을 이용해서 꽃을 염색했다. 점점 더 많은 플로리스트가 웃옷에 다는 녹색 꽃을 제공하기 시작하면서 흰색 카네이션을 이렇게 선정적인 꽃으로 만드는 비법에 관한 소문이 퍼졌다. 비밀 성분의 잉크나 녹색 술인 압생트 혹은 한 칼럼니스트의 추측처럼 비소를 빨아들이게 했을까? 월간지 『더 아티스트 앤드 저널 오브 홈 컬처』 1892년 4월호는 이 모든 소문을 밝히면서 독자들에게 카네이션 염색법을 가르쳐주었다. 카네이션 줄기를 말라카이트그린 용액에 담근 후 모세관 흡인력으로 인해 염료가 꽃잎으로 올라갈 때까지 기다린다. 12시간이 지나면 꽃잎이 잘 물들고, 오래 담가둘수록 색이 짙어진다고 했다.

오스카 와일드는 녹색 카네이션을 발명한 적이 없고, 그저 파리 동성애 문화의 상징을 빌려왔을 뿐이라고 주장하는 사람들도 있다. 하지만 '작은 눈'이라는 의미를 지닌 카네이션의 프랑스명oeillet이 '항문'의 속어로 많이 쓰인다는 사실 말고는 이 주장을 뒷받침할 만한 증거가 거의 없다(장미 부분 참조). 오스카 와일드가 녹색 카네이션을 웃옷에 달거나 "진짜 잘 만든 웃옷 장식 꽃만이 자연과 예술을 연결한다"라고 농담하면서 무슨 생각을 했는지는 알 수 없다. 녹색 카네이션이 동성애를 암시한다는 사실이 널리 알려진 것은

2~3년 후 로버트 히친스가 실화 소설 『녹색 카네이션*Green Carnation*』을 익명으로 출판하면서부터였다. 오스카 와일드와 알프레드 더글러스 경의 관계를 다룬 소설이었다. 사실 오스카 와일드는 애인 더글러스를 온갖 꽃에 비유했고, 붓꽃, 노란 수선화라는 별명을 붙였다. 1895년에 《진지함의 중요성》을 초연할 때는 더글러스에게 애정을 표현하려고 지지자들에게는 은방울꽃을 달라고 부탁하고 자신은 녹색 카네이션을 다시 달면서 꽃향기를 연출해냈다. 하지만 그가 한때 '아무 의미도 없다'라고 주장했던 꽃이 그때쯤이면 동성애, 퇴폐적인 예술 지상주의 그리고 그 중심에 오스카 와일드가 나서서 많은 것의 상징이 되었다.

오스카 와일드 카네이션의 유산은 1929년에 노엘 코워드가 패러디한 노래부터 2000년대 초 소호의 게이 바 이름까지 여러 곳에서 발견할 수 있다. 완전히 직접적이지는 않지만, 20세기 초 여성들의 학교 이야기를 다룬 두 편의 소설에서도 카네이션의 짙은 향기를 맡을 수 있다.

캐서린 맨스필드의 소설 『카네이션*Carnation*』에서 이브는 친구 케이트의 목을 간지럽히려고 날마다 교실에 꽃을 가져온다. 어느 날 이브(이 소설에서도 유혹하는 역할이다)는 정말 진한 빨간색 카네이션을 가져오는데, '와인에 담가 마를 때까지 둔' 꽃처럼 화사하지만 인위적으로 보였다. 술에 넣으면 정향clove 풍미를 내기 때문에 카네이션을 '와인에 적신 빵조각'이라고 부르기도 한다는 사실을 맨스필드는 알았을까? 어쨌든 선생님은 (적절하게도) 프랑스 시詩를 읽고, 카네이션 향기는 교실을 가로질러 케이트에게 향한다. 케이트는 웃옷을 벗은 채 물을 퍼 올리는 남자를 창 너머로 바라보고 있다. 향기와 소리, 시각의 황홀한 리듬이 한데 어우러지면서 케이트는 "돌진하고, 치솟고, 의기양양한", 일종의 다중 감각 오르가슴이라고 부를 수밖에 없는 경험을 한다. 그 순간은 지나가지만, 이브는 알아차린다. 이브는 케이트의 블라우스 앞에 카네이션을 떨어뜨리면서 '기념품'이라고 속삭인다.

윌라 캐더의 소설 『폴의 사례: 기질 연구*Paul's Case: A Study in Temperament*』 (1905)에 등장하는 십 대 주인공은 훨씬 행복하지 않은 경험을 한다. 이 소설에도 녹색이 아니라 "경박해 보이는 빨간색 카네이션"이 등장한다. 아마도 주인공의 의도와 달리 피츠버그에서 구할 수 있는 카네이션이었다는 사실을 보여주는 장면일 것이다. 아니면 그의 고등학교 교장 선생님이 이야기하듯 폴에게 분명 뭔가 여자 같은 데가 있기 때문일 수도 있다.

이 소설은 비극으로 끝난다. 주인공 폴이 자기 세상에서는 언제나 되고 싶었던 소년의 모습으로 살 수 없다는 사실을 작가가 너무나 잘 알기 때문이다. 어느 눈 오는 날, 폴은 그런 소년이 되려고 뉴욕으로 도망친다. 그는 뉴욕 5번가 모퉁이에 선 채 유리로 뒤덮인 꽃집을 보고 압도된다. 눈송이가 부딪쳐서 녹는 유리 진열장 안에 제비꽃, 장미, 카네이션, 은방울꽃 등이 활짝 피어 있다. 눈발 사이로 보이는 꽃은 비현실적이어서인지 왠지 더 사랑스럽고 매혹적이다(제비꽃 부분 참조). 하지만 다음날, 폴은 코트에 꽂은 카네이션이 추위 때문에 시들어 "그들의 붉고 찬란한 아름다움도 사라졌다"라는 사실을 알아챈다. 눈부시게 아름다운 꽃들이라도 용감하게 유리 밖으로 나가 겨울을 조롱하다가는 결국 망할 수밖에 없다. 폴은 작은 구멍을 판 후 시든 꽃을 조심스럽게 묻는다. 그다음 마지막 대담한 몸짓으로 기차를 향해 몸을 던진다.

오스카 와일드가 가슴에 달고, 아마 폴도 달았을 꽃은 웃옷 장식용으로 만들어낸 진한 향기를 내는 장미와 비슷한 말메종 카네이션이었다(향수 회사 플로리스는 이 사실을 바탕으로 와일드가 좋아하는 향수가 말메종이었다는 소문을 퍼뜨렸지만, 사실 와일드는 그 회사의 캔터베리 우드 바이올렛 향수를 좋아했다). 하지만 폴이 휘몰아치는 눈발 사이로 바라본 꽃은 재배하기 까다로운 말메종 카네이션이지는 않았을 것이다. 그보다는 온실에서 사시사철 기르는 카네이션이었을 가능성이 크다.

그렇다면 『폴의 사례』는 특별히 사춘기 시절의 기질만 탐구한 소설은 아니다. 엄청나게 발달한 재배법으로 겨울에도 꽃을 재배하고 판매하는 현장 같은 일상에서 그 기질이 어떻게 드러나는지를 탐구한 소설이기도 하다. 뉴욕 5번가의 꽃들은 아마도 '카네이션의 세계 수도'라고 자임하는 매사추세츠주 턱스베리나 '카네이션 골드러시'라는 말까지 나오는 캘리포니아나 콜로라도주의 카네이션 재배 지역에서 왔을 것이다. 폴 같은 탐미주의자들은 꽃이 대량생산 산업 시대에 미적 대안을 제공한다고 생각하는 경향이 있었다. 꽃도 그 시대의 산물이라는 사실을 무시한 생각이었다. 지금으로부터 최소한 1세기 전부터 카네이션을 붉은 깃발처럼 높이 쳐들었던 혁명가들에 관해서도 같은 이야기를 할 수 있다.

✿

1886년 5월 1일, 뉴욕과 신시내티, 시카고와 미국의 여러 도시에서 수천 명의 노동자가 근로 시간 단축을 요구하며 파업에 돌입했다. 그들은 이런 노래를 부르면서 행진했다.

우리는 햇빛을 느끼고 싶다
우리는 꽃 냄새를 맡고 싶다
신도 그것을 원하신다고 확신한다
그리고 우리는 하루 8시간만 일하려고 한다.

이틀 후 시카고의 수확기계 공장에서 경찰이 파업 근로자들에게 총을 쏘았고, 다음 날 헤이마켓 광장에서 열린 항의 집회는 폭력과 아수라장으로 끝났다. 경찰이 다시 개입하려고 준비할 때 누군가 폭탄을 길에 던졌고, 폭탄이 터지고 뒤이어 경찰이 총을 쏘면서 경찰 일곱 명과 근로자 네 명이 사망했다. 주로 독일 출신인 무정부주의자 집단이 유죄 판결을 받고 교수형을 당하면서 사건은 유명해졌다. 사실 그들 중 아무도 그날 집회에 참여하지 않았지만, 그들의 사상이 신원 불명의 폭파범에게 영향을 끼쳤다고 본 것이다. 그 재판으로 미국이라는 국가 자체가 기소되었다고 해석하는 사람이 많았고, 소설가 윌리엄 딘 하우얼스도 그중 한 명이었다. 그는 "그저 어떤 사상을 가졌다는 이유만으로 다섯 명을 사형시켰다면 우리가 어떻게 '자유 공화국'을 자랑스러워할 수 있겠는가?"라고 물었다.

근로자의 권리를 요구하는 운동과 예로부터 봄맞이 풍습으로 지키던 5월 축제가 긴밀하게 연결된 게 헤이마켓 사건의 유산 중 하나이기도 했다. 1889년 7월, 파리에서 열린 마르크스주의 국제 사회주의 회의에서 400명의 대표가 의논한 안건 중 헤이마켓 사건으로 죽은 사람들을 기념하면서 세계인이 함께 시위를 벌이는 날을 만들자는 미국노동총동맹 대표의 제안도 있었다. 그리고 1890년 5월 1일, 서유럽과 미국, 남미의 수십 개 도시에서 처음으로 세계 근로자의 날을 기념했다. 역사가 에릭 홉스봄이 지적했듯 근로자의 날은 미래를 위해 근로자의 권리를 주장하지만, 그 바탕은 헤이마켓 사건으로 죽은 순교자들부터 프랑스 혁명까지 거슬러 올라가면서 볼 수 있는 과거의 격렬한 싸움에서 찾을 수 있다. 그리고 근로자의 날에는 5월 축제에서 사용하던 산사나무와 데이지 같은 시골 꽃 대신 대량 재배한 빨간 카네이션을 사용했다.

빨간색이 (기품이 있다기보다) 과격하다는 평판은 어디에서 처음으로 얻었는지 꼭 집어 이야기하기 어렵지만, 17세기에는 이탈리아에서 일본까지 여러 나라에서 빨간색이 저항의 상징으로 등장한 것이 사실이다. 영국에서는 크롬웰의 신모델군New Model Army 병사들이 팔에 빨간 리본을 둘렀고, 프랑스 브르타뉴에서는 우표세 반대 시위를 하는 사람들을 빨간 모자로 구분했다.

100여 년 후인 프랑스 혁명 기간에 자코뱅 당은 빨간색 굽이 달린 구두를 신는 귀족에 대한 직접적인 반대 표시로 빨간색 모자를 썼다. 그때부터 빨간색은 과거 순교자들의 피와 미래를 위한 투쟁의 불타는 열정을 모두 상징하는 색깔로 확고히 자리 잡았다. 빨간 카네이션은 헤이마켓 관련 사망자를 추모하면서 이런 목적으로 사용하기 시작했다. 아마도 그 지역에서 꽃을 재배하던 사람들이 가

독일 사회주의 통일당의 1946년 근로자의 날 홍보 포스터. 아르
노 모어 作

까이에서 카네이션을 팔았기 때문일 것이다. 어쨌든 빨간 꽃잎에
줄기는 길어서 깃발 같은 사철 카네이션은 오늘날에도 급진주의와
관련이 깊다.

가장 상징적인 것은 1917년 러시아 혁명 때 등장했던 붉은 카네
이션이다. 나데즈다 소볼레바는 "붉은 깃발, 붉은 나비넥타이와 리
본, 붉은 카네이션은 페트로그라드와 모스크바 거리에 모인 사람들
의 특징"이었다고 강조했으며, 그 이후로도 계속 그렇게 기념했다.
가로등 기둥을 장식하는 조화부터 옆으로 지나가는 대포까지 소련

С ПРАЗДНИКОМ ОКТЯБРЯ!

10월 혁명을 기념하는 1980년대 소련 엽서

연병장 곳곳에서 붉은 카네이션의 영향을 느낄 수 있었다(1974년에 '곡사포'는 '카네이션Gvozdika'으로 널리 불렸다). 그리고 공기에서조차 정향 같은 카네이션 향기가 났다. 니콜라이 2세의 어머니를 위해 1913년에 만든 향수를 1925년에 국영 제조업체가 크라스니 모스크바라는 이름으로 다시 선보였다. 러시아어 '크라스니'는 '붉다'와 '아름답다'는 의미를 모두 지니고 있다.

근로자의 날 행사뿐 아니라 전 세계 곳곳에서 혁명과 관련된 카네이션을 찾을 수 있다. 그리스에서는 특히 나치 점령에 저항한 공산주의 레지스탕스의 핵심 인물인 니코스 벨로야니스Nikos Beloyannis

와 관련이 있다. 그는 우익의 악명 높은 정치적 숙청으로 1952년 3월 30일에 처형되었다. 한 젊은 여성이 판결을 받으러 가는 벨로야니스에게 카네이션을 건넸고, 그가 그 꽃을 든 채 웃고 있는 사진이 널리 퍼졌다. 그의 석방을 청원했던 많은 예술가와 지식인 중 한 명이었던 파블로 피카소는 그 사진을 바탕으로 〈카네이션 남자 L'Homme d'Oeillet〉라는 스케치를 그렸다.

셀레스트 마르틴스 캐리오Celeste Martins Caerio 역시 카네이션에 관련해서 역사책에 이름을 올린 여성이다. 1974년 4월 25일, 그녀는 리스본 시내의 한 레스토랑에서 웨이트리스로 일하고 있었다. 개업 1주년을 맞아 매니저는 손님들에게 나눠 주려고 시가와 카네이션을 준비했다. 하지만 라디오에서 곧 군사 쿠데타가 일어난다는 발표가 나오고, 거리에 탱크가 다니기 시작하자 매니저는 직원들에게 카네이션을 가지고 집으로 가도 된다고 말했다.

무슨 일이 벌어졌는지 보려고 밖으로 나왔을 때 어떤 군인은 담배를 달라고 하면서 그녀에게 다가왔다. 캐리오는 그 군인에게 담배 대신 꽃을 주었고, 군인은 그 꽃을 총구에 꽂았다. 마르틴스 캐리오는 군인들에게 계속 꽃을 나눠주었다. 그날 수천 명의 시민이 거리로 나왔고, 포르투갈 제2공화국의 40년 독재에 맞선 군사 봉기는 마치 거리 축제처럼 느껴지기 시작했다. 카네이션 혁명이었다.

물론 캐리오가 도시 전체에 꽃을 나눠 주지는 못했고, 리스본 꽃가게들이 대부분 꽃을 공급했다고 목격자들은 회고한다. 부활절에서 열흘밖에 지나지 않은 때라 흰색 카네이션과 백합도 사용했지만, 그 꽃들에는 빨간 카네이션과 같은 의미가 없었다. 사진작가들

은 계속해서 더욱 눈부신 빨간 카네이션을 찾았고, 그 카네이션은
예상대로 그 혁명의 영원한 상징이 되었다.

1974년 4월 25일 카네이션 혁명을 기념하는 포스터. 세르지오
기마라에스 作

카네이션 전통이 생긴 한 가지 사례를 더 들면서 마무리하려고 한다. 미국 어머니날에 관한 이야기다. 따로 날을 정해 어머니에게 경의를 표하는 관습은 고대로 거슬러 올라가고, 초기 기독교 교회는 이 관습을 받아들여 어머니 주일(부활절 3주 전)로 바꾸었다. 이 관습은 집안일을 하는 하인들이 자신이 세례받은 교회(어머니 교회)와 가족을 찾아가도록 휴가를 주는 날로 진화했다. 현대의 어머니날은 조금 다르게 시작되었다. 모성의 정치적인 중요성에 관한 19세기의 견해 그리고 여성의 역할과 가정생활의 변화에 따른 20세기 초의 복잡한 감정에서 특별히 그 기원을 찾을 수 있다.

1908년 5월 10일 일요일, 애너 자비스라는 여성이 미국 웨스트버지니아주 그래프턴의 세인트 앤드루 감리교회 모임에 참석한 500명의 어머니에게 흰색 카네이션 한 송이씩을 선물하면서 그 이야기는 시작된다. 그것은 넉넉한 마음을 보여주는 행동이라기보다는 일종의 선언에 가까웠다. 자비스는 이후 6년 동안 미국 의회를 상대로 끈질기게 로비를 벌였고, 1914년이 되자 미국 의회는 투표를 통해 "어머니들에 관한 사랑과 존경을 공개적으로 표현하기 위해" 5월 둘째 주 일요일을 국경일로 지정했다.

4년 후 미국 플로리스트 협회는 100년이 넘도록 계속 영향을 끼친 표어를 내세우며 전국적인 공개 홍보 활동을 처음 시작했다. 한 번쯤 들어보았고, 계속 영향을 끼치고 있는 '꽃으로 말하세요Say it with Flowers'라는 표어다. 플로리스트 협회는 꽃 구매를 일상생활의 일부로 만드는 게 목표였지만(비슷한 시기의 축하 카드 제조업체들처럼), 흩어져 사는 현대 가족이 전화와 전보를 이용해 서로 선물을 보내는 정기적인 기념일과 의례의 중요성도 깨달았다. 월간지『플로리스트 리뷰』가 지적했듯, 어머니날은 멀리 있는 부모님께 특별히 연락을 드리는 날이기도 해서 '플로리스트'에게 정말 좋은 기념일로 확고하게 자리를 잡았다.

이런 상황을 보고 자비스는 소스라치게 놀랐다. 어머니날을 값비싼 선물을 보내는 날이 아니라 "가족들이 집으로 돌아와 다시 만나는 날", 곧 '가정의 날'로 만들고 싶었기 때문이었다. 1908년에는 꽃 한 송이에 0.5센트였지만, 1920년에는 (의회에 로비할 때는 반갑게 연대했던) 플로리스트들이 카네이션 한 송이를 1달러에 팔 정도로 가격이 뛰었다. 자비스는 장삿속으로 물든 분위기를 바꾸려고 온갖 노력을 다했다. 맨 먼저 그는 플로리스트의 장삿속을 함께 거부하면서 대신 미국 국기나 '비싸지 않고 소박한'(공짜로?) 민들레 같은 꽃을 선물하자고 제안했다. 어머니날 국제협회는 그다음 좀 더 독특한 무언가가 필요하다는 사실을 깨닫고 흰색 카네이션이 새겨진 배지를 만들기 시작했다. 하지만 상황을 바꾸기에는 너무 늦었다.『뉴욕타임스』는 "플로리스트들이 아무리 비싸게 팔아도 카네이션은 잘 팔렸다"라고 보도했다. 하얀 카네이션만으로는 돈을 많이 벌 수 없자 플로리스트들은 자비스의 아이디어를 목적에 맞게 바꾸어 활용했다. 다양한 꽃을 선택하면 훨씬 더 만족스럽게 기념할 수 있다고 광고하기 시작했고, 고객이 다양한 품종, 다양한 색상의 꽃을 선택하게 유도하려고 두 줄의 문구를 만들어냈다.

살아계신 어머니를 위해서는 밝은색 꽃을
돌아가신 어머니를 추억할 때는 흰 꽃을.

1914년 어머니날에는 급성장하는 꽃시장이 최대 호황을 누렸고,
100여 년이 지난 다음에도 그런 상황은 계속되고 있다. 미국인이
2019년 어머니날에 꽃을 사려고 쓴 돈이 26억 달러에 이른다.

1914년 어머니날 카드

카네이션

그렇다면 자비스는 왜 맨 처음에 하얀색 카네이션을 선택했을까? 하얀색 카네이션이 전통적으로 성모마리아(몇몇 종류는 성모마리아의 눈물이 떨어진 십자가 아래에서 솟아났다고 한다) 그리고 어머니의 사랑과 관련 있다는 게 명백한 이유다. 자비스는 빅토리아 시대 꽃말을 자유자재로 활용하면서 꽃에 담긴 모성애의 미덕을 새롭게 설명했다. "꽃의 흰색은 진리와 순수성, 넓고 따뜻한 어머니의 사랑을 상징하고, 꽃의 향기는 어머니의 기억과 기도를 상징한다. 카네이션은 꽃잎을 떨어뜨리지 않고 가슴으로 껴안은 채 시든다. 그래서 어머니들도 아이를 가슴에 끌어안고, 모성애는 절대 사라지지 않는다."

하지만 자비스가 그 꽃을 선택한 데는 좀 더 개인적인 이유도 있었다. 하얀색 카네이션은 그의 어머니 애너 리브스 자비스가 좋아했던 꽃이었다. 모성애를 기념하는 날을 제정해야 한다는 운동을 처음 시작한 사람이 바로 어머니였다. 이 운동도 헤이마켓 광장 시위처럼 남북전쟁의 영향을 받았다. 리브스 자비스는 모성애를 기념하는 날이 오랜 갈등으로 분열된 가족을 하나로 연결하면서 국민 화합에 이바지할 것이라고 굳게 믿었다. 자비스는 흰색 카네이션을 진리와 순수 등 전통적인 상징으로만 해석하고 싶었을 것이다.

하지만 그 시대 미국에서는 다른 해석이 나올 수밖에 없었다. 1860년대 말, 리브스 자비스는 이제 전쟁에서 벗어나자고 호소했지만, 미국 남부 전역에서 백인 자경단이 결성되고 있었다. 앨라배마주에서는 백인 자경단 두 곳이 꽃으로 자신의 정체성을 드러냈다. 흰 동백꽃 기사단, 흰 카네이션 기사단이었다. 어머니날을 제정하자는 결의안을 발의한 하원의원 토머스 헤플린이 자신을 앨라배마의 "우리 소중한 백인 여성"의 변함없는 후원자로 생각했다는 사실을 되새기면 어머니날과 백인 자경단이 모두 흰색 카네이션을 상징으로 삼은 게 우연의 일치가 아니었다는 사실을 알 수 있다. '목화솜 톰'이라는 별명으로 불린 토머스 헤플린은 여러 면에서 미국 국회의원 중 가장 노골적인 인종 차별주의자였다.

여름

여름 오후. 내 느낌에 여름 오후는 영어에서 가장 아름다운 두 단어였다.
- '이디스 워튼과의 대화', 헨리 제임스

찬란한 여름! 지나칠 정도로 좋다!
- 『오래된 초본草本: 정원 소설』, 레지널드 아켈

헨리 제임스와 버트 피네거는 여름에 완전히 딴판으로 생활했다. 헨리 제임스는 영국 서식스의 자택에서 정원이 보이는 방에 틀어박혀 지내면서 "영국인 정원사가 꽃밭의 땅을 파거나 잔디를 깎거나 낙엽을 쓰는" 모습을 지켜보기 좋아했다고 비서 시어도라 보잔켓은 회고했다. 한편 버트 피네거는 직업이 정원사라서 땅 파고, 잔디 깎고, 낙엽 쓸고, 가지치기하고, 시든 꽃을 잘라내고, 물을 주고, 잡초를 뽑는다. 그는 그 좋은 것을 즐길 시간이 없고, 자연의 방식을 탓하고 싶지는 않지만 "만물이 30초만 정지해서 감상할 수 있게 해준다면"이라는 생각을 하지 않을 수 없다.

봄에는 활짝 핀 꽃을 보는 기쁨을 하나하나 차례로 느낄 수 있다.

정성스럽게 준비한 음식을 차례차례 맛볼 때와 비슷하다. 여름에는 수많은 꽃이 한꺼번에 피어나면서 충만한 기쁨을 안긴다. 온갖 음식을 잔뜩 차려놓은 뷔페와 같다. 온갖 색깔과 향기를 지닌 꽃들이 핀다. 빨간색과 분홍색 꽃, 재스민 향기와 라벤더 향기가 섞인다. 우리의 감각도 정원사도 혹사당한다.

그 모든 좋은 것들로 무엇을 할까? 시간 여유가 있다면 여름에는 "다람쥐가 도토리를 모으듯 겨울을 대비해 풍성한 경험을 쌓아야 할 때"라고 헨리 데이비드 소로는 말했다. 소로는 야생화와 관련해서 많은 경험을 쌓았고, 그 경험을 자신의 기억과 글에 체계적으로 저장했다. 그는 1853년 7월 26일 일기에 "한 해 동안 피는 꽃의 10분의 9 정도가 지금 핀 것 같다"라고 썼다. 그리고 닷새 후 "계산해보니 올해 필 꽃이 40여 종도 남지 않은 것 같다"라고 썼다.

아켈은 영국의 여름을 묘사했고, 소로는 꽃들이 한참 기다렸다 피었다가 순식간에 지는 매사추세츠의 여름을 묘사했다. 북쪽 지역에서 꽃을 재배하는 사람들은 왜 날씨가 따뜻하고 해가 길고 꽃이 많이 피어서 싸게 구할 수 있는 여름에 꽃을 선물로 주고받는 기념일이나 휴일이 없는지 이해하지 못했다. 사실 여름에는 꽃이 너무 '흔하기 때문에' 선물하지 않는다. 7월에는 꽃가게가 따로 필요 없다. 여름은 풍요로움을 만끽하는 계절이다. 존 클레어가 어린 시절을 보낸 영국 노샘프턴셔 마을은 한여름이면 집집마다 들꽃이 만발했다. 이탈리아 겐자노는 거리 전체가 꽃으로 뒤덮이고, 브뤼셀에서는 꽃이 광장을 메우고, 저지섬 주민들은 서로 꽃을 마구 던지면서 꽃 전쟁을 벌이는 전통을 최근까지도 이어가고 있다. 여름에는 꽃이 비싸지 않아 흥청망청 쓸 수 있기 때문이다.

여름이 되면 길고 뜨거운 날이 끝없이 이어지는 것처럼 보이면서 시간도 넉넉해진다. 여름은 모든 감각이 활짝 열리면서 마음껏 즐기는 계절이다. 언제나 낙원이 준비된 듯하다. D. H. 로렌스는 채털리 부인과 연인 올리버 멜로스가 6월에 사랑을 나누는 장면을 늦봄과 초여름 꽃들의 풍성함으로 상상했다. 매발톱꽃, 동자꽃, 인동꽃, 블루벨, 물망초, 선갈퀴꽃, 히아신스 같은 꽃들이 야생적으로 여름에 경의를 표하면서 뒤섞인다.

로렌스가 보기에 여름은 사랑하는 사람들이 서로에게서 "꽃을 찾아내면서" 남녀뿐 아니라 관능과 영혼까지 결합할 수 있게 한다. 장미를 지상에서 찾을 수 있는 신성한 아름다움, 인간 쾌락의 덧없음을 보여주는 상징으로 보았던 중세 페르시아의 시도 그런 조화를 추구한다. 페르시아에서는 장미가 늦봄에 피는 꽃이지만, 다른 많은 곳에서는 한여름을 대표하는 꽃이므로 이 책에서는 여름 편에 포함했다.

이 책에서는 서로 어울릴 것 같지 않은 장미와 연꽃을 나란히 소개한다. 연꽃은 중국과 일본에서 여름의 상징과도 같은 꽃이다. 나긋나긋한 잎사귀, 짙은 향기를 풍기는 꽃, 연못에 담근 뿌리는 먼지와 더위에서 벗어난 상쾌한 세상을 연상하게 한다. 하지만 인도에서는 여름에 비가 많이 오기 때문에 연꽃은 장마철에 핀다.

연꽃도 장미도 북극권에서는 자라지 않는다. 적어도 지금까지는 그렇다. 북극권에서는 여름이 뭔가 완전히 다른 의미다. 기온이 섭씨 10도까지 올라가고, 낮이 정말 길어진다고 축하한다. 미국의 문화 인류학자 프란츠 보아스는 1883년에 북극해 제도의 캐나다령 배핀섬을 방문한 후 이누이트 족이 '한겨울'에 여름 노래를 부르면서 힘을 내곤 한다고 기록했다. 갈매기와 순록이 돌아오고, 언덕에서 강물이 흐르고, 대구와 고기가 풍부해지고, 툰드라에 다시 들꽃이 피는 때를 기다리다 지쳐서다.

아야
아야야, 아름다워. 드디어 여름이 오면 바깥세상은 아름다워.

그로부터 150년도 지나지 않았지만, 이제 아무도 더는 그 노래를 부르지 않는다. 북극의 지구 온난화가 다른 곳보다 두세 배 빠르게 진행되면서 배핀섬의 고대 빙하가 물러나 지난 4만 년 동안 얼어 있었던 식물들이 모습을 드러내기 때문이다. 그곳에서 여름은 이제 얼음이 녹는 계절이다.

훨씬 더 남쪽도 더워지고 있다. 주로 수확기 즈음이 되면 매년 가뭄과 폭우에 시달리면서 이 지역에 남은 꽃 두 가지도 위협을 당하고 있다. 둘 다 농작물에서 피는 꽃이다. 면화와 해바라기의 대규모 재배와 전 세계 유통이 기후 변화에 영향을 끼쳤고, 기후 변화는 이제 두 작물의 생존도 위협하고 있다. 이제 여름이 주는 선물들이 세계 곳곳에서 위협받고 있다.

따가운 햇볕, 더운 여름이 길어지는 현상이 축복보다는 재앙을 예고한다는 사실을 안다면 북반구에 사는 우리는 생각을 바꾸어야 한다. 하지만 여름 끝자락이 되면 우울해지지 않기가 어렵다. 우리는 달리아와 샐비어처럼 남반구에서 실어 온 꽃들을 심으면서 여름을 연장하려고 한다. 존 키츠는 벌들이 따뜻한 날이 계속될 것이라고 착각하면서 뒤늦게 핀 꽃들에 모이는 광경을 관찰했다.

하지만 언제나 그렇듯 여름은 결국 지나간다. 낙원은 사라지고 가을이 된다. 여름이 지났다고 모두가 안타까워하지는 않는다. 헨리 데이비드 소로는 6월이면 자연이 "일을 너무 빨리 끝낼까 봐" 걱정하고, 9월이 되면 여름의 단물을 너무 오랫동안 포식했다고 느꼈다. 점점 밤이 빨리 찾아오고, 화려함을 떨쳐버린 새 계절이 펼쳐지면서 그 계절만의 특별한 즐거움을 안긴다.

5

장미

정중해야 하고, 장미를 가져와야 해요.

나는 장미를 잔뜩 안기는 남자와만 데이트해요.

나는 멋진 숙녀를 찾고 있어요. 관심이 있다면 장미를 잔뜩 가져
오세요.

어찌 된 일일까? 게시물마다 장미 이야기를 하고 있다.

10년 전쯤, 인터넷 문화 문외한들에게 여러 잡지가 경고하기 시
작했다. 이런 게시물은 실상 장미가 아니라 돈을 요구한다는 것이
었다. '장미를 가져와야 한다'는 조건은 데이트를 위한 까다로운 요
구 사항이 아니라, 영리 목적의 권유를 금지하는 규제를 피하려고

돈을 장미로 바꾸어서 쓴 문구였다. 그게 아니라도 불쌍한 바람둥이가 꽃에 관해 귀담아들어야 할 충고는 많다. 밸런타인데이에는 여자 친구에게 장미를 주는 게 거의 의무였고(2018년 미국에서만 하루 2억 송이가 팔렸다), 샤넬 넘버 5 향수(30미리리터 병 하나를 만드는 데 캐비지 장미 12송이가 필요하다)까지 선물하면 더 좋겠지만 첫 데이트에서 장미나 향수를 선물하는 것은 분명 현명한 생각은 아니었다. 장미는 구닥다리일 뿐 아니라 선물하는 사람이 "제발 날 좋아해 주세요"라고 외치면서 사랑에 굶주려 애원하는 것처럼 보이게 한다고 예절

장미 소설의 15세기 후반 필사본에서 장미를 돌보는 연인의 모습을 그린 세밀화

장미

안내서는 설명했다. 게다가 '비현실적인' 기대를 만들기까지 한다. 첫 데이트에서 장미를 받은 사람은 '저 사람은 뭔가 다른 완벽한 남자일 거야'라고 생각할 수 있다. 그러니 절대 그러지 말아야 한다.

장미가 인간의 성관계를 떠올리게 하지 않았던 때는 찾아보기 어렵다. 성적인 갈망에 관한 중세 우화인 '장미 소설'(퇴폐적인 색채가 강한 강렬한 연애소설)부터 르네상스 시대의 '현재를 즐겨라' 사상까지(로버트 헤릭은 "할 수 있을 때 장미꽃 봉오리를 모으라"라고 충고했다), 오르가슴 분출에 관한 빅토리아 시대의 풍자부터(토머스 하디 소설의 등장인물 수 브라이드헤드의 뺨은 연분홍 장밋빛이었다) 꽃잎 같은 외음부 모양을 보여주는 해나 윌크스의 1970년대 조각까지 성과 관련 없는 연인과 장미 담론은 사실상 없다.

✿

물론 장미는 사랑과 성 말고도 여러 가지와 관련이 있다. 왕실과 국가를 상징하는 꽃이 되기도 했다. 장미는 또 기독교의 자선, 삶의 덧없음, 행복에 대한 기대, 모든 일이 잘될 때를 상징하기도 한다('장밋빛 전망').

장미의 세속적인 의미와 영적인 의미가 뒤섞일 때도 많다. 예를 들어, 페르시아와 오스만 제국의 나이팅게일과 장미 이야기 혹은 베아트리체와 신을 함께 찾는 단테의 서사시가 그렇다. 이슬람교에서는 예언자 마호메트가 장미를 통해 이야기를 전달하기도 한다. 이슬람교 신비주의자인 수피교도 시인 루미는 장미의 향기로운 땀이 땅에 떨어져 향수가 되었다고 했다. 그 신비한 장미 이야기는 훗날 동쪽으로 인도까지, 서쪽으로 유럽까지 퍼졌다. 가령, 라이너 마리아 릴케는 장미의 예지력과 사랑에 관해 끊임없이 시를 썼고, 윌리엄 개스는 장미가 릴케의 삶을 덩굴처럼 휘감아 올라간다고 묘사한다. 그러니 릴케가 아내 클라라 베스트호프에게 구애하면서 장미를 활용한 것은 당연했다. 그는 또 장미를 이용해 클라라를 새로운 방식으로 애무했다. 클라라의 감은 눈 위에 장미를 올려놓고 그 꽃이 체온으로 따뜻해질 때까지 기다렸다. 조금 신비하면서도 상당히 유혹적인 행동이다.

그리스 신화에서는 장미가 에로스와 아프로디테(비너스)뿐 아니라 디오니소스와도 관련되기 때문에 연애와 포도주, 장미는 밀접하게 연결되어 있다. 아프로디테는 유혹의 여신이자 매춘부를 보호하는 신이었고, 어떤 매춘부는 꽃도 팔았다. 디오니소스는 "장미를 들고 있는 당신에게는 장밋빛 매력이 있다. 하지만 당신은 자신과 장미 중 무엇을 팔고 있는가? 아니면 둘 다 파는가?"라고 물었다. 한편 오비디우스는 '거리의 여성들'에게 주피터와 비너스를 위한 4월 축제에 장미를 가져오라고 가르쳤다. 자신을 보호하는 비너스를 위해 그들이 돈을 쓰는 게 당연하다고 생각했기 때문이었다. 여러 문화권에서 장미는 매춘부와 관련이 있다. 엘리자베스 여왕 시대 때 영국에서는 매춘부 찾아가기를 보통 '장미꽃 꺾기'로 묘사했다. 어떤 도시는 이런 목적으로 장미 거리를 지정하기도 했다. 다소 혼란스럽지만, 장미 꺾기는 여성의 오줌 누기를 에둘러서 하는 말이기도 했다. 조너선 스위프트는 쑥스러워하는 아가씨가 오줌을 누려고

덤불 뒤로 들어가는 장면을 그렇게 묘사했다.

음란물과 외설적인 농담, 의학 참고서의 은유 중에는 비슷한 표현이 상당히 많다. 1671년, 산파에 관해 설명하는 책을 처음 펴낸 영국인 여성 제인 샤프는 꽃, 특히 장미를 이용해서 여성의 출산을 설명했다. 예를 들어, 열매를 맺기 때문에 월경을 꽃이라고 부르고, 처녀막 파열을 꽃잎이 반쯤 떨어진 장미로 비유해서 설명했다. 이런 글이 처녀막에 관한 해부학적으로 거의 정확한 설명 옆에 나란히 실렸다는 게 그 책의 매력적인 면이다. 샤프가 그린 도해圖解에서

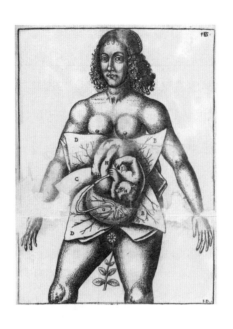

제인 샤프의 책 『산파 혹은 산파술』(1671)에서 임신한 여성의 자궁을 묘사한 삽화

도 과학과 상징이 비슷하게 섞여 있다. 한 도해에서는 임신한 여성의 자궁을 활짝 핀 꽃처럼 열린 상태로 그리고, 외음부는 다른 꽃으로 묘사했다(아니면 교묘하게 감췄다고 할 수도 있다).

모든 꽃에는 생식기가 모여 있고, 꽃이 보여주는 아름다움은 식물이 번식하기 위해 갖가지 복잡한 방식으로 꽃가루 매개자를 끌어들이는 방법이다. 그중에서도 특히 장미는 인간의 성욕을 불러일으킬 것 같은 색깔, 질감, 모양을 지니고 있다. 우선 홑꽃 종류(꽃잎이 다섯 장)에서 이런 특징을 발견할 수 있다. 하지만 수천 년 동안 품종 개량을 통해 복잡한 겹꽃 장미가 만들어지면서 더욱더 여성의 입술, 뺨이나 외음부와 비슷해졌다는 사실을 부인할 수 없다. 마이클 폴런이 지적하듯 "남성이 여성의 성을 상상하도록 길렀다는 장미에 관해 이야기할 때" 우리가 자연에 관해 말하는지, 문화에 관해 말하는지 알 수가 없다.

연애소설과 에로소설의 주인공을 설명할 때도 장미의 일생은 중요한 역할을 한다. 에드먼드 스펜서(그리고 다른 많은 작가)의 상상 속에서는 꼭 다문 장미 꽃봉오리 같은 처녀의 약속으로 극적인 장면이 시작된다. 그다음 활짝 핀 향기로운 꽃 같은 열정으로 발전하고(보라, 잠시 후면 얼마나 더 대담하고 자유로워지는지/그녀는 벗은 가슴을 활짝 벌려 보여준다), 결국 꽃잎이 떨어지면서 사랑이나 사랑하던 사람이 사라지는 장면을 보여준다. 프랑스 초현실주의자 조르주 바타유는 시들어가는 장미를 비유하길, 한때 구름까지 데려다줄 것 같던 줄기에 매달린 채 우스꽝스럽게 죽어가는, 진하게 화장한 늙은 과부와 비슷하다고 다소 험악하게 빗댔다. 보들레르의 『악의 꽃』처럼 바타유도 장밋빛 명성에 흠집을 내겠다고 결심했고, 장미의 '아름답고 천사 같은 순수함'은 금방 시들고, 수술의 추악한 모습만 드러난다고 지적했다. 바타유의 손에서 장미의 소설은 희비극이 된다. 외설이었다가 이상을 추구했다가 곧장 외설로 돌아간다.

바타유의 '역겨움과 따분함'에 관한 이야기에서는 식물의 가시가 중요하지 않다. 하지만 가시 없는 장미인 성모마리아를 중심으로 전개되는 기독교 문화 맥락에서는 가시가 중요한 역할을 한다. 고통을 주는 가시 때문에 피 흘리는 상처가 생기지만, 그 상처는 신의 은총을 받아 아름다운 꽃으로 바뀐다. 그러면서 물질적인 면보다 믿음이 우리를 비참한 상태에서 구원한다는 사실을 강조한다. 그래서 장미는 순교자와 기적의 꽃이 되었다. 이는 이슬람과 기독교 문헌을 관통하는 주제이자, 현대에 와서 장미가 사회주의 상징으로 채택된 이유이기도 하다(정치적 순교에 관해서라면 장미의 경쟁자인 빨간 카네이션을 참조하라).

그뿐 아니라 장미는 노균병, 흑반병, 녹병, 동고병 등 갖가지 병에 취약하다. 동고병은 곰팡이 감염인데, 식물이 이 병에 걸리면 줄기에 검은 반점이 나타난다. 치료를 받지 않으면 결국 죽을 수도 있다. 중세시대에 '동고병'은 식물을 안에서부터 갉아 먹는 애벌레를 지칭했다. 17세기에 와서는 이런 식으로 파괴하는 존재, 특히 뭔가 아름다운 것을 파괴하는 존재를 부르는 말이 되었다. 셰익스피어는 "가장 달콤한 꽃봉오리에 혐오스러운 동고병이 산다"라고 강조했다. 동고병canker은 경성하감chancre과 라틴어 어원cancer이 같은데, 경성하감은 매독의 첫 증상으로 나타나는 붉은 궤양을 뜻한다. 매독이 성관계를 통해 전염된다는 사실을 모두 아는 데다 모양과 색깔 때문에 경성하감은 장미로 비유될 때가 많았다. 15세기 후반 나폴리에서 매독이 유행하기 시작하자 아메리카 대륙에서 방금 돌아온 콜럼버스 때문이라고 생각한 사람이 많았다. 그래서 매독의 초기 증상인 경성하감은 '나폴리의 장미'로도 불렸다.

성관계로 전염되는 질병과 장미는 끈질기게 연관되었다. 18세기와 19세기에는 임질을 '성병에 걸린 장미'라고 부르기도 했다. 『경험의 시Poems of Experience』에 실린 시 〈병든 장미〉를 쓰면서 윌리엄 블레

Sah ein Knab'...

GIB AIDS KEINE CHANCE **mach's mit.**

콘돔 사용으로 에이즈를 예방하자는 독일 캠페인을 위해 디자인한 1990년대 포스터. 장미꽃 대신 빨간 콘돔을 그려 넣었다. 마르셀 콜벤바흐·기도 마이어 作

이크가 무슨 생각을 했는지는 알 수 없다. 하지만 "보이지 않는 벌레가 진홍색 기쁨이 넘치는 장미 침대로 기어들어 간다"는 구절의 의미를 다양하게 유추하자면 '보이지 않는 벌레'를 매독이나 임질로 해석할 수도 있다. 한편 1960년대 말에는 베트남과 대만 여성이 미국 병사들로부터 '사이공 장미'(가장 가시가 많은 장미, '임질'이란 의미)가 전염될까 봐 걱정했다.

　이런 역사가 짧지 않기에 장미는 질병 예방 캠페인에 자주 등장하는 상징이 되었고, 에이즈 바이러스가 한창 유행할 때는 특히 더 그랬다. 홍콩 병원에는 "베트남 장미(성병)에 걸리셨군요. 콘돔을 사용하세요. 다음번에는 운이 그렇게 좋지 않을 수 있어요"라고 직설적으로 경고하는 에이즈 관련 단체 〈에이즈 컨선AIDS Concern〉이 내건 포스터가 걸려 있었다. 독일에서는 꽃처럼 말린 콘돔 사진과 괴테의 시 〈들장미〉 중 앞 구절인 "한 소년이 보았네Sah ein Knab"라는 글귀가 실린 포스터로 똑같은 메시지를 전하는 '함께 하자mach's mit' 캠페인을 펼쳤다. 주로 성적인 유혹과 위험성을 이야기하는 시 〈들장미〉를 선택한 일은 적절했다. 소년이 그 작은 들장미를 꺾겠다고 말하자, 장미는 그 소년을 찔러서 자신을 '절대 잊지 못하도록' 하겠다고 대답한다. 하지만 소년은 듣지 않고, 에이즈 전염에 관한 비유는 여기에서 끝나는 것 같다. 시에서는 찌르는 장미만 고통을 받고, 장미를 꺾는 소년은 멀쩡한 것 같다.

때때로 이 모든 상징이 좀 지나칠 수도 있었다. 미국 시인 윌리엄 카를로스 윌리엄스는 1922년에 "장미는 이제 진부하다"라고 분명하게 말했다. 그는 "장미는 사랑이라는 짐을 졌다. 그런데 드디어 이제, 장미에서 사랑이 떨어져 나갔다"라고 여러 해 이야기했다. 케케묵은 말과 생각을 물리치고 꽃 자체에 관심을 기울일 때였다. 거트루드 스타인은 '장미는 장미'라는 말밖에는 할 게 없다고 생각했다. 그렇게 하면서 영시英詩에서 100년 만에 처음으로 장미를 빨갛게 만들었다고 생각했다. 장미는 다시 빨갛게red 되었다. 그리고 다시 읽혔다read. 장미의 현대화는 시적인 자부심을 포기한다는 의미가 아니라 그저 새로워진다는 뜻이다.

빅토리아 시대의 정서적인 관습은 근대와 현대의 감성에 많은 영향을 끼쳤다. 19세기는 꽃의 시대였다. 꽃을 전시하고, 원예 단체를 만들고, 생화로 꽃다발을 만들고, 드라이플라워를 만들고, 꽃을 가슴에 달고, 꽃무늬 옷과 커튼, 벽지와 그릇을 만들고, 여자아이에게 데이지, 릴리, 아이리스, 바이올렛이나 로즈라는 이름을 붙이는 시대였다. 장밋빛 뺨과 장밋빛 입술의 아가씨에게 구애하는 남자들에 관한 시(알프레드 테니슨의 시 〈모드Maud〉처럼)가 등장한 시대이고, 꽃 사전에는 빨간색 장미, 짙은 빨간색 장미, 잎이 있거나 없는 장미 꽃봉오리, 벌어진 꽃봉오리 하나 혹은 둘, 머리를 위로 쳐든 꽃봉오리와 수그린 꽃봉오리 사이에는 어떤 미묘한 차이가 있는지를 장황하게 늘어놓던 시대였다. 그런데 그 모든 게 사라져야 했다. 상징을 너무 많이 붙인 장미는 이제 꽃무늬 천, 레이스 깔개, 의자 덮개, 응접실의 칙칙한 화분처럼 어색하고 부담스럽다.

버지니아 울프는 특히 빅토리아 시대와 완전히 단절했다는 사실을 보여주기로 결심했다. 그러려면 자부심이 강한 장미의 본성을 인정해야 했다. 울프는 왜 장미가 "열정을 상징하고, 축제를 장식하고, (인간의 슬픔을 안다는 듯) 관에 눕게 되었는지" 너무 이상하다고 생각했다. 울프는 장미가 어떻게 오후 내내 땅에 조용하고 굳건하게 서 있는지 관찰하기 위해 실제로 장미를 샅샅이 살펴보겠다고 약속했다. 그리고 얼마 지나지 않아 장미의 상징이 슬금슬금 되살아났다(빅토리아 시대가 아니라 현대의 상징이긴 하지만). 울프의 장미는 그냥 서 있는 게 아니었다. 블룸즈버리 그룹의 진짜 회원처럼 침착한 태도로 완벽하게 품위 있고 흠잡을 데 없이 꼿꼿하게 서 있었다.

물론 여성이든 장미든 여러 방식으로 현대화된다. 역설적이지만 가장 현대적인 장미인 하이브리드 타이Hybrid tea가 가장 무시당했다.

마이클 폴런은 우연의 일치지만 영국의 2차 선거법 개정으로 중산층 남자가 선거법을 가지게 된 1867년에 하이브리드 타이가 처음 생산되었다는 사실을 지적한다. 블룸즈버리 그룹의 눈에는 잎사귀에 윤기가 흐르고 병에 잘 걸리지 않는 하이브리드 타이가 "잘 배우고, 잘 차려입고, 고분고분한 멋쟁이 여성처럼 깔끔해" 보였다. 하지만 바로 그 이유로 부르주아처럼 지루해 보이기도 했다. 울프의 연인 비타 색빌 웨스트처럼 안목 있는 정원 디자이너는 하이브리드 타이가 화단의 제라늄처럼 '진부하게 밝은' 장미라는 점을 알았다.

반면 말메종에 있는 조제핀 왕비 정원의 주인공이었던 센티폴리아, 부르봉, 이끼 장미처럼 18세기와 19세기 초에 재배된 크고 이리저리 뻗어 나가고 향이 짙은 품종뿐 아니라, 최초의 정원용 장미인 갈리카, 다마스크 장미까지 옛 장미가 더 멋지고 현대적으로 보였다. 색빌 웨스트는 이 화려하고 황홀한 꽃들을 정말 좋아했다. 그 장미들은 웨스트처럼 귀족적이고 자유분방했다. 엄청난 활기를 지니고 있어서 "상상이 이끄는 대로 자유롭게 자신을 표현하려고" 했다. 물론, 모두가 작은 정원에 그런 장미쯤은 키울 여유가 있는 건 아니었다.

버지니아 울프는 이런 옛날 장미와 하이브리드 타이 장미의 기질 차이를 찾아내 소설 『댈러웨이 부인』의 리처드와 클라리사 댈러웨이 부부의 성격으로 보여준다. 리처드는 직접 사랑한다고 말할 수 없어서 여러 말 하지 않고 클라리사에게 빨간색과 흰색 장미 꽃다발(하이브리드 타이)을 한 아름 선물한다. 그는 사랑 고백에 성공하지만, 꽃 선택이나 전달하는 방식은 그를 지루하고 판에 박힌 사람처럼 보이게 한다. 클라리사의 첫사랑 샐리 시튼이 꽃을 주는 방식과 비교하면 더욱더 그렇게 보인다. 샐리는 애정을 표현하려고 꽃을 사러 가지 않는다. 그저 달빛을 받으면서 담장으로 둘러싸인 시골 정원을 거닐다가 즐겁게 옛날 장미들을 꺾는다. 클라리사는 샐리가 걸음을 멈춰서서 꽃을 따서 자신에게 입맞춤하던 순간을 일생 중 가장 강렬했던 순간으로 기억한다.

적어도 D. H. 로렌스가 진단하듯 지나치게 문명화된 삶에 대한 불만을 어떻게 떨쳐버리느냐가 현대의 문제다. 다시 말해, 어떻게 하면 "꽃을 잘 피우지 못한 나머지 긴장에서 벗어날 수 없어 전전긍긍하는" 장미에서 벗어나 원초적인 황홀경을 맛보는 정원으로 돌아가느냐의 문제다. 그리고 이것은 거트루드 스타인의 시처럼, 하나의 장미가 다른 장미를 어루만질 수 있다는 사실을 깨닫는다는 의미였다. 아니면 놀랍도록 중성적인 무용수 바츨라프 니진스키가 〈장미의 정령〉을 공연하면서 보여주었듯 자신을 스스로 애무하는 데까지 가는 것이다.

결국, 장미의 목적은 사랑이 아닐 수도 있다. 장미는 가시가 많고, 부패하기 쉽고, 구식이고, 지긋지긋할 정도로 진부할 수 있고, 장미를 선물하면 절박하게 애정을 갈구하는 것처럼 보일 수도 있다. 하지만 어쩌라고? 대부분 사람은 사랑 고백에 도움이 될 수 있다면 뭐든 찾는다. 플로리스트가 만든 꽃다발, 장미 향이 나는 터키 과자한 조각이나 이모티콘까지도 도움이 된다면 무조건 환영할 일이지 않겠는가? 하지만 나는 마지막으로 장 주네 이야기를 하려고 한다.

가톨릭 교육을 받으면서 성장한 주네는 고통이 아름다움으로 승

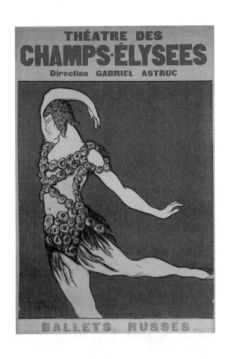

장 콕토가 발레 뤼스를 위해 만든 포스터(1913). 〈장미의 정령〉의 주인공 바츨라프 니진스키가 장미 꽃잎 의상을 입고 있는 모습을 보여준다.

화한다는 '장미의 기적'을 굳게 믿었다. 그는 으깨진 손톱을 보면서 검은 꽃을 떠올린다. 수갑을 차고 걸어가는 살인자의 수갑이 갑자기 하얀 장미 화환으로 바뀐다. 죄수의 방귀 냄새가 섞인 악취를 맡으면서는 장미꽃이 피는 고결한 정원에 있다고 느낀다. 주네의 유일한 영화 《사랑의 찬가》(1950)는 그의 다른 작품들처럼 교도소를 배경으로 다른 이들과 연결되려고 애쓰는 외톨이들의 노력을 탐구한다. 그들은 할 수 있는 일을 한다. 한 사람이 벽에서 구멍을 찾아내 그 구멍 사이로 빨대를 집어넣는다. 그리고 옆 감방 사람이 마실 수 있도록 담배 연기를 불어넣는다. 하지만 그 영화가 반복해서 보여주는 사랑의 매개체는 두 감방 사이에서 좌우로 흔들리는 줄에 매달린 작은 꽃다발이다. 남자들은 보이지 않는다. 단지 감방 창문 밖으로 뻗은 그들의 팔만 보인다. 줄은 너무 짧아서 꽃다발을 전해주지 못할 것 같다. 하지만 영화가 끝나기 직전, 드디어 오른쪽 팔이 그 꽃다발을 움켜잡는다. 그렇게 사랑의 찬가는 완성된다.

장 주네의 영화《사랑의 찬가》에서 꽃으로 소통하는 장면

세계사를 바꾼 16가지 꽃 이야기

6

연꽃

연꽃은 기적을 보여준다. 흙탕물에서 티 없이 깨끗한 꽃이 핀다. 연꽃 향기는 죽은 사람을 살릴 만큼 강력하다. 뱃사람들은 연꽃 열매를 먹은 후 집으로 돌아갈 생각을 하지 않는다. 연꽃에 얽힌 이야기는 많다. 하지만 똑같은 연꽃은 아니다. 이제 이 이야기를 해보자.

이번 장에서는 주로 세 가지 연꽃을 소개하려고 한다. 고대 이집트인이 숭배하고 먹기도 했던 푸른색 꽃을 피우는 이집트 남수련 (학명 Nymphaea caerulea), 영양분이 많이 들어 있고 인도와 동남아시아에서 신성시하는 연꽃(학명 Nelumbo nucifera) 그리고 호메로스 이야기에 나오는, 지금의 튀니지 연안 섬에 사는 사람들이 먹던 연꽃(학명 Ziziphus lotus)이다. 앞의 두 연꽃은 잔잔하거나 천천히 흐르는 물에서 잘 자란다. 세 번째 연꽃은 그리스인들이 로터스라고 부르던 수많은 육지 식물 중 하나다. 다른 육지 식물로는 다년생 클로버, 서양쐐기풀, 로트 나무와 호로파 등이 있다. 이 세 연꽃은 수백 년에 걸쳐 전 세계로 퍼지면서 완전히 혼동되었다.

※

페르시아 사람들이 분홍색의 아시아 연꽃Nelumbo nucifera을 이집트에 소개한 기원전 500년 무렵에 첫 혼란이 시작되었다. 그 연꽃은 점차 그 지역의 흰색 및 푸른색 수련을 대체했다. 헤로도토스가 이집트를 방문했던 기원전 5세기에는 토착 식물로 여겨질 만큼 자리를 잘 잡았다. 그래서 나일강의 동식물을 묘사한 로마의 모자이크에는 연꽃과 수련이 이리저리 뒤섞여 있다. 이중 가장 인상적인 모자이크는 폼페이에 보관되어 있다. 꽃을 피우고 열매를 맺는(오리조차 꽃봉오리를 입에 물고 있다) 분홍색 연꽃Nelumbo nucifera을 보여주는 모자이크다. 그런데 앞쪽에 그려진 개구리는 토착 식물인 이집트 남수련Nymphaea caerulea의 잎 위에 앉아 있다.

이집트 남수련은 이집트의 우주론, 의례와 예술에서 핵심 요소였다. 태양 신화에 뿌리를 둔 문화에서는(그래서 탄생과 죽음, 부활이 되풀이된다고 믿었다) 그 꽃이 아침에는 수면 위로 올라와 꽃잎을 벌리고, 황혼녘에는 꽃잎을 오므리고 가라앉는 것을 가장 중요하게 여겼다. 그리고 다음 날에도 모든 게 되풀이된다.

그런데 이 설명은 정확하다기보다 상당히 시적인 표현이다. 사실

폼페이 파우누스의 집 모자이크(기원전 120년). 나일강 풍경이 묘사되어 있다.

그 꽃봉오리는 2~3일에 걸쳐 수면 위로 나온 뒤 준비가 끝나면 아침에 꽃잎을 벌리고 오후에 꽃잎을 오므린다. 밤에 물속으로 가라앉지는 않는다. 그럼에도 이집트 사람들은 수련이 원초적인 꽃이어서 그 꽃에서 태양(그리고 생명)이 태어났다고 믿었다. 한 창조 이야기에서 태양신 라Ra는 자궁 같은 수련의 꽃봉오리에 갇혀 있다가 꽃이 피자 나온다. 다른 창조 이야기에서는 수련이 피면서 성스러운 쇠똥구리가 나타난다. 그 쇠똥구리는 우는 소년으로 변신하고, 소년이 흘린 눈물은 인간이 된다. 아리 파피루스(『죽은 자의 책』)에서 수련의 신 네페르툼은 매일 다시 태어나 생명의 정수를 라의 콧구멍에 넣어준다. 이집트 남수련으로 만든 향수와 연고에는 이 정수가

도자기에 새겨진 수련 무늬(기원전 1353~1336년경, 이집트)

들어 있고, 그래서 죽은 사람을 되살리는 데 도움이 된다고 여겼다. 투탕카멘의 미라를 장식한 호화로운 꽃목걸이 안에 수련 잎이 있었고, 무덤 입구에는 소년 왕을 수련에서 솟아나는 어린이로 묘사한 작은 조각이 있다.

그 모두가 상징만은 아니다. 이집트 남수련과 밤에 꽃을 피우는 흰색 수련Nymphaea lotus에는 알칼로이드 누시페린, 아포모르핀이 들어 있어서 대서양 건너 마야 사람들이 반점잎 수련(학명 Nymphaea ampla)을 이용했던 방법처럼(메리골드 부분 참조) 가벼운 환각제나 의례에서 사용했을 수도 있다. 분명 이런 식물들은 정신에 영향을 준다고 알려진 식물인 아편, 양귀비와 맨드레이크 옆에 그려질 때가 많았다. 이집트 남수련은 에로틱한 만화에도 등장해 최음제 대신 쓰일 수도 있다는 사실을 보여주었다. 아포모르핀이 요즘 발기부전 처방약으로 쓰인다는 사실은 이 이론을 뒷받침한다.

지리적인 의미도 있다. 수련은 상이집트(나일강 상류 지역)의 꽃, 파피루스는 하이집트(나일강 삼각주 지역)의 꽃이었고, 두 왕국의 통합은 뒤엉킨 줄기로 표현된다. 나일강으로 흘러 들어가는 얕은 수로에서 수련이 피는 것은 나일강 삼각주가 매년 범람하면서 생명이 부활한다는 사실을 보여준다. 땅이 물에 잠기기 시작하는 5월에 씨앗이 싹트고, 홍수가 최고조에 달한 8월에 꽃이 핀다. 수련은 그래서 풍요와 부활의 신 오시리스와 이시스의 속성을 보여주기도 한다. 수련은 실생활에 도움이 되기도 한다. 수련의 씨앗을 갈아 빵을 만들고, 뿌리줄기는 과일처럼 먹었다. 헤로도토스는 그게 '상당히 달콤하다'라고 생각했다.

하지만 어떤 수련도 아시아 연꽃Nelumbo nucifera의 세력 확장을 막아내지 못했다. 수면 위로 1미터 이상 솟아오른 커다란 분홍색 꽃들은 흰색과 푸른색 수련보다 눈길을 끌었고, 습성도 풍요와 부활이라는 주제와 잘 맞았다. 게다가 더 잘 자라고 음식으로 활용하기도 더 좋았다. 그리스 철학자 테오프라스토스는 그 연꽃을 이집트 콩이라고 불렀다. 오늘날에는 동남아 전역에서 이 연꽃을 농작물로 재배한다. 재배 면적이 중국에서만 2,000제곱킬로미터 정도에 이를 정도다.

연꽃 씨앗은 갈아서 국수, 죽, 반죽을 만들고, 볶아서 커피 대신 마시고, 팝콘처럼 튀겨 먹기도 한다. 연꽃의 어린 줄기는 샐러드로 먹거나 채소처럼 요리해서 먹는다. 연꽃잎은 말려서 차로 만들거나 다른 음식을 쌀 때 활용한다. 하지만 대부분은 크고 전분이 많은 뿌리줄기 때문에 연꽃을 재배한다. 칡가루처럼 가루로 만들 수도 있지만, 대부분의 연꽃 뿌리줄기(연근)는 동글납작하게 썰어서 식초에 절이고, 튀기고, 전을 부치거나 찜이나 수프에 집어넣는다. 북미와 중미의 원주민들은 아시아 연꽃과 종류가 비슷한 미국 황련(학명 Nelumbo lutea)을 거의 같은 방법으로 활용했다. 숭배하는 연꽃을 먹기까지 한다고 껄끄럽게 여기는 사람은 없었다.

☙

연꽃Nelumbo nucifera은 인도의 국화이자 종교, 문화적으로 가장 오래된 상징이다. 뉴델리에 있는 바하이교의 현대적인 연꽃 성전 디자인에서도 연꽃의 상징을 볼 수 있다. 성스러운 연꽃은 인도의 정치사에까지 큰 역할을 했다. 1857년 겨울, 영국 식민 지배에 저항해 연이어 항쟁을 일으킬 때(영국에서는 인도 폭동으로 알려졌다) 차파티 빵에 메시지를 숨기고, 세포이 부대원끼리 손에서 손으로 연꽃이나 연잎을 전하면서 소리 없는 신호를 보냈다.

부처와 제자들뿐 아니라 힌두교의 신과 여신들도 보통 연꽃 위에 앉거나 서 있는 모습이다. 그들도 신성한 빛을 접하려고 연꽃처럼 진흙탕 같은 현실을 딛고 일어선다. 최고신인 비슈누는 연꽃 배꼽Padmanabha으로 알려져 있다. 비슈누 배꼽에 있는 연꽃에서 창조의 신 브라흐마가 태어났다는 뜻이다. 또한, 보통 '연꽃 안의 보석'으로 해석하는 가장 오래된 산스크리트어 주문(Ommani padme hum, "옴마니

반메 훔")으로 생명이 생겨났다고 한다. '연꽃 안의 보석'은 연꽃이 활짝 필 때 암술머리가 들어 있는 노란색 연방蓮房이 드러나고, 둥글고 노란 수술이 연방을 둘러싼 모습을 묘사한 듯하다.

처음에는 연꽃이 부귀와 아름다움의 여신 락슈미와 관련됐다. 파드마(연꽃)가 이 여신의 이름 중 하나였고, 락슈미와 연꽃의 관련성을 설명하는 이야기는 많다. 고대 사랑 시에서 아름다운 여성들은 머리에 연꽃을 꽂으면서 락슈미를 흉내 내고, 눈이나 안색, 허벅지도 연꽃에 비유되었다. 은유를 수분受粉 작용에까지 확장한 시들도 있다. 한 시에는 얼굴을 붉히자 "벌 떼에 둘러싸인 연꽃처럼" 보이는 여성이 등장한다. 연꽃 향기에 자극을 받아 모여든 벌 떼였다. 또 다른 시에서는 여성의 젖꼭지를 연꽃 같은 가슴 위에 앉은 두 마리 벌로 묘사했다. 연인의 얼굴을 연꽃으로, 연인의 가슴을 연꽃 그늘에 앉은 거위 두 마리로 좀 더 독특하게 표현한 시도 있다. 한편 기만당한 여성은 "외로움에 젖어 들면서" 자신을 딱정벌레가 갉아먹은 수련에 비유한다.

🏵

연꽃 안의 보석이 신의 출현과 풍요를 떠올리게 한다면, 간접적으로는 영적인 각성의 열매를 암시한다. 영적인 각성이라는 주제는 기원전 6세기에 인도 동부에서 발생해 중국, 인도와 연꽃이 많이 피는 동남아시아 나라들로 전파된 불교에서 특별히 중요했다.

연꽃의 두 가지 측면도 불교 확산에 결정적인 요소가 되었다. 물

연꽃에 앉아 있는 비슈누와 락슈미를 묘사한 인도 북부의 그림
(1880년대 초)

위로 1미터 이상 솟아오른 연꽃 줄기는 일상적인 생각을 훌쩍 뛰어넘어 영적인 깨달음이 발전하는 모습을 보여준다고 여긴 것이 첫 번째 측면이다. 사실 모든 식물이 흙에서 출발해 하늘을 향해 자라기 때문에 어떤 종류든 이 주제를 나타낼 수는 있다. 하지만 연꽃에는 흙이 묻지 않기 때문에 더 특별하다. 힌두교 경전 『바가바드기타』에서 처음 이야기한 이 개념은 집착에서 벗어나야 한다는 철학으로 압축되었다. 부처, 싯다르타 고타마는 제자들에게 이렇게 설명했다.

중국 키질 석굴 벽화에서 불교 수도승이 연꽃을 들고 있고, 주위에는 연꽃으로 가득하다(서기 6~7세기경).

물에서 태어났지만, 수면 위로 올라가 물에 닿지 않고 서 있는 푸른색, 붉은색, 흰색 연꽃처럼 타타가타(Tathāgata, 깨달은 존재)는 이 세상에서 태어났지만, 세상을 극복하고 세상에 더럽혀지지 않고 산다.

이 개념은 여러 해에 걸쳐 널리 퍼졌다. 힌두교와 불교 경전의 열렬한 독자였던 헨리 데이비드 소로는 1854년 미국 매사추세츠주 콩코드의 월든 연못 근처 얕은 강에서 발견한 흰색 꽃의 수련(학명 Numphaea odorata)에 이 개념을 적용했다. 소로는 그 수련을 사랑했다. 그는 매년 '그 강의 여왕', '우리 연꽃'을 처음 본 순간을 기쁜 마음으로 일기에 기록했다. 1854년 7월 4일, 매사추세츠 노예제 반대 단체의 모임에서 연설을 하려고 연단에 섰을 때 그게 무슨 의미인지 분명해졌다.

그날은 절망과 분노의 날이었다. 노예제 폐지론자 윌리엄 로이드 개리슨은 헌법 사본을 불태웠고, 소저너 트루스는 "백인의 억압과 잔인함에 대해 하나님이 심판하실 것"이라고 경고했다. 소로는 "반국가 음모를 꾸미고 국가를 없애려는 게" 자기 생각이라고 선언했다. 그들은 노예제도 전반의 잔혹함이 아니라 1850년 도망 노예법으로 매사추세츠에서 자행된 잔혹함에 초점을 맞추었다. 노예 주인은 도주 혐의자를 영장 없이 체포할 수 있었고, 도망친 노예에게는 배심원에게 재판받을 권리, 심지어 자신을 변호하려고 증언할 권리조차 주어지지 않았다. 소로가 그랬듯 노예가 도망치도록 도와준 사람도 무거운 처벌을 받아야 했다.

1854년 6월, 앤서니 번스라는 도망 노예가 사슬에 묶인 채 보스턴 법정에서 호송돼 버지니아주 노예로 돌아가자 이 문제는 명확해졌다. 소로는 "내가 완전히 지옥 속에 산다고 하지 않을 수가 없다"면서 대부분 날카롭고 격렬하게 연설했다. 그러다 연설이 끝날 때쯤 그는 그 지역의 연못까지 걸어가서 흰색 수련 한 송이의 향기를 맡으면서 느꼈던 생각을 이야기한다. 미국 수련도 인도 연꽃처럼 "진흙탕에서도 잃지 않는 순수함과 향내"를 지니고 있다. 그래서 "헌법보다 더 높은 도덕률을 인정하는" 사람 역시 노예제도와 정치의 진흙탕에서 일어설 수 있다는 희망을 준다고 말한다.

별로 희망적이지는 않지만, 아프리카에 대한 유럽의 진흙탕 같은 식민 정책을 보여주는 비슷한 장면이 50년쯤 후에 재등장했다. 조셉 콘래드의 1899년 중편소설 『암흑의 핵심』에서 주인공 말로는 진흙탕 같은 최악의 인간성을 경험한다. 그는 템스강 어귀에 정박한 배에서 자기 이야기를 들려준다.

말로는 누런 안색에 금욕주의자의 얼굴이었고, 그가 손바닥을 바깥쪽으로 들어 올리자 연꽃은 없지만 부처가 유럽인의 옷을 입고 설법하는 것처럼 보인다. 여러 면에서 흥미진진한 장면이지만, 연꽃이 없다는 사실이 가장 인상적일 수도 있다. 말로의 모습은 사람들이 지혜를 얻도록 도와주면서 손에 연꽃을 쥐고 있는 자비로운 보살을 떠올리게 한다. 그러나 그는 열반으로 가는 길에서 한걸음 뒤처져 있다. 그는 명상하는 부처와 같은 자세를 취하지만(결가부좌結跏趺坐, 연화좌蓮花座), 콩고에서 템스강까지 그의 여정은 지구의 한 어두운 곳에서 벗어나 다른 어두운 곳으로 가는 과정이었다. 말로는 세상일을 겪으면서 오염되지 않을 수 없었다.

연꽃이 자신을 어떻게 정화하는지는 수천 년 동안 미스터리였다. 1970년대에 드디어 빌헬름 바르틀로트라는 독일 과학자가 '연꽃 효과'의 진짜 이유를 알아냈다. 바르틀로트는 340가지 식물의 잎들이 물, 흙먼지, 진균 포자 같은 병원균을 어떻게 밀어내는지 비교했다. 물에 씻겨도 잎 표면에서 입자가 떨어지지 않는 경우가 많았지만, 이물질이 물에 씻겨나가는 경우도 있었다. 레이디스 맨틀(학명 Alche-milla mollis), 한련, 부채선인장도 자기 정화를 잘했지만, 연꽃의 자기 정화 기능이 가장 뛰어났다. 바르틀로트는 연꽃잎의 표면이 미끌미끌한 데다 미세한 돌기가 있기 때문이라고 추측했다. 1998년에 그는 '연꽃 효과'라는 이름으로 특허를 내고 제조업체들과 함께 연꽃의 특징을 활용한 페인트, 직물, 유리를 개발하기 시작했다.

※

연꽃 그리고 연꽃과 관련된 문화는 오래전부터 유럽인과 미국인을 매혹했다. 유럽의 문제를 해결하려고 동남아시아의 신성한 연꽃을 찾았다는 점에서 바르틀로트도 같은 생각이었다. 사실 서로 다른 문화들이 뒤섞이면서 가장 현대적인 연꽃 문화가 만들어졌다. 이집트 남수련, 아시아 연꽃, 지중해 연꽃이 이리저리 섞였다.

어떤 면으로든 동양에 관심을 가졌던 18~19세기의 유럽과 미국 작가들은 대부분 연꽃이 넋을 잃을 만큼 이국적이라고 생각했고, 에로틱하다고 느꼈다. 나폴레옹의 이집트 원정 그리고 수에즈 운하 건설로 이집트가 주목받으면서 저녁 식탁의 식기에서 브로치

20세기 초 뉴욕의 피타니 공방이 유리와 청동으로 만든 '수련 연못' 테이블 램프

까지 어디에든 이집트 연꽃무늬가 등장할 정도로 인기를 끌었고, 1922년 투탕카멘의 무덤이 발견되자 이집트에 대한 관심은 최고조에 달했다. 사람들이 중국풍과 일본풍에 매료되면서 연꽃 열풍은 더욱 강화되었고, 학자들은 연꽃의 역사와 특징을 파헤치려고 했지만 그 식물이 이집트 남수련인지 아시아 연꽃인지는 아무도 구분하려고 하지 않았다.

19세기 말 유럽 온실과 정원은 두 연꽃의 잡종들로 채워지기 시작했다. 그중 조제프 라투르 말리악이 열대 지방에서 온 밝은 색깔 이집트 남수련과 아시아 연꽃을 추운 데서 자라는 유럽 및 북미 연꽃과 이종 교배해서 재배한 연꽃이 가장 인기였다. 지베르니에 새로 만든 연못 정원을 열심히 가꾸던 클로드 모네도 말리악의 고객이었다. 식물 재배에 별로 관심이 없던 사람들도 그라세의 벽지, 랄리크의 펜던트, 티파니의 램프 등 아르누보 디자인에서 자주 등장하는 연꽃과 수련을 볼 수 있었다.

❊

세기말의 호사스러운 물건에 등장하는 연꽃은 애착에서 벗어나거나 물질세계를 초월한다는 의미와는 거의 관련이 없었다. 그보다는 다른 연꽃 관련 이야기를 떠올리게 한다. 호메로스의 서사시 『오디세이아』에는 '달콤하고 맛있는 열매'인 연꽃을 먹는 사람들이 등장한다. 선원들에게 마법의 약초를 먹여 돼지로 만든 키르케와 달리 (스노드롭 부분 참조) 연꽃을 먹는 사람들은 친절하고 너그럽다. 하지만 그 섬에서 벗어나지 못하게 한다는 점에서는 똑같다. 선원들은 의욕을 잃고 몽롱해지고, "그저 연꽃을 먹으면서 그곳에 지내고 싶어" 한다. 그리고 헤르메스가 급히 끼어들어 키르케의 마법을 물리치도록 도운 것처럼 오디세우스는 그들을 억지로 데리고 나와 배에 태워야 했다.

19세기에 일과 여가에 관한 논쟁이 불붙었을 때 연꽃 먹기는 그저 연꽃 열매를 먹는다는 의미를 뛰어넘어 어떤 이유에서든 (옥스퍼드 영어사전의 정의에 따르면) "생산적인 일은 하나도 하지 않으면서 즐겁게 시간을 보내며" 만족하는 사람들의 이야기로 확장되었다.

1832년에 알프레드 테니슨은 휘청거리면서 일생을 보내는 '연꽃 먹는 사람들'(그들은 실제로 몽롱해지는 아편을 복용했다)을 비난하는 글을 썼고, 1847년에 주간지 『펀치』는 영국의 가난하고 비참한 사람들에 관해 완전히 무지하진 않지만, 관심은 없는 '다우닝가의 연꽃 먹는 사람들'을 풍자하는 글을 실었다.

그리고 제임스 조이스가 소설 『율리시스』에서 연꽃 먹기라는 주제를 좀 더 균형 잡힌 시각으로 다루기 시작했다. 등장인물인 리오폴드 블룸은 더블린 거리를 돌아다니다 아편 약물, 사랑의 묘약, 수면제, 양귀비 시럽 진통제, 담배, 독한 술, 차, 향수, 꽃, 노래, 영화, 돈, 햇살, 경마, 긴 코를 코 주머니에 끼운 채 아무것도 신경 쓰지 않는 말들, 성찬식에서 멍하니 눈을 감고 입을 벌리거나 성지 순례지인 루르드에서 기적의 샘물을 마시는 가톨릭 신자들, 신병 모집 포스터에서 최면에 걸린 것 같은 표정을 짓고 있는 빨간 웃옷의 병사 등 연꽃처럼 몽롱하게 만드는 것들에 둘러싸인다.

하지만 블룸은 오디세우스와 달리 이런 상황에 끼어들 생각이 없다. 그는 자신이 말짱한 정신으로 더블린 거리를 거닌다고 생각하겠지만, 이내 그 도시가 바로 자신이 몸담은 연꽃이라는 사실, 인간과 성적 일탈에 관한 고집스러운 생각에서 벗어나게 하는 반가운 탈출구라는 사실이 명백해진다. 그는 극동 지방과 요정들에 관해 상상하면서 특히 즐거워한다. "틀림없이 아름다운 곳일 거야. 세계의 정원, 크고 나른한 잎들이 떠다니는 곳 … 온종일 손끝 하나 까딱하지 않고 … 수련." 블룸이 목욕탕에 가려고 생각하면서 그 이야기는 끝난다. 그곳에서 따뜻한 물에 몸을 담그면 자신의 성기가 나른하게 떠다니는 꽃처럼 보일 것이라고 상상한다.

연꽃은 이제 신성한 식물만이 아니다. 철학적인 초월성뿐 아니라 성적인 의미도 지닌 꼿꼿한 식물이 된다. T. S. 엘리엇은 "천천히 조용히 솟아오르는" 게 연꽃의 본질적인 특성이라고 말했다. 블룸은 자신의 배꼽에서 솜털을 씻어내고 싶었을지도 모른다. 하지만 정화(淨化)는 거기에서 끝난다. 그가 보기에는 둥둥 떠오르는 성기도 정말 놀랍다.

7

목화

안티과 출신의 미국인 소설가 자메이카 킨케이드는 어느 날 오후 런던 큐 왕립식물원의 온실을 거닐다가 이제까지 본 접시꽃 중 가장 아름다운 꽃을 우연히 발견했다. "나팔 같은 커다란 꽃잎은 가장 예쁜 노란색이었다. 태초에 노란색이 처음 생겼을 때처럼 선명한 노란색이었다." 킨케이드는 자기 집 뜰에서 이미 접시꽃을 기르고 있었기 때문에 이전에는 왜 이런 접시꽃이 눈에 띄지 않았는지 궁금했다. 그래서 이름표를 보았고, 이내 착각했다는 사실을 깨달았다. 그 꽃은 접시꽃이 아니었다. 목화라는 이름으로 더 잘 알려진 고시피움Gossypium이라는 품종이었다. 둘 다 아욱과에 속하는 식물이어서 혼동할 수 있고, 원예 전공 학생도 어깨를 으쓱하고 그냥 지나

큐 왕립식물원의 록스버그 컬렉션 중 목화꽃을 그린 수채화

갔을지도 모른다. 하지만 킨케이드에게는 그게 그렇게 간단한 문제가 아니었다.

"내 존재 전체가 소용돌이에 휘말리는 것 같았다"라고 킨케이드는 기록했다. 갑자기 그 꽃을 아무 악의도 없는 완벽한 식물로 보기 힘들어졌다. 또한, 그 식물이 세계 역사에서, 조상의 삶에서 그리고 자신의 삶에까지 얼마나 고통을 주면서 잔인한 역할을 했는지 생각하지 않을 수 없었다. 킨케이드는 어린 시절 안티과에서 여름이면 어머니의 친구를 도와 목화씨에서 솜을 떼어냈다. "손가락이 아팠던 게 기억나요. 특히 엄지손가락 아랫부분이 아팠어요."

킨케이드의 이야기는 큐 왕립식물원이 대영 제국의 필수품 중 하나를 개발할 때 어떤 역할을 했는지, 카리브해 지역과 미국의 플랜테이션 농장에서 아프리카 노예들이 어떻게 생활했는지 그리고 산업화하기 훨씬 전에 가내 농업에서부터 목화가 얼마나 중요했는지 등 여러 가지를 보여준다. 하지만 나는 이 아름다운 꽃이 어떻게 상품이 되었는지 알아내기 위해 그 식물 자체로 돌아가 시작하고 싶다.

※

목화는 천만~2천만 년 전 사이 어느 때쯤부터 존재했고, 종류는 50가지 정도다. 수천 년 전에는 목화씨를 덮은 솜을 떼어내 활용하려고 고시피움 아르보레움Gossypium arboreum(인도 반도), 고시피움 헤르바세움Gossypium herbaceum(아프리카), 고시피움 바르바덴세Gossypium barbadense(남미), 고시피움 히르수툼Gossypium hirsutum(중미) 등 네 가지 목화를 재배하기 시작했다. 가공하지 않은 솜을 사용하기도 했다. 예를 들어, 애리조나와 뉴멕시코의 호피족은 그 솜으로 시체의 얼굴을 덮었다. 죽은 자가 앞으로는 구름과 같은 존재가 된다는 사실을 보여주기 위해서였다. 하지만 대부분 지역에서는 솜에서 실을 뽑아내 천을 짠 후 옷이나 가구를 만들고 심지어 팔아서 돈으로 바꾸었다. 아주 오랜 고고학적 증거는 남아 있지 않지만, 세 대륙에서 목화실과 천, 어망까지 발견되었다. 5천 년 전으로 거슬러 올라가는 가장 오랜 유물이 파키스탄의 인더스 계곡에서 발견되었다.

목화는 단기간에 싹이 트고, 묘목이 나온 뒤 5~6주 후에 꽃봉오리가 보인다. 그다음 3주 후에 꽃이 핀다. 신속하고 효율적인 개화다. 단 하루만 꽃이 피고, 그동안 꽃가루받이가 이루어진다. 땅벌의 도움을 받아 꽃가루받이할 때도 있지만, 보통은 스스로 제꽃가루받이를 한다.

킨케이드가 큐 왕립식물원에서 본 노란색 꽃은 고르시움 히르수툼이었다. 다음날 그 꽃의 꽃잎은 불그죽죽하게 바뀌고, 하루 이틀 후에는 시들 것이다. 이 과정이 너무 빨라서 미국 남부에서는 어린이들을 위한 이런 수수께끼도 생겼다.

첫날에는 흰색, 다음날에는 붉은색
태어난 지 사흘 만에 죽는다.
비록 살아 있는 기간은 짧지만
그렇다 해도 자연에 옷을 입힌다.

빠른 속도로 꽃이 피고 지는 과정의 느낌을 잘 살렸지만, 극적인 느낌을 주려고 정확성은 많이 희생했다. 살아 있는 기간이 짧은 것은 꽃잎뿐이다. 3일째 되는 날에도 그 식물은 죽음과는 거리가 멀고, 다음 세대를 만드느라 바쁘다. 꽃잎이 떨어지면서 나타난 열매 혹은 꼬투리는 이후 50~70일에 걸쳐 무르익다가 결국 열리면서 솜털(가늘고 긴 섬유소 세포)로 뒤덮인 10개 정도의 씨앗을 드러낸다. 그리고 씨앗이 바람에 흩어진다.

솜털이 마르면서 섬유소는 점점 나선형이 되다가 속이 비고 납작한 끈이 서로 맞물린 것처럼 되어(꼬인 소방 호스와 비슷하다) 계속해서 실을 뽑아내기 쉬워진다. 작은 구멍이 많은 구조여서 바람이 잘 통하고 빨리 마른다. 섬유의 길이도 중요하다. 아시아와 아프리카 품종의 목화는 섬유가 짧고, 미국 품종은 길다. 고시피움 바르바덴세 품종은 섬유가 아주 긴 목화로 유명하다. 섬유 길이가 최소 34미리미터 이상으로, 가장 사치스러운 목화다. 사우스캐롤라이나 및 조지아 해안에서 자라기 때문에 한때는 '바다 섬 목화'라고 불렸다. 지금은 다른 지역에서 재배되므로 부드럽고 매끄러운 이집트 목화나 피마 목화로 알려져 있다.

하지만 오늘날에는 전 세계 목화 생산의 90퍼센트를 차지하는 게 긴 섬유 품종인 고시피움 히르수툼, 육지 목화다. 씨앗이 들어 있는 꼬투리가 커서 따기가 더 쉽고, 어느 곳에서든 잘 재배되는 편이다. 예를 들어, 서리도 어느 정도 견딜 수 있다. 하지만 씨앗과 솜털이 굉장히 단단하게 붙어 있다는 게 단점이다. 일라이 휘트니는 히르수툼을 대규모 재배하고 싶어서 면화에서 솜과 씨를 분리하는 기계를 개발했다.

하지만 긴 섬유의 미국 목화가 세력을 확장하기 전에는 짧은 섬유의 아프리카 목화 그리고 특히 아시아 목화 품종이 제일 유명했다. 19세기까지는 인도가 목화 생산의 세계적인 중심지였고, 인도에서 생산된 면제품들이 전 세계로 퍼졌다. 서기 700년 정도에는 인도의 고급 모슬린과 무늬가 들어간 값싼 옥양목이 유럽에까지 들어갔다. 하지만 목화가 뭔지 아는 사람도 오랫동안 인도의 어떤 나무에서 목화를 채취하는 줄 알고 있었다. 헤로도토스가 양털보다 더 아름답고 질 좋은 털실을 생산하는 야생나무에 관해 설명한 적이 있고, '식물 양'에 관한 전설이 널리 퍼졌기 때문일 것이다. 1350년, 존 맨더빌은 이 식물 양에 관해 "나뭇가지 끝마다 작은 양들이 자라는 놀라운 나무다. 나뭇가지는 정말 유연해서 양들이 배가 고플 때 먹이를 먹을 수 있도록 땅으로 구부렸다"라고 묘사했다. 목화를 의미하는 독일어baumwolle에 나무 양털이라는 뜻이 있어서 그런 생각이 지금도 계속 남아 있음을 알 수 있다.

17세기가 되어서야 비로소 동인도회사의 노력으로 이 이국적인 면직물이 널리 보급되어 인기를 얻었다. 다양하고 아름다운 무늬와 색상의 인도 면직물이 들어왔고, 그 면직물은 가볍고, 빨기 쉽고, 가격도 적당했다. 양모 제조업자들과 지지자들은 곧장 전투태세를 갖췄다. 대니얼 디포는 "모슬린과 사라사 무명이 슬금슬금 우리네 집 안에 들어왔다. 벽장, 침실, 커튼, 쿠션, 의자 그리고 마침내 침대에까지, 옥양목과 인도 면직물밖에 없다"라고 불평했다. 남성 방직공들의 권리를 옹호하고자 옥양목에 열광하는 여성을 공격할 때도 많

'타르타리의 식물 양' 목판화. 『기사 존 맨더빌의 항해와 고생』 1725년 판

앞다. 가령, 가벼운 모슬린(무늬가 들어간 얇은 천)을 입으면 자신이 매춘부라고 선언하는 것과 같다고 주장했다. 새로운 옷차림이 계층을 구분할 수 없게 만든다는 사실이 더 문제였다. 부자나 가난한 사람이나 똑같이 광택이 나고 번지르르하고 화려한 옷을 입는다면 누가 여주인이고 누가 하녀인지 어떻게 분간할 수 있겠는가? 말하자면 옥양목 입는 여성은 '국가의 적'이었다.

이런 반발 때문에 영국과 유럽의 많은 나라에서 옥양목 수입이 금지되었지만, 찾는 사람은 더욱 많아졌다. 그리고 놀랍지도 않지만, 영국이 면직물 생산을 시작하자(1780년에서 1800년까지 생산량이 매년

10퍼센트씩 늘었다) 결국 갑자기 목화가 괜찮게 여겨졌다. 1802년에는 영국의 면직물 수출이 처음으로 모직물 수출을 뛰어넘었다. 심지어 (동인도회사가 많은 지역을 지배하던) 인도에까지 수출했다. 무늬가 들어 간 면직물은 서아프리카에서도 많이 찾았고, 특별히 (기니 옷감이라고 부른) 디자인한 옷감은 노예무역에서 핵심 상품이 되었다. 옷감 대 신 받은 노예를 카리브해 지역의 영국 식민지나 미국으로 보내 사 탕수수, 담배 그리고 목화를 재배하는 대규모 농장에서 일하게 했 다. 목화 도시라는 별명까지 붙었던 영국 맨체스터 주변에 새로 생 긴 공장들이 면직물을 생산하려면 그 목화가 필요했다. 아무리 간 단히 말해도 복잡할 수밖에 없는 무역이었다.

영국 섬유산업의 발전에서 기술 혁신은 확실히 중요한 요소였다. 18세기 중반에서 후반까지 직물에 무늬를 넣는 기계부터 증기 직 조기까지 잇따라 발명품이 나오면서 실을 뽑고 직물을 짜는 과정은 점차 혁신을 거듭했다. 하지만 면직물 생산은 전체 그림의 한 부분 일 뿐이다. 휘트니의 기계가 솜과 씨를 분리하는 문제를 해결하면 서 많은 양의 목화(고시피움 히르수툼)를 신속하게 처리할 수 있게 되 었고, 이 기계 덕분에 어디에서든 목화를 재배하고 딸 수 있었다.

무제한으로 이용 가능한 것처럼 보였던 미국의 새 땅에서 충분한 양의 목화를 재배할 수 있게 되었다(1803년에 루이지애나를 사들인 후 미 국 영토는 두 배가 되었다. 그다음 1819년에 플로리다를 차지했고, 1845년에 텍사스 를 합병했다). 대규모 농장을 새로 만드는 과정에서 아메리카 원주민 은 땅을 빼앗기고, 숲은 농장으로 바뀌었다. 1850년에 미국에서 목 화를 재배한 땅의 67퍼센트는 50년 전에는 미국 영토가 아닌 곳이었다.

목화에서 실을 뽑고 직물을 짜는 과정은 기계 덕분에 쉽고 빨라졌지만, 1960년대 중반까지는 재배한 목화를 수확하는 기계가 전면적으로 도입되지 못했다. 그때까지는 한 꾸러미(227kg)를 수확하려면 600시간 동안 허리가 휘도록 일해야 했다. 그런 노동은 노예들이 담당했다. 1808년에 노예무역이 끝나기 전까지 20만 명 정도가 아프리카에서 새로 생긴 미국의 농장으로 끌려왔다. 그리고 100만 명 정도는 버지니아, 메릴랜드, 켄터키주의 담배 농장에서 남쪽으로 실려 왔다. 간단히 말해 영국의 섬유산업과 산업화는 미국의 확장된 영토와 노예 노동에 대부분 의존했다고 할 수 있다.

❧

목화꽃은 사흘밖에 피어 있지 않지만, 목화를 돌보는 일은 1년 내내 이어진다. 자유인으로 태어난 아프리카계 미국인으로 뉴욕에서 납치되어 루이지애나에 노예로 팔렸던 솔로몬 노스럽은 남부 농장의 상황을 가장 생생하게 전했다. 노스럽은 목화밭을 한 번도 본 적 없는 사람들이 노예 폐지론을 지지할 수 있도록 회고록 『12년 동안의 노예 생활*Twelve Years a Slave*』(1853)을 펴냈다.

그는 땅을 갈고 씨앗을 뿌리는 3월에 루이지애나 목화밭에서 일하기 시작했다. 씨앗에서 싹이 트고 1주일 정도 후부터 괭이질과 땅파기 등 고된 노동이 시작되었다. 잡초를 뽑고, 땅을 고르고, 약한 식물은 솎아냈다. 노스럽은 "말을 타고 채찍을 든 감독관이 언제나

이 그림은 목화와 미국 흑인 노예의 연관성뿐 아니라 20세기 초에 땅 자체가 목화의 노예가 되었다는 사실을 보여준다. 〈노예 식물〉(1939). 라마 베이커 作

노예들을 따라다니면서 감시한다"라고 기록한다.

괭이질을 빨리하는 사람이 앞장을 선다. 그는 동료들보다 먼저 채찍을 맞는다. 동료 중 한 명이 그를 앞서 나가도 채찍을 맞는다. 한 사람이 뒤처지거나 잠시 빈둥거려도 채찍을 맞는다. 사실 아침부터 밤까지 온종일 채찍질을 당한다. 4월부터 7월까지는 계속 괭이질을 한다.

8월 중순부터 12월 초까지 계속 수확을 했다. 노예들은 긴 자루를 들고 목화를 딴 후 각 줄의 끝에 놓인 바구니에 쏟아부었다. 그리고 매일 저녁 그 바구니들의 무게를 쟀다. "노예들은 바구니를 들고 목화씨를 빼는 조면기가 있는 곳에 가면서 두려움에 떨었다"라고 노스럽은 기록한다.

무게가 덜 나가면, 즉 주어진 임무를 제대로 하지 않았다는 게 드러나면 고통을 겪어야 했다. 그리고 4.5~9킬로그램 정도가 더 나가면 다음 날 수확해야 할 양이 그만큼 늘어날 가능성이 크다. 그래서 수확한 목화가 많든 적든 조면기 쪽에 갈 때면 언제나 두려움에 떤다. 그러나 가장 심한 벌은 실수로 면화의 가지를 부러뜨린 사람이 받았다.

❀

미국에서 남북전쟁이 벌어지자 남부의 농장주들은 목화 때문에 이득을 얻었던 영국이 남군을 지원해주리라 기대했지만, 영국은 중립을 선언했다. 북쪽은 말할 것도 없이 목화 부족으로 큰 어려움을 겪으리라 예상했지만, 면직물 공장의 노동자뿐 아니라 많은 소유주도 북군을 지지했고, 1862년에는 맨체스터 시민들이 링컨에게 노예제도의 오점을 뿌리 뽑으라고 촉구하는 편지를 쓰기까지 했다.

많은 사람이 기대했던(두려워했던) 것보다 전쟁의 종식과 노예 해방이 목화 산업에 끼친 영향은 크지 않았다. 북부 사업가들은 남부의 '목화꽃이 피는 골짜기'와 북부의 '눈 덮인 언덕'을 다시 연결하고 싶어서 대규모 목화 생산을 다시 시작할 수 있도록 자금을 댔다.

해방된 노예들에게 '40에이커(0.16제곱킬로미터, 약 4만 9천 평)의 땅과 노새'를 주겠다고 약속했지만, 이상주의는 곧 사그라졌다. 많은 노예가 이전 농장의 소작인이 된 것이다. 그들은 땅을 빌려서 목화(먹을 수 있는 농작물이 아니라)를 재배하고, 수확량의 절반을 넘겨야 했다. 엄밀히 따지면 노예제도는 사라졌지만, 리처드 라이트와 랭스턴 휴스 같은 작가들이 지적했듯이 남부의 아프리카계 미국인은 여전히 '목화로 둘러싸인 세계'에 갇혀 있었다. 그들은 여전히 다른 사람의 이익을 위해 삶을 쟁기질했다. 그리고 얼마 되지 않아 가난한 백인들도 합류했다.

19세기 말이 되자 세계 목화 가격이 내려가고 땅도 부족해졌고, 1892년에는 목화를 갉아 먹는 목화 바구미가 리오그란데 강을 건너 텍사스주의 브라운스빌로 왔다. 목화 바구미는 매년 97킬로미터 정도씩 이동하면서 서서히 동쪽으로 움직여 1921년에는 버지니아까지 왔다. 목화 바구미는 목화의 열매와 꼬투리에 알을 낳았고, 알을 깨고 나온 유충은 그것을 먹어 치웠다. 그다음 목화 잎들도 떨어졌다. 황폐해진 식물은 바구미로 인한 피해를 확실히 보여주었다.

목화 바구미에 대한 아프리카계 미국인의 태도는 복합적이었다. 목화를 망가뜨려 삶을 더 힘들게 만드는 바구미가 한편으로는 일종의 영웅이 되었다. 수많은 블루스 노래에서 목화 바구미는 용감하고, 집요하고, 무엇보다 어디든 원하는 대로 자유롭게 갈 수 있는 존재로 표현된다. "목화 바구미는 텍사스를 떠났어요. 주인님. 나한테 잘 지내라고 인사했어요. / 나는 미시시피로 내려갈 거야. 루이지애나를 괴롭힐 거야."

세계사를 바꾼 16가지 꽃 이야기

앨라배마주 엔터프라이즈에 있는 전 세계에서 유일한 농작물 해충 기념비

진 투머의 표현처럼, 남부에서 눈 내리는 풍경을 보기 어렵듯 이제 목화가 희귀해졌고, 인종 갈등이 심해지자 수천 명의 아프리카계 미국인이 목화 바구미를 따라 길을 나섰다. 북부의 공업 도시로 향하는 수십 년의 대이동이 시작되었다. '목화 왕'의 통치 기간은 끝나고 있었고, 모두가 그 사실을 그리 애석해하지는 않았다. 1919년 앨라배마주 엔터프라이즈 시민들은 경제 다변화를 촉진하는 역할을 맡은 목화 바구미에 깊은 감사를 표현하기 위해 기념비까지 세웠다. 엔터프라이즈 주변에서 목화 대신 땅콩 농사를 지으면서 땅이 다시 비옥해졌을 뿐 아니라 그 지역 농부들의 삶도 윤택해졌기

때문이다. 목화 바구미의 맹렬한 공격으로 목화 재배지는 애리조나, 캘리포니아와 뉴멕시코 등 서쪽으로 옮겨갔다.

🏵

하지만 세계 경제와 수백만 명의 민중에게 목화는 계속해서 중요한 위치를 차지할 수밖에 없었다. 같은 주인공에 같은 이야기지만, 장소만 바뀌었다. 이제 미국 남부 대부분에서 해충이 없어졌는데도 목화 바구미에 대한 공포는 여전히 컸고, 브라질 농장의 90퍼센트가 해충 피해를 당한다. 기계화가 비경제적이라고 여기는 곳에서는 수확 철마다 계속 강제 노동을 했다. 우즈베키스탄과 투르키스탄에서는 공무원들이(그리고 어린이들이) 농부들을 도와 목화 수확에 참여하면서 매년 할당량을 채웠다.

오늘날에는 중국과 인도가 면직물의 주요 생산국이다. 인도에서는 미국의 남북전쟁 기간에 면직물 생산을 산업화하기 시작했지만, 식민통치 세력의 엄격한 통제를 받았다. 영국 랭커셔의 공장에 공급하려고 인도 밭에 고시피움 히르수툼 품종을 심었고, 영국의 수출산업을 보호하기 위해 인도 공장들은 값싼 잿빛 직물만 생산해야 했다. 그러니 면직물이 독립운동의 중심이 된 것도 놀랍지 않다. 1920년대에 마하트마 간디는 인도 사람들에게 영국 직물을 사지말자고 호소하면서 자신이 하듯이 직접 실을 뽑아서 직물을 짜는게 '애국적인 의무'라고 주장했다. 집에서 짠 면직물의 정치적인 상징성은 강력했다. 하지만 인도는 독립 후 목화 재배와 면직물 제조

1940년대 말, 마하트마 간디가 물레를 돌려 목화에서 실을 뽑고
있다.

를 모두 대규모 확장하기 시작했다. 오늘날에는 인도에서 재배하는
목화 대부분이 해충 피해를 당하지 않도록 유전자 조작한 히르수툼
품종이다. 인도에서 2018년 한 해에 610만 톤의 목화가 재배되었
고, 중국은 여기에 조금 못 미친다.

2014년, 스벤 베커트는 면화의 역사를 추적한 책 『면화의 제국』
(휴머니스트, 2018)에서 "지구라는 공간적인 제약 때문에 계속 확장하
지는 못한다"는 구절로 끝을 맺었다. 그리고 5년 후, 중국(3만 제곱킬
로미터의 땅에 목화를 재배한다)은 달의 저쪽 끝으로 목화씨를 보냈다.

2019년 1월 7일에는 씨앗에서 새싹이 나왔다고 발표했다. 달 표면의 밀폐된 통 안에서 자라는 첫 번째 녹색 잎이었다. 밤이면 영하 130도까지 떨어지는 달의 환경에 적응하지 못해 비록 하루도 지나기 전에 죽어버렸지만, 과학자들은 좌절하지 않았다. 달에서 농작물을 재배하는 일이 불가능해 보이지 않았기 때문이다. 거침없이 도전하는 새로운 세상이 되었지만, 한 가지는 확실하다. 미래가 어떻게 되든 우리는 계속 면직물을 입을 것이다.

8

해바라기

해바라기는 어떨 때는 너무 환하고, 너무 명랑하고, 너무 대담하고, 좀 단순해 보인다. 마이클 폴런도 밝고 활기찬 자신의 정원을 바라보면서 그렇게 생각했다. 아름다운 해바라기를 돋보이게 하려면 뭔가 대조적인 분위기가 필요했다. 그는 짙은 색깔 잎에 뾰족뾰족한 꽃이 피고, 독성이 있는 아주까리를 옆에 심었다. 그리고 원하던 효과를 그대로 거뒀다. 가슴이 터질 듯 환한 해바라기와 약간 음흉해 보이는 아주까리는 지킬 박사와 하이드처럼 짝을 이뤘다.

하지만 해바라기는 혼자서도 음울해 보일 때가 있다. 자신의 그림자 안에 있을 때다. 인터넷에서 해바라기 이미지를 검색하면 녹색 잎과 황금색 꽃이 눈부신 사진뿐 아니라 꽃잎은 시들고 씨가 맺

〈해바라기〉(1887). 고갱이 소유했다가 남태평양으로 떠나는 비용을 마련하려고 판매했던 두 점의 그림 중 하나. 빈센트 반 고흐 作

혀 있는 흑백 사진도 함께 나온다. 형태가 워낙 인상적이어서 꽃잎 없는 해바라기 사진도 인기다. 아름다운 색감으로 눈길을 사로잡는 꽃잎이 사라지니 꽃의 형태에만(정원사들이 건축적이라고 부르는) 집중하게 된다. 하지만 뼈대만 남은 해바라기의 매력은 분명 형태에서만 찾을 수 있는 게 아니다. 다른 모든 잔해처럼 무엇을 잃어버렸는지를 가슴 사무치게 알려준다. 마치 태양 자체가 사라진 것처럼 보일 때도 있다.

빈센트 반 고흐에게 해바라기는 그냥 노란색이 아니었다. 생각이나 감정을 담아 큰소리로 외치는 노란색, 빛과 따뜻함, 행복의 색깔

〈해바라기를 그리는 화가(빈센트 반 고흐 초상화)〉(1888). 폴 고갱 作

이었다. 그는 파리에서 살 때 처음으로 커다란 해바라기들만 있는
그림을 그렸다. 하지만 남쪽으로 이사하자 그의 삶은 잠시 햇살처
럼 밝아졌다. 반 고흐는 아를에서 노란색 집을 빌리고, 작업실을 해
바라기 그림들로 꽉 채우겠다는 계획을 세웠다. "주황색으로 칠한
얇은 나무 액자 안에서 다양한 색을 배경으로(푸른색이라면 가장 연한
공작석 녹색에서 감청색까지) 크롬 옐로(노란색)가 활활 불타오를 것이다."
그 그림들은 고흐의 기대대로 "고딕 성당의 스테인드글라스 창문"
과 같은 효과를 냈다.

 그는 또한 그 그림들로 새로운 예술운동, 즉 후기 인상주의의 '남쪽 작업실'을 시작하고 싶었다. 반 고흐는 고갱이 자신의 계획에 참여하길 간절히 원했고, 결국 고갱이 아를로 왔다. 고갱은 해바라기를 그리는 반 고흐의 초상화를 그렸다. 해바라기가 피지 않는 12월이라 실제 모습을 그릴 수는 없었다. 고갱은 반 고흐가 '해바라기의 화가'가 되었다는 사실을 인정했다. 고흐는 자신의 주제, 자신의 양식, 자신의 브랜드를 찾았다.

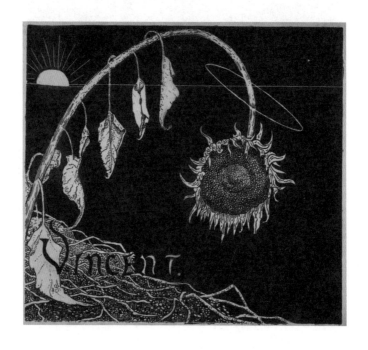

『빈센트 반 고흐의 유산 전시회』. 반 고흐가 사망한 지 2년 후인 1892년에 화가를 기념하기 위해 출간한 책의 표지에 실린 석판화. 롤란트 홀스트 作

고갱은 "햇살이 가득할 때의 효과를 거듭거듭 보여준다"면서 해바라기 그림을 열렬히 칭찬했다. 하지만 개인적으로는 노란색을 상당히 다른 방식으로 생각했던 것 같다. 고갱은 반 고흐 초상화를 연구하며 스케치한 스케치북 맞은편에 도스토예프스키의 소설 『죄와 벌』을 명백하게 암시하는 '죄와 벌'이라는 단어를 써놓았다. 그 소설에서 노란색은 분명 정신질환을 보여주는 색깔이다. 반 고흐의 정신건강은 확실히 불안한 상태였고, 고갱은 반 고흐가 변덕스럽고 폭력적으로 행동할 때도 있었다고 기록했다. 고갱이 파리로 돌아가면서 두 사람은 곧 헤어졌고, 반 고흐는 몇 달 후 정신병원에 입원했다. 반 고흐가 1890년에 자살한 후 친구들과 추종자들은 강렬한 노란색이 사라진 시든 해바라기 그림으로 그를 기렸다.

🐾

롤란트 홀스트가 묘사한 해바라기도 시들고 색깔이 없다. 하지만 식물 하나가 과거의 영광을 떠올리게 하고 두드러지게 하는 역할까지 할 수도 있다. 앨런 긴즈버그와 잭 케루악이 1955년에 버클리 철도역 마당에서 발견한, 톱밥 더미 위에서 먼지를 뒤집어쓰고 누워 있던 해바라기를 생각해보자. 긴즈버그의 눈에 해바라기 꽃잎은 '망가진 왕관', 씨가 거의 없는 머리는 곧 치아가 모두 빠져버릴 얼굴로 보인다. 심지어 귀에 죽은 파리까지 달라붙어 있다. 시들고 망가진 해바라기는 사람만큼 크고, 긴즈버그는 그 해바라기를 인간, 구체적으로는 기계 시대를 사는 미국인으로 여긴다. "너는 네가 해

독일 녹색당 포스터(1980)

바라기라는 사실을 잊어버렸느냐? 너의 겉모습을 보며 네가 힘없
고 더럽고 낡은 기관차와 같다고 판단한 적은 언제인가?"라고 긴즈
버그는 식물에 묻는다. 긴즈버그의 훈계, 금언은 분명하다. "너는 결
코 기관차가 아니었어. 너는 해바라기였어!" 하지만 가장 중요한 점
은 그 메시지가 긴즈버그 자신, 슬픈 표정의 케루악 그리고 그 말을
들을 모든 미국인에게도 적용된다는 사실이다. 긴즈버그는 "칙칙한
겉모습이 우리가 아니야 ⋯ 우리 안에는 씨앗이라는 축복을 받은 황

금빛 해바라기가 있어"라고 읊조린다.

반 고흐처럼 긴즈버그도 해바라기가 가장 환한 모습으로 그저 한 순간의 기쁨만 보여주는 것은 아니라고 생각한다. 해바라기는 꽃이 시들면서 맺힌 수많은 씨앗 안에 빛나는 미래에 대한 약속을 간직하고 있다. 여기에 아이들이 꽃을 그릴 때 대부분 해바라기처럼 그린다는 사실이 더해지면서 해바라기는 어린 시절과 희망의 상징이 되었다(데이지 부분 참조). 20세기 후반에는 아이가 그린 것 같은 해바라기로 어린이의 행복을 떠올리게 하는 정치 포스터가 많았고, 전 세계에서 벌어지는 녹색당의 환경보호 운동이나 반전 운동에서도 해바라기를 상징으로 받아들였다.

❀

해바라기는 정원이나 들판에서 자라면서 훨씬 더 희망의 상징이 될 수도 있다. 1996년, 우크라이나의 마지막 비핵화 협상을 기념하기 위해 미국, 러시아와 우크라이나 정치인들은 핵무기를 저장하던 곳에 해바라기 씨를 심으려고 모였다. 그들은 "땅에 미사일 대신 해바라기를 심으면 미래 세대를 위해 평화를 확보해줄 것"이라고 발표했다. 물론 먹거리도 확보해줄 것이었다.

해바라기 기름은 세계에서 다섯 번째로 많이 생산하는 씨앗 기름이고(야자유에는 훨씬 못 미치지만), 우크라이나와 러시아가 세계 최대 생산국이다. 예를 들어, 2018년 우크라이나는 1천 5백만 톤의 해바라기 씨를 수확했다. 러시아에서는 해바라기가 17세기 표트르 1세

때 근대화 정책의 일환으로 소개되었다. 19세기 중순에는 농작물로 확고하게 자리 잡아 음식으로 섭취할 씨앗과 그 씨앗에서 뽑아낸 기름을 공급했다. 마른 깍지에 둘러싸이고 얇은 막에 뒤덮인 지방을 많이 함유한 알맹이를 우리는 해바라기 씨라고 부른다.

우크라이나 해바라기 중에는 먹을 수 없는 것도 있다. 위험한 지역에서 재배되는 해바라기는 무조건 피해야 한다. 1986년 4월, 네 번째 원자로가 폭발하면서 방사성 동위원소 세슘 137과 스트론튬 90이 비와 먼지에 실려 체르노빌 발전소 주위 수백 제곱킬로미터에 이르는 땅에 흡수되었다. 과학자들은 칼륨과 칼슘 같은 영양분을 흡수하는 해바라기가 영양분 대신 이런 방사선 동위원소들을 빨아들일 수 있을지 궁금했다. 그래서 1994년, 체르노빌 참사가 일어났던 원자력 발전소 주위 출입 제한 지역에 해바라기를 심었고 그 해바라기는 뭔가 다른 방식으로 희망을 주었다.

다른 곳에서도 다양한 식물들이 오염된 땅과 지하수에서 화학물질을 빨아들이는 데 활용되었고, 이런 과정을 '식물 정화'라고 부른다. 양치식물로 비소를 제거하고, 양배추로 납, 버드나무로 카드뮴, 포플러나무로 수은을 제거한다. 쉽고 빠르게 기를 수 있고, 뿌리를 깊이 내리고, 잎과 꽃이 커서 상당한 부피의 세포조직 안에 오염물질을 쌓아놓을 수 있는 식물들이다. 체르노빌에서는 해바라기들을 스티로폼에 심어 원자로에서 1킬로미터밖에 떨어지지 않은 작은 연못에 띄웠고, 그 해바라기들은 열흘 안에 오염물질의 95퍼센트를 제거했다. 하지만 땅의 오염물질 제거에는 여러 이유로 별로 성공하지 못했다. 방사능을 완전히 없애지는 못했지만, 한 장소에 모아

프랑스 중부 생 로랑 데 오 원자력발전소 주위에서 자라는 해바라기

둘 수 있는 식물로 처리하니 관리가 훨씬 쉬웠다.

2011년 일본에서 지진과 쓰나미로 후쿠시마 다이치 원자력 발전소가 피해를 당하자 다시 해바라기를 활용하기로 했다. 3월에 지진이 일어났고, 4월까지 정부 기관, 지역사회 단체, 지역 농부 들이 협력해서 해바라기 씨를 심었다. 어림잡아 800만 개의 씨앗이었다. 상징적인 정화작용은 효과가 좋았다. 해바라기를 보려고 관광객들이 찾아왔고, 식물 정화작용도 어느 정도 성공을 거뒀다. 하지만 불행히도 토양이 아니라 방사능 오염수가 더 큰 문제이고, 그 문제는 아직 완전히 해결되지 않은 상태다.

해바라기는 워낙 전 세계에서 자라고 있어서 어디에서 유래했는지 알기가 어렵다. 일년생 야생 해바라기는 미국 서부 전역에서 자라고, 원주민들은 오래전부터 의례용뿐 아니라 음식과 약으로 쓰려고 해바라기를 찾아다녔다. 예를 들어, 호피족 여성들은 해바라기 꽃잎을 갈아서 얼굴을 노랗게 칠하고 머리카락에 해바라기꽃을 꽂으면서 쿠완레렌타 신을 경배하곤 했다. 쿠완레렌타는 '주변을 아름답게 만든다'는 의미다.

5천 년 전 즈음 북미 동쪽에서 그 식물은 우리가 헬리안투스 안누스Helianthus annuus라고 부르는, 굵은 줄기에 한 송이의 꽃을 피우는 해바라기로 진화했다. 아메리카 원주민은 해바라기 씨의 수확량을 늘리려고 했지만, 해바라기가 주요 농작물이 된 적은 없었다. 밭 주위나 옥수수 사이 등 다른 농작물 주변에서 길렀다. 20세기 초에 히다차족을 방문한 민속학자에게 엠시디위악이라는 여성은 해바라기를 어떻게 재배해서 먹는지 자세히 알려주었다. 그중에는 해바라기 씨, 옥수수를 으깨고 콩을 넣어서 만든 일종의 스튜와 같은 최고의 요리법도 있었다.

고고학적 발견으로 원주민들이 재배한 해바라기가 유전적으로 상당히 다양하다는 사실이 밝혀졌다. 헬리안투스 안누스Helianthus annuus는 초원에 피는 해바라기인 헬리안투스 페치올라리스Helianthus petiolaris 같은 품종과 결합해 잡종을 만들었다. 그래서 노스다코타주의 차가운 평원에서 뉴멕시코주의 사막까지 굉장히 다양한 조건에서도 살아남을 수 있었다. 이런 적응력은 또 다른 희망을 준다. 기후 변화에 대처하면서 농사짓는 방법을 찾아내는 게 전 세계의 과제인 요즘, 해바라기의 적응력을 보면 앞으로도 중요한 역할을 할 것 같다. 해바라기는 또한 친환경적인 바이오디젤 원료로 사용 중인 씨앗 기름 중 하나다. 게다가 유채 같은 다른 바이오디젤 원료보다 재배 과정에서 온실가스를 훨씬 적게 배출한다.

현대 미국인은 비교적 최근에야 해바라기에 관심을 보이기 시작했다. 해바라기를 재배하던 원주민들과 함께 해바라기도 차차 자취를 감췄기 때문이다. 식민지 개척자들과 그 후손들은 해바라기가 정원에서 기르기에는 너무 거칠고 제멋대로 자라지만, 말을 위한 꽃다발로는 잘 어울린다고 생각했다. 19세기에 러시아에서 이주한 메노파 교도와 유대교인들이 수확하기 쉬운 해바라기 씨앗을 가져온 후 해바라기의 인기는 되살아났다. 1880년대에는 미국인 농부들에게 러시아산 씨앗을 제공하던 버피 같은 종자 회사들(메리골드 부분 참조) 역시 농장에 꽃밭을 만들고 싶어 하던 농부의 아내에게 직접 꽃밭용 종자를 판매하기 시작했다. 1882년에 북미에서 강연 여행을 다니는 동안 "화려하고 당당한" 해바라기꽃 옆에서 자주 포즈를 취했던 오스카 와일드나 영국 유미주의 운동과 관련되면서 해바라기는 다른 곳에서도 유행했다.

윌라 캐더는 1918년 글에서 네브래스카주 대초원의 도롯가에 서 있던 해바라기를 향수에 젖어 떠올렸다. 그리고 모르몬교도들이 유타주로 가는 길에 씨앗을 심어서 다음 해 여름에 여성과 어린이가 탄 마차들이 줄지어 지나갈 때 해바라기를 따라가면 되었다는 이야기를 다시 들려주었다. 해바라기의 원산지가 네브래스카라는 사실은 드러내지 않았지만, 매력적인 이야기였다. 이런 "서부 개척시대, 구불구불한 길들, 길 없는 대초원"에 대한 낭만적인 애착 때문에 캔자스주는 1903년에 스스로 '해바라기 주'라고 선언했다.

꽃

해바라기는 스페인 사람들이 16세기에 대서양을 건너 실어 나른 '신세계' 식물 중 가장 훌륭했다. 식민지 정복을 완벽하게 보여주는 전리품이었다. 약제사들은 약이나 음식으로 어떻게 사용할지를 연구했지만(파두아 식물원의 관리자는 해바라기 줄기를 요리하면 아스파라거스보다 맛있다고 생각했다), 대부분은 해바라기의 크기와 참신함 그리고 해바라기가 자연계에서 어떤 역할을 하는지 주로 이야기했다.

유럽 사람들은 두 가지 면에서 해바라기에 특별히 관심을 보였다. 꽃부리에 수천 개의 작은 중심화가 달려 있다는 점과 노란색 주변화에 둘러싸여 해처럼 보이는 꽃부리가 해를 따라 움직이는 것 같다는 점이다.

영국 식물학자인 존 제라드는 1597년, 해바라기 주변화를 관찰하면서 "마치 노련한 일꾼이 일부러 가지런히 잘 배치한 것처럼 보인다"라고 생각했다. 주변화는 한 장씩 해바라기 중심에서 나올 때마다 시계 방향과 시계 반대 방향 양쪽으로 옆의 주변화를 밀어내면서 나선형을 이룬다. 수학자들이 이런 패턴을 연구했더니(피보나치 수열로 알려져 있다) 최소한의 공간에 주변화를 최대한 빽빽하게 채우게 하는 가장 효율적인 방법이었다. 자연 어디에서나 볼 수 있는 패턴이지만, 해바라기가 특별히 분명하고 매력적으로 보여준다. 전부는 아니고 대부분 그렇다. 2016년, 영국 왕립 학술원은 해바라기를 기르는 사람들에게 해바라기의 나선형 주변화가 피보나치 패턴을 이루고 있는지 확인해달라고 요청했다. 그런데 다섯 명 중 한 명은 다른 패턴을 보인다고 대답했다.

그런데 학생들은 해바라기가 온종일 태양이 움직이는 방향을 향해 고개를 돌리는 습성에 훨씬 관심이 많다(해바라기의 프랑스어 tourne-sol에는 그런 의미가 담겨 있다). 그런 습성을 가진 꽃이 많지만, 아마도 크기 때문에 해바라기가 잘 알려진 것 같다. 해바라기가 어떻게 그리고 왜 이렇게 하는지에 관해 여러 해에 걸쳐 많은 이론이 나왔다. 그리고 철학적으로 심오한 질문을 던지는 사람들도 있었다. 아리스토텔레스 전통을 따르는 철학자들은 식물은 환경에 수동적으로 반응하므로 식물과 동물은 완전히 다르다고 생각했다. 반면, 신플라톤주의자들은 모든 존재(식물, 동물, 인간, 신)를 단일한 위계 체계로 정리할 수 있으며, 서로 구분해야 한다는 주장을 믿지 않았다. 그들은 해바라기의 움직임이 수동적인 반사 반응이 아니라면서 동물이나 사람이 보여줄 수 있는 행동과 비슷하다고 생각했다.

과학자들은 해바라기가 동쪽에서 떠서 서쪽으로 움직이는 해를 바라보려고 서서히 고개를 돌리는 모습을 관찰했다. 밤에는 동쪽으로 돌아갔다가 다시 회전할 준비를 한다. 줄기의 한쪽 부분이 길게 늘어나면서 방향을 바꾸는 것처럼 보인다. 낮에는 오른쪽 줄기가 늘어나서 꽃을 서쪽으로 돌리고, 밤에는 반대 방향으로 돌린다. 흐린 날에도 이런 식으로 움직여서 일종의 생체시계나 생물학적 주기

코르크에 붙인 해바라기가 물에 떠 있다. 해바라기가 해를 바라보며 회전할 때 꽃 중앙에 달린 바늘이 공중에 매달린 고리에 적힌 시간을 가리킨다. 『자기磁氣, 자기의 기술Magnes, sive De arte magnetica』(1643)에 실린 해바라기 시계 그림. 아타나시우스 키르허 지음

의 리듬이 작동한다고 짐작할 수 있다. 최근에는 성장 호르몬인 옥신이 그 과정을 통제한다는 사실이 밝혀졌다. 어린 해바라기만 해를 향해 회전하는 것도 그 때문이다. 해바라기가 성장하려면 최대한의 빛이 필요하다. 그러나 성장하고 나면 우선순위가 바뀐다. 그다음에는 계속 동쪽을 바라본다. 아침의 온기를 얻어 꽃가루 매개체를 끌어들이지만, 꽃가루가 피해를 볼 정도로 너무 뜨겁지는 않기 때문이다.

❀

이렇듯, 시인은 해를 따라가는 습성에 관해 다시 생각해야 할지도 모른다. 해바라기를 보면서 작가들은 변치 않는 사랑 혹은 짝사랑에 관해 깊이 생각하고, 신부들은 하나님이나 하나님의 아들을 향한 영적인 헌신에 관해 설교하고, 예술가들은 후원자에게 존경하는 마음을 표현하고, 신하들은 왕에게 순종하고, 대중은 정치 지도자에게 변함없는 충성을 드러낸다. 해바라기는 이렇게 갖가지 목적으로 쓰이는 본질적인 은유를 지니고 있음을 오랜 세월에 걸쳐 증명했다.

그중 가장 오래된 사례는 오비디우스가 처음으로 『변신 이야기』에 쓴 일종의 사랑 이야기다. 꽃으로 변신한 요정 클리티에는 태양의 신 아폴로를 애타게 그리워한다. 클리티에는 땅에 뿌리를 내리고 있으면서도 전차를 타고 하늘을 가로지르는 아폴로를 좇으려고 머리를 돌린다. 클리티에를 표현할 때는 그 일이 얼마나 어려운

지 강조하기 위해 가장 불편한 자세로 비틀린 몸을 보여준다. 오비디우스가 이야기한 꽃은 사실 보라색 헬리오트로프지만, 여러 차례 바꾸어 이야기하는 동안 식물 자체도 변신했다. 처음에는 메리골드로 바뀌었다가 17세기에는 해바라기로 바뀌었다. 해바라기는 아폴로를 바라보는 존재가 되었지만, 그 자체로도 멋진 볼거리다.

이 두 가지 역할은 분명 바이런의 풍자시〈돈 후안〉에서도 엿보인다. 돈 후안과의 불륜이 끝나자 줄리아는 남자에게 마지막 편지를 보낸다. "남자의 사랑은 자기 인생과 별개지만/ 여자에게는 전부다"라는 자주 인용되는 구절이 포함된 내용이었다. 강력한 말이다. 하지만 줄리아가 금테 두른 종이에 새로 산 깃털 펜으로 편지를 쓰고, 해바라기 문양에 "그 여자는 어디든 너를 따라다닌다"elle vous suit partouti라는 프랑스어 글귀가 적힌 최고급 밀랍 봉인으로 편지를 봉했다는 사실을 알고 나면 바이런이 줄리아의 괴로움을 어떤 관점으로 보았는지 분명해진다.

줄리아는 사랑에 빠졌을지 모르지만, 침착함과 품위를 잃지 않는다. 하지만 클리티에 같은 여성들이 항상 그렇지는 않다. 그들 중 많은 여성이 성적인 집착으로 비참해진다. 예를 들어, 시인 도라 그린웰은 사랑의 노예일 뿐 아니라 스스로 노예가 된 여성의 목소리로 시를 쓴다.

… 내가 고개를 숙여야 한다.
줄기 위에서 나는 그의 영역에 닿을 수가 없다.
그도 내 영역으로 몸을 구부릴 수 없다.

루피 카우어의 시집 『태양과 그의 꽃들The Sun and Her Flowers』(2017)에 등장하는 한 사람이 연인에게 "태양이 저 꽃들에 하는 것처럼 네가 나를 대하잖아"라고 말하는 장면을 볼 때 요즘 시에까지 그 이미지가 계속 남아 있음을 알 수 있다.

미국 여성참정권협회가 1896년에 해바라기를 그들의 상징으로 정할 때는 그런 생각을 하지 않았다. 해바라기가 태양을 좇는다면 깨달음을 얻기 위해서라고 해석했다. 그리고 미국의 서부 개척시대 신화와 더 관련 있다고 생각했다. "해바라기가 문명을 좇듯 개척자들은 넓은 경작지를 찾았고, 그래서 여성 참정권자들이 문명화된 정부를 원하는 것은 당연하다."

영국에서 빅토리아 시대 꽃 사전을 만들 때 미국의 여성 참정권자를 생각하면서 해바라기의 상징을 '자존심', '당당함'으로 정했을까? 해바라기를 이런 이미지로 본 것은 훨씬 오래전부터였다. 17세기 영국 시인 에이브러햄 카울리가 시에서 묘사한 해바라기는 정말 당당하다.

해바라기는 사실 주위 버섯들에 자신의 부계 혈통을 자랑할 생각밖에 없다. 해바라기의 얼굴은 금색이어서 아버지인 태양을 똑 닮았다. 카울리의 시에 등장하는 자랑스러운 해바라기는 사랑 때문에 우는 클리티에가 아니라 신플라톤주의 질서의 일원이다. 그는 아버지인 태양을 감탄하면서 올려다보고, 버섯들을 내려다본다(훨씬 더 즐거워하면서). 카울리의 해바라기를 〈해바라기와 함께 있는 자화상〉(1633)을 그린 안토니 반 다이크와 비교하고 싶은 충동을 느낀다. 자화상 속 안토니 반 다이크의 얼굴과 해바라기꽃의 크기가 같다. 안

〈해바라기와 함께 있는 자화상〉동판화(1644). 안토니 반 다이크
의 원작을 따라 벤세슬라우스 홀라 제작

토니 반 다이크가 찰스 1세의 궁정화가로 자리 잡았음을 기념하는
그림으로, 그가 쥐고 있는 금줄의 끝에 매달린 메달에 찰스 1세의
얼굴이 새겨져 있다. 반 다이크는 다른 손으로 해바라기를 가리키
면서 왕에게 충성하는 태도를 더 강하게 보여준다.

❀

중국의 문화대혁명(1966~1976) 시절에 나온 수많은 포스터, 배지, 교과서, 어린이 노래에 등장하는 '붉은 태양' 마오쩌둥을 둘러싼 해바라기들 역시 충성을 상징한다. 이런 노래도 있다.

마오 주석!

당신은 우리 마음속 붉은 태양이에요!

우리는 해바라기예요.

해바라기는 언제나 붉은 태양을 바라봐요.

우리는 낮이나 밤이나 당신을 생각해요.

오래오래 사세요.

1967년 중국 포스터. "마오쩌둥 주석은 세계 혁명가들의 마음 속 붉은 태양이다"라고 선언하고 있다.

이른바 해바라기 세대의 예술가들은 오늘날 종종 해바라기를 이용해 마오쩌둥 이후의 삶을 돌아본다. 쉬쟝은 조각과 회화로 해바라기를 무더기로 보여준다. 해바라기들은 보통 바싹 마르고 축 늘어져 있지만, 그래도 서 있다. 쉬쟝은 그 해바라기들로 "똑같은 옷을 입고, 똑같은 노래를 부르면서 똑같은 길을 걸었던" 세대의 집단 기억을 표현했다고 말했다. 그는 한 인터뷰에서 "우리는 젊었을 때 태양을 바라보는 해바라기처럼 태양을 위해 마음을 바쳤고, 이제 늙은 병사처럼 쓸쓸한 마음으로 서 있습니다"라고 말했다.

한편 아이웨이웨이는 해바라기 씨를 활용했다. 2010년, 런던 테이트모던 미술관의 터빈 홀에 10톤 정도 되는 해바라기 씨 1억 개를 쏟아부었다. 사실은 진짜 해바라기 씨가 아니었다. 작은 공방들에서 하나하나 손으로 정교하게 빚은 실제 크기의 도자기 모형이었다. 그중 완전히 똑같은 것은 하나도 없었다. 아마도 집단 경험 안에서 보이지 않는 존재였던 개인에 관해 이야기하는 것 같다. 하지만 중국의 고급 도자기 제작 역사와 함께 싸구려 제품을 대량생산한다는 요즘의 평판 모두를 상징하는 작품이기도 하다. 우연히도 2010년은 중국이 드디어 미국(해바라기의 원산지)을 누르고 세계 최고의 제조업 국가로 올라선 해였다. 중국의 예술가들은 해바라기가 가장 잘하는 일, 즉 새로운 길을 찾아야 했다.

세계사를 바꾼 16가지 꽃 이야기

가을

가을

여름의 생생한 빛은 너무 빨리 사라졌다!
내게는 모든 게 씁쓸하다.
- 〈가을 노래〉, 샤를 보들레르

그게 아니야, 힘을 내, 자매여. 삶은 아직 끝나지 않았어.
옥수수, 클로버와 함께 그 해가 끝난다고 할지라도.
- 〈10월〉, 크리스티나 로제티

가을은 봄처럼 한해의 환절기다. 봄이 여름이 오기 전이라면, 가을은 겨울이 오기 전이다. 봄에는 다가올 날들을 희망하고, 가을에는 이미 지나간 날들을 기념하면서 아쉬워하기 시작한다.

　가을 꽃들을 볼 때 6개월 전의 봄꽃을 보는 것 같은 느낌이 들 때가 있다. 10월에 피는 노란색 풍년화는 5월에 피는 버드나무꽃을 닮았다. 9월에 피는 사프란의 보라색 꽃을 보면 2월에 피는 크로커스꽃이 생각난다. 하지만 늦은 계절에 피는 느낌은 봄과 같지 않다. 봄과 가을에 피는 꽃의 차이는 중년의 외모에 관한 신랄한 비유로 쓰일 때가 많다.

존 던은 시 〈가을의Autumnal〉에서 나이 들어가는 아름다움에 찬사를 보내기 위해(아마도 맥덜린 허버트라는 과부를 생각하며) 나이 든 여성을 가을의 얼굴이라고 비유한다. 그가 여성의 주름을 거론하기 어려웠으리라고 짐작하는 독자도 있지만, "봄이나 여름은 내가 가을의 얼굴에서 본 것 같은 우아함이 없다"라는 표현에 누가 반대할 수 있었을까? 그러나 가을에서 그런 매력을 찾아낸 사람은 많지 않았다. 존 러스킨은 가을처럼 산다는 게 완전히 희망을 잃고 사는 일이라고 생각했고, 테드 휴스에게는 서서히 작별을 고해야 한다는 사실을 받아들이는 문제였다. '여름의 마지막 장미' 혹은 식물뿐 아니라 사람도 쓰러뜨리는 해충에 관한 우울한 시도 마찬가지다. 하지만 알렉산드르 푸시킨은 가을이 마치 '폐결핵에 걸린 소녀'(오래지 않아 죽을 테지만, 굉장히 매력적인 진홍색 뺨을 가진)와 비슷하다면서 화려하게 퇴장하는 가을을 즐겼다. 에밀리 디킨슨은 더 나아가서 천국은 가을과 같아야 한다고 생각했다.

사실 디킨슨은 가을 중에서 특정 기간인 인디언 서머를 염두에 둔 것이었다. 미국 기상학회는 한가을과 늦가을 사이에 비정상적으로 따뜻한 날이 이어지는 기간을 인디언 서머로 정의한다. 낮에는 보통 맑고 화창하면서도 실안개가 낀 듯하고 밤이면 서늘해진다. "이것은 그저 일반적인 여름이 되풀이되는 게 아니다. 제대로 된 인디언 서머라면 된서리가 내려야 한다." 미국뿐 아니라 다른 지역에서도 이런 기후가 나타난다. 유럽의 여러 나라는 그런 기후를 '노파의 여름' 혹은 '성 마틴의 여름'이라고 부른다(성 마틴의 날은 11월 11일

세계사를 바꾼 16가지 꽃 이야기

이다). 하지만 흔하지 않은 이 현상은 19세기 뉴잉글랜드에서 신화와 같은 위치에 올랐다. 아메리카 원주민이 사냥을 새로 시작할 수 있는 따뜻한 날씨여서 그런 용어가 생겼다고 말하는 사람도 있지만, 사실인지는 알 수 없다. 어디에서 시작되었든 인디언 서머라는 용어와 개념은 19세기 말, 특히 급성장하던 관광산업이 단풍 관광 홍보에 열을 올리면서 큰 인기를 얻었다.

매사추세츠주에 살았던 디킨슨은 여러 시에서 자신이 '금발 암살범'이라는 별명을 붙였던 서리의 파괴적인 힘 그리고 때때로 서리 뒤에 다시 나오는 해를 얼마나 좋아하는지 보여주었다. 서리의 암살은 정말 인정사정없다.

> 행복한 꽃들은 하나도
> 놀라지 않는 것 같다
> 서리가 갑자기 힘을 발휘하며
> 꽃의 목을 베는데도.

해가 다시 나오고 용담이 천상의 보라색 꽃을 피우는 10월 매사추세츠에서는 마치 천국에 있는 듯한 느낌이 든다.

윌리엄 블레이크는 좀 더 세속적인 설명을 좋아한다. 그는 그 계절을 '유쾌한 가을'이라고 의인화하면서 주름이 자글자글해진 옛 애인이라기보다 "과일과 꽃에 관한 활기찬 노래"를 부르는, 원기 왕성하고 흥청망청하는 디오니소스와 비슷하다고 설명한다. 가을은 겨우내 견딜 수 있는 풍성한 보물들을 남기고 마지못해 떠난다. 블레이크는 주로 수확한 농산물에 초점을 맞춰 해마다 전 세계에서 벌이는 수확 축제를 생각했던 것 같다.

꽃은 다른 가을 축제에서도 주로 기억의 상징으로 등장하면서 중심 역할을 한다. 가을 편에서 소개하는 꽃 중 세 가지는 그런 의식에 쓰이는 꽃들이다. 국화는 중국과 일본의 오래된 절기인 중양절(음력 9월 9일)에 쓰이는 꽃이다. 이날에는 노인을 공경하면서 장수를 기원한다. 국화는 가을을 대표하는 꽃이다. 밤이 길어지기 시작하면 꽃봉오리가 보인다. 전 세계 정원에서 기르기 시작한 후 국화는 특별히 밝은 노란색이나 주황색 꽃을 환영하는 시기에 피어서 많은 찬사를 받았다. 국화의 강렬한 색깔과 미국 정원 디자이너 루이스 비비 와일더가 "코를 돌리게 한다"라고 표현했을 정도의 강렬한 냄새가 시각과 후각을 사로잡으면서 썩어가는 잎은 잘 보이지 않는다. 하지만 오늘날에는 계절과 관계없는 꽃이 되었다. 낮과 밤이 조절되는 온실에서 재배된 갖가지 색깔의 국화가 1년 내내 꽃시장에서 팔리기 때문이다.

일반적으로 다른 계절에 더 많이 피는 꽃을 가을 축제에 활용하는 경우도 많다. 이제는 그 꽃들을 가을꽃이라고 여기기 때문에 여기 포함했다. 멕시코에서 메리골드는 봄부터 첫서리가 내릴 때까지 피지만, 이 꽃을 재배하는 사람들은 11월 2일 위령의 날을 맞아 절정을 이루는 '죽은 자의 날' 축제 때 특별히 선택한 메리골드 품종이 피도록 했다. 한편 영국과 몇몇 나라에서는 빨간색 개양귀비꽃으로 1차 세계대전에서 죽은 사람들을 기념했다. 유럽 전쟁터에서 초여름에 피었던 꽃이지만, 기념일은 11월 11일이다.

가을은 분명 여러 가지를 점검하는 때이지만, 지난날을 되돌아보는 게 전부는 아니다. 정원사는 해야 할 일이 많다. 겨울을 앞두고 옷을 벗는 나무가 떨군 잎들을 모으고, 가지치기하고, 말라버린 꽃부리와 줄기를 치운다. 그해의 뒤처리를 위해 노동하지만, 다음 해를 준비하는 일도 한다. 씨앗을 분류하고 알뿌리를 심는다. '기억의 핵심'이자 '봄꽃이 튀어나올 폭탄'인 씨앗과 알뿌리는 파멸의 계절이자 창조의 계절이기도 한 가을의 진정한 상징일 것이다.

9

사프란

특정 종류의 식물이 어느 지역에서 시작되었는지 찾아내기란 쉬운 일이 아니지만, 전 세계에 퍼지면서 여러 번 이름이 바뀐 식물이라면 더욱 어렵다. 하지만 고대 문헌과 현대 유전학의 결합으로 실마리를 찾을 때도 있다.

2019년, 독일과 이란 과학자들은 크로커스 사치부스Crocus sativus의 진화적 기원을 밝히는 논문을 발표했다. 연보라색 작은 꽃으로, 주황색의 말린 암술머리는 사프란이라고 부른다. 그리스 철학자 테오프라스토스가 '크고 두꺼운 뿌리'(사실은 알줄기)를 통해 크로커스를 번식시키는 방법을 설명한 글에서 첫 번째 단서를 찾을 수 있다. 이 글은 8세기 정도에 크로커스 사치부스가 있었다는 사실

테라섬(산토리니) 고대 유적지 아크로티리의 벽화(기원전 3000~1100년경). 바위 산비탈에서 야생 크로커스 카르투리그티아누스를 따는 여성을 보여준다.

을 확인해준다. 가까운 품종인 크로커스 카르투리그티아누스Crocus cartwrightianus와 달리 청동기 시대 에게해 지역 벽화에도 그려졌던 사치부스는 번식을 하지 못한다. 다시 말해 씨앗이나 열매를 맺지 못한다. 땅속에 있는 알줄기를 파낸 후 새끼 알줄기들을 떼어내 다시 심으면서 번식시켜야 한다. 이것으로 두 가지 사실을 알 수 있다. 첫번째, 스페인이든 이란이든, 영국 에식스에서나 미국 펜실베이니아에서나 사프란 알줄기는 모두 하나하나 손으로 심어 재배해야 한 다. 두 번째, 그들은 유전적으로 거의 동일하다.

분자 시험으로 오랫동안 짐작해왔던 사실이 증명되었다. 크로커 스 사치부스가 크레타섬 사람들이 진홍색의 길고 가는 독특한 암 술머리 때문에 재배했던 크로커스 카르투리그티아누스의 돌연변 이라는 사실이다. 크로커스 사치부스의 실 같은 암술머리를 떼어내 말리면 세계에서 가장 인기 있고 비싼 향신료인 사프란이 된다. 붉 은 금이라는 별명은 그냥 생긴 게 아니다. 그렇게 비싼 비용을 치르 고도 사람들은 계속 사프란을 손에 넣고 싶어 했다.

하지만 사프란은 단순히 비싸고 귀하기만 한 식물이 아니다. 사 프란은 스페인의 파에야 발렌시아나, 프랑스의 부야베스 마르세예 즈, 이탈리아의 리소토 알라 밀라네세, 인도의 조드푸르 라씨, 스웨 덴 빵들, 이란의 쌀 푸딩과 독일계 펜실베이니아인의 고기 파이 등 여러 음식의 재료로 쓰인다. 더 있다. 사프란은 중세 유럽의 필사 본과 페르시아 양탄자를 만들 때 꼭 필요한 재료였다. 이집트에서 는 미라를 만들 때 사프란을 사용했고, 로마인은 사프란으로 아이 섀도를 만들었다. 인도에서는 사프란색이 힌두교 탁발승이 입는 옷 의 신성한 색깔이다. 사프란은 수천 가지 약의 재료이기도 하다. 그 리고 염색 재료이기도 하다. 셔츠를 염색하고, 역사 교재 염색도 담 당했다. 1966년, 도나반은 팝 차트에서 2위에 올랐을 때 사프란을 너무 좋아한다고 고백했다. 하지만 노래 제목 〈멜로우 옐로우mellow yellow〉는 바나나 모양의 진동 자위도구를 가리키는 말이라는 게 밝 혀졌다.

지역에 따라 9월 혹은 10월에 사프란을 수확하는 방식은 고대 이후 별로 달라지지 않았다. 꽃잎이 벌어지기 시작하면 해가 완전히 뜨기 전에 손으로 꽃을 따고, 세 개의 암술머리를 손톱으로 떼어낸다. 이렇게 공을 들여야 하는 일은 보통 여성이 담당한다. 다음날 다른 꽃의 꽃잎이 벌어지면 그 과정을 되풀이해야 한다. 크로커스 수확은 이처럼 짧은 시간 강도 높게 진행한다.

색깔과 향이 약해지지 않으려면 암술머리를 굉장히 빨리 말려야 한다(그 과정에서 무게가 80퍼센트 정도 줄어든다). 이란과 모로코에서는 그늘에서 말리고, 스페인에서는 철망에 올려 숯불에 말린다. 영국에서는 최소한 16세기부터 무거운 널빤지 사이에 눌러 납작하게 만들었다.

사프란 1킬로그램을 만들려면 20만 송이의 꽃과 400시간 이상의 노동이 필요하다. 사프란이 그램당 가장 비싼 농산물이자 도둑들이 노리는 물건이 된 게 이 때문이다. 사프란은 가장 귀한 부분만 아니라 별로 필요하지 않은 부분까지 법의 규제를 받았다. 사프란을 만들면서 암술머리를 떼어내고 남은 크로커스는 쓰레기로 여겨 함부로 버렸다. 1574년, 영국의 소도시 사프란 월든의 슬레이드 강이 보라색 꽃잎 때문에 막혔고, 앞으로 함부로 버리면 이틀 동안 족쇄를 채우겠다는 포고령이 내려졌다.

하지만 사프란 도둑에 비하면 아무것도 아니었다. 1374년, 수송 중이던 사프란 363킬로그램을 바젤 근처 귀족들이 가로채자 14주 동안 사프란 전쟁이 벌어졌다. 자신들의 요구가 받아들여지자 귀족들은 사프란을 돌려주었다. 런던 중앙 형사법원의 기록을 보면

[위]   11세기 아랍 의학 논문 〈건강관리〉를 13세기에 라틴어
　　　　로 번역한 책에 실린 삽화

[아래] 이란에서 사프란을 수확하는 모습(2007)

19세기까지 약재상이나 창고에서 사프란을 훔쳤다는 혐의로 재판을 받은 사람들이 많았다. 1835년에는 훔친 사프란 907그램의 가격은 21파운드였는데, 1871년에는 250파운드로 치솟았다.

사프란에 다른 재료를 섞으면 수익성을 높이기 쉽다. 사프란 가루에 메리골드나 (가짜 사프란이라는 별명이 붙은) 잇꽃 가루, 강황 가루를 쉽게 섞을 수 있다. 아니면 암술머리에 석류의 섬유질, 양귀비 꽃잎 같은 다른 식물 재료를 섞어 양을 늘릴 수 있다. 사프란 자체의 암술대와 수술을 섞을 때가 가장 많고, 종잇조각, 비단, 말총, 훈제 쇠고기의 섬유조직까지 모두 사용했다. 습기 많은 곳에 보관하거나 꿀, 기름이나 글리세린을 섞어 촉촉하게 만들어 사프란의 무게를 늘리는 것이 더 손쉽게 구매자를 속이는 방법이었다.

예로부터 내려오는 이런 방법 중 여러 가지가 오늘날에도 사용되고 있다. 예를 들어, 2000년 영국의 거래 담당관은 라만차에서 수입한 스페인산 최상급 사프란이 453그램 기준 3,750파운드에 팔리는데, 영국 브래드퍼드의 상인은 277파운드만 받고 파는 것을 보고 깜짝 놀랐다. 제품을 검사해보니 색깔을 입힌 사프란 수술이 4분의 1 정도 섞여 있었다. 1444년, 독일 뉘른베르크에서 욥스트 핀델러스라는 사람은 사프란에 불순물을 섞었다는 이유로 그 사프란과 함께 화형을 당했는데, 21세기 브래드퍼드에서는 그런 경우 벌금 5천 파운드만 내면 된다.

1세기 고대 로마의 박물학자인 가이우스 플리니우스 세쿤두스는 가짜 판별법을 두 가지로 제안했다. 첫 번째는 암술머리를 눌러서 탁탁 소리가 나는지 확인한다(물에 적신 사프란은 소리가 나지 않는다). 두 번째는 사프란을 만진 손으로 얼굴을 만진다. 진짜 사프란이면 얼굴이 약간 따끔거려야 한다. 집에서도 쉽게 검사할 만한 방법이지만, 많은 양은 어렵다. 세계 공급량의 80퍼센트 이상(매년 220톤 정도)을 생산하는 이란에서는 바이오시스템 엔지니어가 컴퓨터 시각 기술과 전자코를 활용해 불순물이 섞인 제품을 찾아내는 복잡한 시험법을 최근 개발했다.

🏵

사프란은 로마제국 전체에서 많이 사용했다. 하지만 그 이후, 아랍이 이베리아반도를 정복할 때까지 유럽에서는 사용량이 많지 않았다. 아랍 정복 후 점점 더 북쪽에서 재배를 늘리면서 14세기에는 음식과 약, 염색 재료로 널리 사용했다. 향신료는 보통 음식의 풍미와 색깔을 더하기 위해 아랍 영향을 많이 받았던 중세 유럽의 요리사들에게 인기가 많았다.

하지만 사프란은 다른 목적으로도 사용되었다. 일상에서 부를 과시하는 방법이기도 했다(사프란 500그램이 말 한 필 가격과 맞먹었다). 셰익스피어의 『겨울 이야기』에서 광대는 "워든 파이(배 파이)에 색깔을 내려면 사프란이 필요해"라고 주장한다. 광대만 그런 게 아니었다. 이 당시 유럽 여기저기에서 펴낸 요리책에는 사프란으로 노랗게 색을 내거나 음식 위에 사프란을 뿌리는 방법, 페이스트리를 굽기 전 계란물을 바를 때 사프란을 섞어 풍미를 더하는 방법 등이 기록되어 있다. 리처드 2세를 위해 일하던 수석 요리사들의 최상급 요리법 196가지를 모은 영국 최초의 요리책 『요리법 *The Forme of Curye*』(1390)에서도 사프란은 음식의 주재료였다. 행사 규모가 크고 화려할수록 사프란을 많이 사용했지만, 간단한 요리에도 사프란을 넣었다. 예를 들어, 쌀을 그냥 죽처럼 끓인 다음 소금과 아몬드밀크를 넣고 마지막으로 색깔을 내기 위해 사프란을 조금 넣는 요리도 있었다.

음식에만 사프란을 뿌린 게 아니었다. 그림이나 책의 삽화에 칠하는 금빛 물감의 주재료가 사프란이었다. 예를 들어, 각 장이 시작될 때 원색의 대문자 주위에 금빛을 칠해 화려하게 장식했다. 사프란은 중세의 다른 물감 재료보다 준비하기 쉬웠다. 그냥 물이나 달걀흰자에 암술머리를 약간 넣어 우려내기만 하면 됐다. 금빛을 내기 위해 사용한 다른 재료인 수은이나 비소처럼 유독성도 없었다. 프랑스 북부 생토메르 출신의 장인 피터는 시칠리아섬의 사프란은 금보다 더 아름답다고 주장하기까지 했다.

사프란은 살균제로도 활용되어 부자들은 바닥이나 벽난로 속에 뿌렸다. 전염병 퇴치에 효과가 있다고 생각하기도 했다. 아마도 모두 플라시보 효과였을 것이다. 오늘날 건강 산업에서도 환자들은 비싼 재료일수록 효과가 좋다고 믿는다. 또 식물의 특징을 보면 의학적으로 어떻게 사용해야 할지 알 수 있다고 믿는 사람이 많았다 (데이지 부분 참조). 사프란은 특히 색깔을 보면서 사용법을 짐작했다. 그래서 황달이나 요로질환 등 노란색과 관련된 질환에 처방했다. 심지어 털갈이하는 카나리아의 깃털을 샛노랗게 만들려고 사프란을 먹이기까지 했다.

또 사프란을 각성제나 우울증 치료제로 여기기도 했다. 카테리나

임호프 레멜은 1516년에 수녀가 된 후 친척들에게 재정적인 후원이나 다른 도움을 요청하는 편지를 자주 보냈다. 그의 사촌 한스는 뉘른베르크에서 지중해 상품 수입 일을 했고, 카테리나는 사프란을 많이 보내달라고 부탁했다. 수녀들이 수프에 색을 내려고 사프란을 넣어서 먹으면 기분까지 훨씬 좋아진다고 카테리나는 말했다. 한스는 그 말이 무슨 뜻인지 이해했을 것이다.

대부분의 약초 전문가들은 쏟아지는 잠을 떨쳐내고 기분을 좀 즐겁게 만드는 데도 도움이 된다면서 사프란을 기운을 돋우는 식물로 처방했다. 니콜라스 컬페퍼는 사프란이 여성의 생리불순이나 히스테리성 우울증에 특히 도움이 된다고 생각했다. 아마도 그 때문에 사순절이나 강림절처럼 특별히 바쁠 때 수녀 각자에게 사프란을 제공해서 수녀복의 베일에 향이 배도록 했던 것 같다. 최근 중세시대의 우울증 치료제인 사프란을 임상 실험한 결과, 약초 전문가들의 주장 중 일부는 맞을 수도 있다는 사실이 밝혀졌다. 하지만 "계속 터져 나오는 웃음을 참지 못하다가 죽음에 이르는 사람도 있었다"라고 경고하면서도 사프란 남용의 위험을 걱정했던 컬페퍼의 주장을 뒷받침하는 증거는 나오지 않았다(그들이 언급한 것은 독성이 많은 '초원 사프란'[학명 Colchicum autumnale]일 가능성이 크다).

카슈미르, 이란과 아프리카 북부에서 잘 자라는 향신료가 비가 많이 오는 영국 콘월 지역(이 지역에서는 지금도 사프란 빵이 인기다)에서도 재배가 활발한 경우는 극히 드물다. 그래도 사프란 알줄기는 대부분 영국에서 가장 건조한 지역인 사우스 케임브리지셔와 노스 에식스에서 키웠다. 케임브리지 대학교 몇몇 정원에서도 사프란을 재배했고, 일리의 주교는 런던으로 가지고 가기도 했다. 그는 런던 주교관의 넓은 정원에 사프란을 심었고, 그곳은 사프란 힐로 불리게 되었다.

작은 뜰에서 수익성 높은 사프란을 키우는 사람도 많았다. 롤런드 파커는 16세기에 폭스턴 마을의 소규모 자작농들이 0.125~2에이커(약 150~2,450평)의 크고 작은 밭에서 사프란 크로커스를 키우고 있었다고 설명한다. 그는 1에이커의 땅에서 6파운드(약 2.72킬로그램) 정도의 사프란을 거뒀을 것으로 추측했다. 수많은 무급 일꾼을 활용해 굉장히 높은 수익을 올릴 수 있었다. 무급 노동은 16세기에서 18세기까지 농업의 기본 특징 중 하나였다.

조금 남쪽으로 내려가면 에식스주의 시장 도시 사프란 월든 주위에서 훨씬 더 큰 규모로 사프란을 재배했다. 사프란 월든의 원래 이름은 체핑 월든Walden이었다. 그 도시가 부를 축적하는 데 사프란이 결정적인 역할을 했다는 점을 인정하면서 16세기에 이름을 바꾸었다. 성벽 안에서 세 개의 식물이 자라고 있는 그림을 도시의 상징으로 삼아 '벽으로 둘러싸인walled-in 사프란'이라고 말장난을 했다. 왜 특별히 사프란 월든에서 사프란을 많이 거래했는지에는 여러 추측이 있다. 그 지역 사람들은 한 기독교 순례자가 십자군 전쟁에서 돌아올 때 사프란 알줄기 하나를 특별히 속을 파낸 지팡이 안에 숨겨 왔다는 낭만적인 이야기를 좋아했다. 만약에 잡혔다면 죽임을 당했겠지만, 전설에 따르면 그는 나라에 좋은 일을 하려고 위험을 무릅썼다고 한다. 그랬을 수도 있다. 하지만 누에알을 들여온 유래에 관해서도 똑같은 이야기가 있다. 그리고 조금 더 평범하면서 설득력 있는 설명도 있다. 배수가 잘되는 희고 고운 그 지역 흙 덕분에 사프란 크로커스를 잘 재배할 수 있었고, 무엇보다 체핑 월든이 그 지역 양모 무역의 중심지라는 사실이 중요했다. 그리고 물론 사프란 크로커스를 딸 수 있는 일꾼들이 준비되어 있었다. 북미의 영국 식민지화를 북돋우는 작가로 유명했던 리처드 해클루트는 1598년, 가난한 사람에게 일자리를 준다는 이득이 있을 때만 다른 지역에서도 사프란을 재배하라고 권했다.

수입 농산물보다 국내에서 기른 농산물이 신뢰할 만하다는 게 자주 이야기되었고, 지금도 많이 언급되는 두 번째 이득이다. (불순물이 섞일 수 있는) 수입 농산물보다 "순수하고 진실한 농부들의 손에서" 나온 영국산 사프란이 확실히 더 믿을 만하다. 존 에블린은 사프란 월든의 사프란이 '세계 최고'라고 분명하게 말했다. 하지만 "신도 사프란을 좋아하셨다"라며 도취했던 사프란 월든의 전성기는 그리 오래가지 않았다. 18세기 중반이 되자 사프란 크로커스는 거의 사라졌다. 땅은 이전보다 생산성이 떨어지고, 일꾼 확보가 더 어려워지고, 음식 취향도 바뀌었다. 그리고 그 지역의 양모 무역도 쇠퇴했다. 밭에는 다시 보리를 심었고, 도시에는 양조장이 들어섰다.

❧

개신교 국가가 된 17세기 영국은 칙칙한 색깔을 선호했을 뿐 아니라, 어떤 상황에서는 사치규제법으로 그것을 강요하기까지 했다. 음식이나 옷을 노랗게 물들이면 선천적으로 여성적이거나 이질적인 사람, 특히 가톨릭교도로 여겼다. 노란색은 오래전부터 로마 가톨릭교회와 관련이 많았다. 하지만 사프란으로 염색한 옷을 고집하는 사람들이 많았던 스코틀랜드 산악지대와 식민지 아일랜드를 떠올리게 할 때가 더 빈번했다.

아일랜드는 스페인과 중동에서 오랫동안 사프란을 수입해왔다. 10세기부터 수입했다는 주장도 있다. 그리고 그 후 제한적이지만 사프란을 재배하기도 했다(예를 들어, 아일랜드 코크 근처 사프란 언덕에서). 영국 개신교도들에게 아일랜드의 사프란은 묘하게도 극단적인 사치 그리고 비참한 가난이나 나쁜 위생 상태 모두와 관련이 있는 것으로 유명했다. 사프란은 옷 색깔을 밝게 할 뿐 아니라 악취를 없애고, 살균하고(특히 염색할 때 오줌을 넣으면), 이를 없애주었다. "사람들이 짐승 같고, 옷을 빨아줄 세탁부가 부족해서 아일랜드에는 이가 득시글거린다"라고 믿는 영국인이 많았다.

영국 시인 에드먼드 스펜서는 아일랜드 사람들이 땀을 많이 흘리고 리넨 옷을 오랫동안 입는 습관 때문에 옷을 사프란으로 염색했던 옛 스페인 사람의 풍습을 따랐다고 주장했다. 하지만 의사이며 곤충 연구로 유명한 토머스 머핏은 원인과 결과가 거꾸로 작용했다고 조금 더 그럴싸하게 설명했다. 옷을 빨지 않아 사프란으로 염색한 게 아니라 비싼 사프란의 살충 효과를 유지하기 위해 옷을 빨지 않았다는 것이다. 사프란이 너무 비싸 아일랜드 사람들은 6개월을 기다려 옷을 빨았다.

헨리 8세는 경제와 청결 문제를 내세웠지만 주로 영국 식민통치의 힘을 보여주려고 아일랜드의 전통적인 복장, 머리 모양 그리고 사프란 사용을 금지하는 법을 계속 통과시켰다. 이렇게 문화적 규제가 심했으니 17세기에 주로 옷깃 염색으로 사프란이 잠시 유행하자 영국의 풍자 작가들이 그렇게 떠들썩하게 화를 냈던 것도 놀랍지 않다. 로버트 앤턴은 1616년, "노란색 옷깃은 이 시대를 오염시키고 있다"라고 주장하면서 사프란에는 우아한 여성을 '노란색 창녀처럼' 만드는 힘이 있다고 믿기까지 했다.

그러나 아일랜드 사람들은 노란색을 계속 좋아했고, 법으로 막는게 불가능했다. 아마도 영국의 식민통치에 대한 저항의 상징으로더 열광했을 것이다. 사프란은 너무 비싸 보통 사람이 사용하기 어려웠으므로 노란색 이끼(학명 Vulpicida juniperinus), 솔나물(학명 Galium verum)이나 레세다(학명 Reseda luteola) 같이 아일랜드의 식물 자원인그 지역 식물을 이용해 비슷한 색감을 낼 수 있었다.

지금은 녹색이 아일랜드를 상징하는 색깔이 되었지만, 사프란은여전히 전설적인 지위를 누리고 있다. 주로 19세기와 20세기 초, 사프란 염색이 15세기 유럽 교역의 산물이라기보다 고대 아일랜드전통이라고 켈트 문화 부흥주의자들이 주장하면서였다. 예를 들어,윌리엄 버틀러 예이츠의 초창기 서사시 〈오이신의 방랑The Wandering of Oisin〉은 옛 아일랜드(켈트) 신화를 떠올리게 한다. 얼마 후 사프란으로 물들인 킬트(남성용 치마)를 아일랜드를 상징하는 의상으로 보는 개념이 생겨났다. 제임스 조이스는 장편소설 『율리시스』(아직 쓰이지 않은 민족적 서사시에 관해 논쟁하는 부분)와 혼성混成 영어로 서사시형식으로 쓴 『피네간의 경야Finnegans Wake』(흰옷을 입은 성 패트릭이 리어리왕과 두르이드교[고대 켈트족 종교] 지도자들과 만나는 장면)에서 모두 킬트를 언급한다. 리어리는 녹색을 띤 옷을 입었고, 그가 입은 사프란 킬트조차 삶은 시금치처럼 보인다. 조이스는 훗날 이 장면이 "성 패트릭이 아일랜드로 인해 개종하는 순간"을 표현하고 있다고 설명했다.

❀

오늘날 인도에서도 사프란의 의미 중 가장 중요한 게 민족주의다. '사프란하다saffronisation'라는 신조어는 원래 힌두교라는 좁은 관점으로 역사 교과서를 다시 쓰는 관행을 지칭하는 말이었지만, 요즘은 인도 사회의 모든 면을 사프란 색채로 물들이려는 민족주의적인 시도를 가리키는 말로 좀 더 넓게 사용한다. 사프란은 힌두교, 특히 불의 여신인 아그니에 대한 숭배와 오랫동안 관련이 깊었다. (사프란) 불로 정화하면 (사프란) 태양이 떠올라 어둠을 쫓아내고 깨달음을 가져다준다고 믿었다. 사심을 버리고 깨끗한 마음을 가지려고 애쓰는 금욕주의자들도 오래전부터 사프란으로 물들인 옷을 입었다.

하지만 요즘 상황은 다르다. 1947년, 사프란색은 인도 국기의 세 가지 색 중 하나가 되었다. 하지만 요즘 만화가들은 인도 민족주의자들이 커다란 그림붓을 들고 사프란색으로 흰색과 초록색을 지우려는 모습을 그릴 때가 많다. 그렇지만 아무도 사프란색의 재료인 사프란 크로커스, 더 시급한 문제로는 최근 붕괴하고 있는 카슈미르 크로커스 산업에 대해 논쟁하지는 않는 것 같다.

페르시아 사람들은 3세기가 되기 전 어느 때 사프란 크로커스(학명 Crocus sativus)를 카슈미르에 소개했고, 그곳 사람들은 승려들의 옷을 염색할 뿐 아니라 부처님께 공양하려고 그 꽃을 재배했다고 전해진다. 그 후 페르시아와 밀접한 관련이 있었던 무굴제국 황제들은 사프란을 비랴니와 다른 음식에 넣는 향신료로 보급했다. 무엇보다 카슈미르 사프란은 중요한 수출 농산물이 되었다. 팜포레(사프란 도시) 근처 밭에서 일하던 일꾼들은 크로커스의 아름다움을 찬미하는 노래를 부르면서 "그것을 따서 쌓아놓느라 땀에 흠뻑 젖어. 하지만 곧 순식간에 도시로 실려 갈 텐데"라고 불평했다. 하지만 오늘날에는 그 노랫소리조차도 들리지 않는다. 이 국경 지역을 둘러싼 정치적인 분쟁과 기후 변화로 카슈미르의 사프란밭은 황폐해졌다. 이제 붉은색 금(사프란)이 잿빛이 되고 있다는 심각한 한탄이 나오고 있다.

10

국화

1967년 10월 21일, 사진기자 마르크 리부는 미국의 베트남 전쟁 개입에 항의하려고 미국 국방부 건물을 향해 행진하는 시위를 취재하러 갔다. 리부는 모여드는 시위대로부터 국방부 건물을 방어하려고 나란히 대치한 방위군 병사들이 너무 젊어서 놀랐다. 그는 "미친 듯이 사진을 찍어댔죠"라고 회고했다. 디지털 사진이 나오기 전이라 결국 필름은 떨어져 가고 있었다. 그리고 흔히 있는 일이지만, "맨 마지막에 촬영한 사진이 최고였어요. 내 카메라의 파인더 안에 미국 젊음의 상징이 잡혔어요. 줄지어 있는 총검 앞에서 꽃을 들고 있는 모습이었죠"라고 리부는 말했다.

17세의 얀 로즈 카스미르는 국화를 들고 있었다. "나는 왔다 갔다

미국 국방부 앞에서 방위군과 대치 중인 얀 로즈 카스미르
(1967). 마르크 리부의 사진

하면서 시위에 합류하라고 병사들에게 손짓하고 있었어요. 그들 중
아무도 나와 눈을 맞추지 않았죠. 하지만 그들이 흔들리는 모습을
보았다고 그 사진기자는 훗날 이야기했어요. 그들은 우리에게 총을
쏘라는 명령이라도 내릴까 봐 두려워했다고 생각해요. 내 얼굴을
보면 굉장히 슬픈 표정이에요. 그 병사들이 얼마나 어린지 깨달았
을 때였거든요"라고 카스미르는 회고했다.

꽃을 들고 있는 카스미르의 몸짓이 리부의 사진으로 영원히 남
으면서 1960년대 꽃의 힘을 보여주는 상징적인 이미지가 되었다.
하지만 총에 꽃으로 맞선다는 개념은 이때 시작된 게 아니었다. 대

부분은 시인이자 사회운동가였던 앨런 긴즈버그의 1965년 에세이 「거리행진을 멋지게 하는 방법」에서 그런 전략의 기원을 찾을 수 있다고 생각한다. 전쟁에 찬성하는 오토바이 폭주 조직 '지옥의 천사들'의 폭력 위협을 분산시키는 게 긴즈버그의 당면 과제였다. 버클리에서 "재미있고, 명랑하고, 행복하고, 안전한" 평화 시위를 벌이기 위해 긴즈버그는 시위에 참여한 사람들이 오토바이족, 경찰, 정치인과 기자들에게 장난감, 풍선, 사탕과 함께 꽃을 나눠 주자고 제안했다. "자신의 꽃을 가져와야 하는 사람이 많을 수도 있다. 앞줄은 줄을 잘 세우고 미리 꽃을 주어야 한다"라고 그는 충고했다. 시위는 평화롭게 진행되었고, 이후 평화 시위의 선례가 되었다.

미국 국방부 앞 시위가 벌어지기 5개월 전인 1967년 5월, 청년국제당Youth International Party 창당을 주도했던 애비 호프먼은 국군의 날에 맨해튼 거리행진에서 이른바 반전 운동가들의 꽃 부대를 이끌었다. 텔레비전 방송은 시위하는 사람들을 때리고, 발로 차고, 침을 뱉고, 화를 내면서 그들의 꽃과 사랑을 상징하는 분홍색 깃발을 짓밟는 장면을 보여주었다. 끔찍한 경험이었지만, 실상을 널리 알리는 효과는 있었다. 호프먼은 곧바로 "꽃 부대는 첫 번째 전투에서 졌다. 하지만 미국을 보라. 우리는 시내 꽃집에서 꽃을 많이 확보할 수 없었다. 벌써 직접 꽃을 기르자는 이야기가 나오고 있다. 나는 동쪽 강에 수선화를 심으려고 계획하고 있다. 모병센터 주위는 민들레들이 둘러싸고 있다. 거리에 구멍을 파서 꽃씨를 떨어뜨린 후 흙으로 덮고 있다. '꽃의 힘'을 외치는 메아리가 이 땅을 뒤덮고 있다"라고 썼다.

호프먼이 "사랑과 용기를 결합했다"라고 정의한 '꽃의 힘'이라는 이름으로 1년 내내 여러 행사가 열렸고, 상업적인 관심도 순식간에 꽃에 집중되었다. 존 필립스는 몬터레이 팝 페스티벌을 홍보하는 노래 가사를 쓰면서 샌프란시스코를 찾는 사람은 "반드시 머리에 꽃을 좀 꽂으라" 하며 강력히 권했고, 사랑의 계절인 여름이 오자 화환과 꽃무늬가 인기를 끌었다. 하지만 아무도 장미와 백합, 데이지와 수선화를 구분하는 것 같지 않았다. 그런 분위기였기 때문에 1967년 10월 21일에 시위대가 국방부 건물을 지키는 병사들에게 꽃을 한 아름씩 건네는 게 어색하지 않았다. 카스미르는 가을 국화를 들고 있었지만, 그날의 다른 상징적인 사진에서는 1년 내내 꽃을 피우는 카네이션이 중요한 역할을 했다. 버니 보스턴의 사진에서는 18세 소년이 방위군 병사 소총의 총구에 카네이션을 끼워 넣고 있다(사진 속 소년인 조지 해리스는 뉴욕에서 샌프란시스코로 가는 중이었고, 샌프란시스코에서 이름을 히비스커스Hibiscus로 바꾼 후 컬리플라워Kaliflower라는 이름의 공동체에 들어갔다).

한편 중산층의 중도주의 단체인 〈평화를 위한 또 하나의 엄마Another Mother for Peace〉는 해바라기를 선택했다. 이 단체는 어머니날을 전후해 많은 활동을 집중적으로 벌였지만(전통적으로 반전 운동에 초점을 맞췄다), 어머니날을 상징하는 흰 카네이션에는 전혀 관심이 없었다. 20세기 초에 캠페인을 벌였던 여성들은 (카네이션이 상징하는) 순수하고 영원한 어머니의 사랑에 초점을 맞췄지만, 1960년대 말에는 청소년의 권리와 영원한 천진난만함을 강조했다. 그런 생각은 "전쟁은 아이들과 다른 모든 생명에 좋지 않다"라는 로레인 슈나이더의 포스터에 등장한, 아이가 그린 것 같은 해바라기에 잘 압축되어 있었다. 커가는 군수산업에 맞서 평화, 사랑, 어린 시절과 꽃이라는 개념이 동맹을 맺었다.

菊

다른 동맹도 가능했다. 카스미르가 들고 있던 국화는 19세기에 일본에서 들여온 국화의 자손이었다. 일본인들은 오래전부터 국화를 좋아했지만, 그 의미는 완전히 달랐다. 간단히 말해 평화, 사랑과 이해보다는 강화된 제국의 힘을 상징했다.

하지만 먼저 일본 국화 대부분의 원산지이자 국화에 대한 관념이 처음 생겨난 중국부터 찾아야 한다. 중국인은 수천 년 전부터 의료, 요리, 장식이나 의식에 사용하려고 국화를 기르기 시작했다. 도연명의 20수 연작시 〈음주飮酒〉 중 다섯 번째 시가 국화를 노래한 최초의 시이자 가장 유명한 시이다. 언뜻 보면 이 시에서는 국화가 그리 중요하지 않게 보인다. 도연명은 그의 집 동쪽 울타리 아래에서 국화를 따고, 멀리 남쪽 산(장시성 루산)을 본다. 이곳과 저곳, 크고 넓고 영원한 세계(신성한 산)와 덧없는 일상(꽃, 하루, 계절, 인간의 삶)이 밀접하게 연결되어 있다는 사실을 암시하는 그 시의 의미는 철학적이다. 이후 중국 문화에서 국화에 관한 의미는 많은 부분 이 간단한 구절에서 생겨났다. 특히 행운의 숫자 9가 겹치는 9월 9일을 오래전부터 기념해왔던 중양절重陽節과 깊은 관련이 있다. 여기에 건강 신화가 덧붙어 국화꽃과 잎에 맺히는 가을 이슬은 젊음을 계속 유지

중양절 축제를 홍보하는 포스터(2018). 왼쪽 상단을 보면 음력으로 2018년 9월 9월이 양력으로 10월 17일이라는 사실을 알 수 있다.

하거나 최소한 노년에도 활력을 잃지 않게 하는 묘약으로 여겼다
(국화 이슬 찾기에 관한 수많은 이야기, 시, 연극, 회화가 있다). 중국에서는 요즘
도 중양절을 기념한다. 가족끼리 언덕에 오르고, 산수유 잎과 열매
를 가지고 다니고(액운 물리치기), 국화 이슬 대신 국화주나 국화차를
마신다. 요즘에는 주로 젊은 사람이 나이 든 친척에게 존경을 표현
하는 날이 되었다.

중국의 승려들이 10세기까지 국화 그리고 국화와 관련된 풍습을

일본에 전했다. 인류학자 에미코 오누키 티어니는 장수를 기원하는 의식을 표현한 중양절을 일본 황실을 포함한 귀족들이 열렬하게 받아들인 이유를 설명한다. 국화를 감상하는 천황의 몸을 이슬이 맺힌 국화로 닦는 풍습은 일본이 막번 체제를 버리고 천황을 내세우면서 근대국가로 변신한 1870년대와 1880년대의 메이지유신 동안에 되살아났다. 1889년, 16장의 꽃잎이 그려진 국화 문양이 황실의 문장紋章이자 공식 인장印章이 되었다. 황실의 국화 문양은 여전히 일본을 상징하는 문양으로 군대 휘장이나 무기에 두드러지게 새겨져 있다. 2차 세계대전 말의 일본 소총을 수집하는 사람들은 개머리판에 새겨진 황실 문양이 긁히거나 지워진 경우가 많다는 사실을 발견했다. 1945년에 점령군을 지휘했던 맥아더 장군의 명령으로 이렇게 했다는 사람들도 있지만, 일본 병사들이 (모든 병사와 총의 주인이었던) 천황의 명예를 지키기 위해 자국을 냈다고 믿는 사람들도 있다. 후자가 사실이라면 군사적으로 많이 활용했던 또 다른 전통적인 꽃인 벚꽃을 살펴보자.

근대 일본은 스스로 벚꽃의 땅이라고 규정했기에 오래전부터 덧없는 인생을 상징한다고 여겼던 떨어지는 벚꽃 잎을 나라를 위해 목숨을 바치는 일과 연관 지었다. 오카쿠라 카쿠조는 서양 독자들을 위해 1906년에 영어로 쓴 『차의 책The Book of Tea』에서 '꽃의 희생'이 가진 의미를 용기와 영광이라는 측면에서 설명했다. 그는 "벚꽃은 인간처럼 겁쟁이가 아니어서 바람에 자유롭게 몸을 맡긴다. 그다음 웃음의 바다를 항해하면서 '잘 있어, 봄! 우리는 영원한 세상을 알아'라고 인사하는 것 같다"라고 말했다. 히라이즈미 기요시는

1930년대에 '일본 정신'에 관해 강의하면서 "비상사태 때는 천황을 위해 벚꽃처럼 떨어져야 한다"라고 더 노골적으로 이야기했다. 2차 세계대전 말 미국 항공모함을 향해 떨어졌던 가미카제 특공대는 이 말을 그대로 실천했다. 각 비행기 동체에는 분홍색 벚꽃 한 송이가 그려졌고, 조종사들이 목숨을 바치려고 떠날 때 10대 소녀들이 벚꽃 가지를 흔들었다.

이렇게 복잡한 일본의 상징과 관련해서 볼 때 1967년 미국 국방부 앞에서 카스미르가 한 행동에 조금 더 깊이 공감할 수 있다. 전쟁에서는 언제나 젊은이들이 위태롭다. 그들은 하늘에서 벚꽃처럼 떨어지고, 그들이 피를 흘린 땅에서 양귀비가 핀다. 일본 천황이 그들에게 나라를 위해 죽으라고 명령할 수 있었다면, 소녀와 소녀의 '엄마'들은 전쟁을 막을 수도 있을 것이다.

❀

일본 국화가 항상 그렇게 관심의 초점이 되었던 것은 아니다. 일본이 2세기 동안의 고립 후 1850년대에 개항하면서 세계에 문을 열자 서양의 많은 사람은 일본의 도자기, 기모노, 병풍, 판화와 게이샤 이야기에 열광했다. 일본풍이 유행하면서 모란, 벚꽃, 단풍나무도 인기를 끌었다. 물론 국화도 인기였고, 피에르 로티의 베스트셀러 소설 『국화 부인*Madame Chrysanthème*』 때문에 국화 이미지는 더 부각되었다. 키쿠(국화)라는 여성과의 사랑을 그린 이 소설은 푸치니의 오페라 〈나비 부인〉의 원작이다. 구스타브 카유보트와 클로드 모네는 화가

이자 정원 디자이너로서 실제로 국화에 매료되었다.

중국 국화는 일본 품종이 들어오기 전 두 차례에 걸쳐 유럽에 들어왔다. 17세기 말에는 런던의 첼시 약초원뿐 아니라 네덜란드 정원에서도 몇몇 잡종 국화를 재배했지만, 아마도 화란 국화 같은 토종 식물들과 닮았기 때문인지 특별한 가치를 인정받지 못하고 곧 사라졌다. 그리고 광둥과 마카오에서 무역하던 상인이 1789년에 조금 더 매력적인 세 가지 품종을 다시 프랑스로 가지고 왔다. 그중 보라색 국화 한 가지만 살아남아 18세기 말에는 유럽의 취향을 자극하는 귀한 볼거리가 되었다. 1843년, 영국과 중국이 아편전쟁을 벌인 후 난징조약을 체결했을 때(양귀비 부분 참조) 영국 왕립원예학회는 식물 수집가 로버트 포춘을 파견해 온대 지역에서 자라는 식물(되도록 내한성 식물)을 더 찾아보게 했다. 그는 꽃이 많이 피는 저우산周山 군도에서 수백 가지 품종을 가지고 왔고, 그중에는 폼폼 국화 몇 종류도 있었다. 이 국화들은 플로리스트들에게 엄청난 인기를 끌었고, 일찍 꽃을 피워서 북유럽 야외에서도 키울 수 있는 국화는 한동안 이 종류밖에 없었다.

하지만 포춘이 1860년대에 일본에서 형형색색의 풍성한 국화 품종들을 발견한 후 그 국화들은 금방 꽃시장과 온실에서 주인공이 되었다. 데니스 밀러 벙커는 이사벨라 스튜어트 가드너의 온실에서 자라는 국화를 1888년에 그림으로 남겼고, 그보다 몇 년 전에는 제임스 티소가 그의 런던 온실에서 수많은 국화에 둘러싸여 있는 젊은 여성을 그렸다. 티소의 그림에서 여성을 둘러싸고 있는 흰색과 노란색의 풍성한 꽃들은 그 여성처럼 사랑스럽고 우아하면서도 관

〈국화〉(1874-76). 제임스 티소 作

능적이다. 비슷한 방식으로 마르셀 프루스트의 소실 『꽃핀 소녀들의 그늘에서*À l'ombre des jeunes filles en fleur*』에 등장하는 오데트와 그의 살롱의 '비밀스럽고 독특하고 화려한 분위기'는 붉은색과 분홍색, 흰색 국화들로 더욱 돋보인다.

가장 많이 재배하는 꽃으로 점점 명성이 높아지던 일본 국화를 다른 어떤 꽃보다 좋아하는 사람들도 있었다. 하지만 소설가 라이더 해거드는 열광하지 않았다. 유명한 노리치 국화 전시회에서 2등을 한 이웃의 크고 멋진 국화를 보고 감탄하면서도 자신의 정원사가 그런 품종의 꽃을 경쟁하듯 기르지는 못하게 했다. 정원 작가 마저리의 남편 월터 피쉬는 더했다. 정원사가 국화만 너무 만지고 다듬느라 다른 식물을 소홀히 한다고 엄청나게 화를 냈다. 월터는 어느 날 칼을 들고 온실로 가서 정원사가 애지중지하던 국화들을 모두 잘라냈다.

카유보트와 모네는 조금 더 수용적이었다. 온실에서 기르는 꽃송이가 큰 국화 그리고 원예가 샤를 발테가 '하바나 시가, 캐럽, 수달피, 구리 가마솥'이라고 불렀던 품종을 포함해 새로 등장하기 시작한 세련되고 현대적인 색감의 내한성 국화를 모두 기르기도 하고, 그리기도 했다. 그들은 최근에 등장한 품종을 찾아내 기르면서 뭐가 제일 좋고, 어디에서 찾아냈는지 서로 편지를 주고받았다. 카유보트는 1891년 파리 원예전시회에서 선보였던 특별하고 새 품종 몇 가지를 어렵게 구해 모네에게 주었다. 모네와 카유보트 모두의 친구이자 국화 애호가였던 옥타브 미르보는 자신이 모은 수많은 품종에서 "모양이 독특하고 색깔이 예쁜" 국화를 꺾꽂이해서 보내

〈국화와 등에〉(1833~34년경). 모네가 소유했던 이 목판화의 복제본은 현재 지베르니 모네의 집에 전시되고 있다. 가츠시카 호쿠사이 作

주겠다고 했다(모네가 식물을 얼마나 헌신적으로 길렀는지는 남쪽으로 스케치 여행을 떠났을 때마다 초조해하면서 집에 보낸 편지를 보면 알 수 있다. 예를 들어, 1888년 4월, 앙티브에서 집으로 편지를 보내 같이 살던 알리스 오슈데에게 새 국화들을 곧장 채소밭으로 옮겨야 한다고 당부하면서 "국화가 잘 자랄 수 있도록 충분히 간격을 두고 싶어요. 내가 돌아가면 더 넓은 곳으로 옮겨 심을 거예요."라고 했다).

모네와 카유보트는 일본 품종의 국화를 돌보면서 일본 꽃 그림도 열심히 연구했다. 특히 호쿠사이가 커다란 꽃송이를 목판화에 묘사했는데, 이때의 평면적이고 장식적인 효과는 장르화, 정물화, 원근

〈국화 덤불〉(1897). 클로드 모네 作

법 등 유럽 미술의 일반적인 관례에 흥미진진한 대안을 제시했다. 카유보트가 프랑스 부르주아 환경에 맞춰 호쿠사이 목판화 양식을 응용해서 그린 작품 〈프티 젠느빌리에 정원의 국화〉(1893)는 화면 전체를 국화꽃과 잎이 꽉 채우고 있다. 그는 장면 자체보다 세부 묘사에 집중했다. 한편 모네는 카유보트가 사망한 후 1897년 국화 시리즈를 그리면서 친구의 작품을 떠올리며 정원이나 온실 같은 배경을 완전히 없앴다. 그러자 색과 질감이라는 순수 회화 효과로 가득한 화면만 남았다. 일찍이 한 비평가는 이 작품이 태피스트리처럼 보인다고 했다. 국화 시리즈는 거의 추상에 가까운 모네의 후기 작품인 수련 연작으로 나아가는 중요한 발걸음을 보여준다.

❀

"작고, 절뚝거리고, 잘 웃는" 딘 오배니언은 그림 붓보다는 기관단총을 좋아하는 갱단 두목이었지만, 그의 전기를 쓴 작가들이 모두 지적하듯 국화 아티스트이기도 했다. 주류 밀매업자로 활동하던 1920년대 초, 그는 타고난 디자인과 색 감각으로 장례식 꽃장식을 세련되게 해내 명성을 얻었다. 오배니언의 본업은 시카고 노스사이드 갱의 두목이었다. 하지만 그는 1921년, 홀리 네임 대성당 맞은편에 자리 잡은 윌리엄 F. 스코필드 꽃가게의 지분을 샀다. 그 꽃가게의 일부 장소에는 갱단이 모였지만(스코필드가 그날그날 꽃가게 일의 대부분을 처리했고, 갱단은 위층에서 만나 술과 피로 얼룩진 백만 달러짜리 사업을 의논했다), 오배니언은 폭력배의 장례식에 필요한 화려한 꽃장식을 해주면서 진정한 자부심을 느꼈다. 돈도 꽤 많이 받았다.

노스사이드 갱단은 몇 년 동안 조니 토리오, 알 카포네가 이끄는 사우스사이드 갱단 그리고 리틀 이탈리아의 '끔찍한 제나 가족'과 업무 협약을 맺었다. 하지만 1924년 11월, 오배니언이 안젤로 제나의 도박 빚을 탕감해주지 않겠다고 하면서 상황이 바뀌었다. 오배니언은 바보 같고 경솔하게도 "시칠리아 사람들은 지옥에나 가든지"라는 태도를 보였고, 그런 오배니언을 지옥에 보내겠다는 게 시칠리아 사람들의 응답이었다.

제나는 토리오와 카포네를 설득해 부하들을 스코필드의 꽃가게로 보내도록 했다. 겉으로는 마이크 멀로의 장례식에 쓸 꽃을 가져간다는 이유였다. 영향력 있는 시칠리아 출신 미국인 조직의 대표였던 멀로는 많은 존경을 받았고, 사람들은 그에게 10만 달러어치의 꽃을 바쳤다. 스코필드와 오배니언은 편자, 피라미드, 기둥, 퀼트 모양의 꽃장식을 만들었고, 알 카포네 혼자 8천 달러어치의 장미 장식을 주문했다. 멀로의 죽음은 다른 이유로도 중요했다. 멀로는 평화를 유지하려고 애썼고, 오배니언에게 보복하려는 카포네와 제나를 말렸다. 하지만 멀로는 이제 죽었고, 곧이어 오배니언도 죽었다.

꽃가게에 도착한 경찰은 총알을 맞아 온몸이 벌집처럼 된 채 바닥에 누워 있는 오배니언의 시신을 발견했다(총알 한 발은 유리 장식장을 부수고 들어가 전시되어 있던 아메리칸 뷰티 장미에 박혔다). 오배니언의 왼손 근처에는 꽃가게에서 쓰는 가위와 피범벅이 된 국화가 놓여 있었다. 시신 옆에 장수를 약속하는 꽃인 국화라니, 참 아이러니하다. 오배니언은 당시 32세밖에 되지 않았다. 오배니언에게는 불운이었지만(그리고 다른 많은 주류밀매업자도), 꽃가게에는 행운이었다. 이후 6년 동안 갱단끼리 전면전이 이어지면서 사망자가 속출했고, 스코필드의 사업은 계속 꽃피웠다.

총과 꽃이 충돌했다가 하나가 될 때 늘 그렇듯 갱단의 폭력과 꽃가게의 부조화는 그 이야기를 거의 전설적인 수준으로 호소력 있게 만들었다. 최근에는 미국에서 금주법이 시행되던 시대를 다룬 HBO의 드라마 〈보드워크 엠파이어〉에서 스코필드가 등장했고, 2018년에는 글래스고의 한 플로리스트가 자신을 오배니언이라고

칭하고 일을 시작하면서 글래스고를 꽃으로 멋지게 폭격해서 "스
코틀랜드에서 가장 공격적인 플로리스트가 되겠다"는 결심을 밝히
기도 했다.

11

메리골드

메리골드의 계절은 언제일까? 누가, 어떤 메리골드를 이야기하느냐에 따라 다르다.

고대 로마에서 메리골드는 칼렌둘라 오피시알리스^{Calendula officina-lis}였고, 그 꽃은 1년 내내 피었다. 라틴어 칼렌드스^{calends}는 고대 로마 달력에서 초하루를 뜻했는데, 칼렌둘라 오피시알리스는 초하루마다 모습을 드러내는 것 같았다. 현대 인도에서 피는 메리골드는 타게테스 에렉타^{Tagetes erecta}(이른바 아프리카 메리골드. 사실은 중앙아메리카가 원산지)이다. 이 메리골드 역시 1년 내내 꽃을 많이 피워 봄과 가을 축제에 모두 이용한다. 그 품종의 원산지인 멕시코와 과테말라에서는 '죽은 자의 날' 축제를 앞둔 10월 말에 가장 많은 꽃이 피도록 시기를 조정해 씨앗을 심는다. 최소한 그곳에서는 메리골드가 확실히 가을꽃이다.

❧

1522년에 아즈텍의 수도인 테노치티틀란(지금의 멕시코시티)을 정복한 스페인 사람들은 크고 무성한 정원들에 깊은 인상을 받았다. 장식적인 왕실 정원도 있었지만, 호수에 떠 있는 섬으로 보이는 경작지 치남파도 있었다. 그곳에서 재배하는 수많은 식물 중 그들이 한번도 보지 못한 품종의 꽃도 있었다. 타게테스였다. 그들은 이 꽃이 아름다울 뿐만 아니라 아스텍의 의료나 종교에서 굉장히 중요한 역할을 한다는 사실을 알게 되었다. 아즈텍 문명에서 의료와 종교라는 두 기능은 긴밀하게 연결되어 있었고, 그곳 사람들은 식물이 인간과 신의 중재자로서 둘의 관계를 다시 조화롭게 만들어준다고 생각했다. 타게테스는 아마도 강력한 사향 냄새를 풍겨 이런 대단한 명성을 얻었던 것 같다. 그곳 사람들은 향이 강한 식물을 이용하면 신에게 기도와 메시지를 더 효과적으로 전달할 수 있다고 믿었다. 물론 그들만의 생각은 아니었다. 덥고 건조한 나라의 토종 식물은 시원하고 습기 많은 북쪽 식물보다 향이 더 강하다. 그러니 이런 곳에서 처음으로 향로와 향을 종교적인 목적으로 사용했다는 사실은 놀라운 일은 아니다.

타게테스 속屬에서 가장 유명한 종種은 루시다lucida이다. 아즈텍 언어인 나와틀어로는 유아틸yuahtil이라고 불렀다. 타게테스 루시다는 진드기를 없애고, 딸꾹질을 멈추게 하고, 혈변을 완화하는 등 일상적으로도 쓰였지만, (다른 다섯 가지 약초를 섞어) 벼락 맞은 사람을 위한 치료약이나 강을 건널 때 위험을 막아주는 마력을 지닌 부적으로도 쓰였다. 가장 중요하게는 타게테스 루시다 단독으로든 아니면 피의 제물과 함께든 신께 바치는 의례용 제물로 쓰였다는 점이다. 고통을 덜어주고자 루시다의 꽃잎을 인간 제물의 얼굴에 뿌렸다. 그들은 무아지경 상태에서 초자연적인 존재와 접촉했고, 루시다는 그 자체로는 효과가 없었지만, 다른 식물의 환각 효과를 강화하는 역할을 했다. 일종의 담배인 마파초(학명 Nicotiana rustica)와 함께 피우거나 옥수수 맥주와 선인장즙에 섞어 마시기도 했다.

아즈텍에서는 타게테스 에렉타를 셈포알소치틀Cempoalxochitl(스무송이 꽃)이라고 불렀다. 타게테스 에렉타 역시 의료용으로도 사용했지만, 주로 물, 초목, 불, 태양, 통치자와 관련 있는 의례 그리고 태양, 전쟁과 희생의 신 우이칠로포츠틀리Huitzilopochtli나 죽은 자를 기리는 의례를 위한 꽃장식에 넣었다. 우이칠로포츠틀리는 14세기에 멕시카족을 그들의 신화적 고향인 아즈틀란에서 데리고 나와 테노치티틀란으로 이끌었다고 한다. 테노치티틀란 중앙의 거대한 신전인 템플로 마요르에 있는 돌 부조에 새겨진 우이칠로포츠틀리의 누나 코욜사우키Coyolxauhqui는 타게테스 에렉타가 들어간 왕관을 쓰고 있다. 우이칠로포츠틀리가 코욜사우키를 죽인 신화를 보여주는 것 같다.

타게테스 에렉타는 오늘날에도 굉장히 많이 재배한다. 이 종류의 메리골드는 죽은 자를 위한 꽃으로, 기독교 축제와 아즈텍 의식을

메리골드

혼합해 모든 영혼을 위로하는 날인 11월 2일 위령의 날(모든 성인을 기리는 만성절 다음날)에 사용한다. 무덤과 집 제단에 모두 메리골드를 바치고, 노란색 꽃잎의 자취가 둘 사이를 잇는다. 꽃 색깔이 중요하지만, 제사 음식으로 올려놓은 '죽은 자를 위한 빵' 등의 여러 음식 냄새와 뒤섞인 메리골드의 자극적인 향기가 죽은 자의 영혼을 불러온다고 생각한다.

새롭게 독립한 멕시코가 근대국가로 자리매김하려고 노력하던 19세기에는 이런 토착 전통이나 그 전통과 관련된 꽃들을 잊어버릴 때가 많았다. 넓은 정원이나 공원에서 메리골드, 백일홍과 달리아 같은 토종 꽃들이 사라지고, 유칼립투스, 국화와 제비꽃 같은 외래 식물이 들어왔다. 조용하고 과묵한 모습의 멕시코 작가 호세 토마스 드 쿠엘라가 수북하게 쌓인 메리골드(타게테스 에렉타)와 달콤한 빵 앞에 서 있었다. 두 개의 양초가 불을 밝히고, 향에서 피어오른 연기가 양초를 감싸는 장면은 진보에 이르는 길이 얼마나 먼지를 보여주는 것 같았다. 쿠엘라는 '무지한 메스티조Mestizo'가 "그 나라에서 가장 못생기고 악취가 심한 꽃"에 열광하는 이유에는 크게 상관하지 않았다. 가장 세련된 엘리트들조차 이런 의식을 포기하지 않는다는 사실을 걱정했다.

1910~1920년까지의 혁명 기간과 그 이후에는 히스패닉 이전 전통에 관한 관심이 커졌고, 토착 정서는 독특한 민족문화의 기반으로 부각되었다. 바닥이 평평한 작은 배를 탄 원주민 가족을 묘사한 사투르니노 에란의 작품 〈제물〉(1913)이 이런 사례다. 그 배에는 '죽은 자의 날' 축제 때 제물로 팔려고 떠 있는 섬에서 가져온 메리골드

〈제물〉(1913). 사투르니노 에란 作

가 잔뜩 실려 있다. 유럽 양식으로 그리기는 했지만, 멕시코 문화를 주제로 삼은 이 그림은 열심히 일하는 꽃장수를 그린 디에고 리베라의 작품(백합 부분 참조) 그리고 꽃으로 가득한 프리다 칼로의 자화상과 정물화 모두에 영향을 끼쳤다. 칼로는 멕시코시티 근교 자신의 정원에 토종 식물들을 정성스럽게 심었고, 옷과 머리, 그림에 그것을 아낌없이 활용했다. 주황색 메리골드는 원색적이고 장식적이지만, 칼로는 그 꽃을 보고 죽음을 떠올리기도 했다. 칼로의 작품은

메리골드

늘 죽음에 관한 생각을 담고 있다.

❀

오늘날 우리에게 가장 잘 알려진 메리골드 두 종류의 원산지가 멕시코인데도 아프리칸 메리골드, 프렌치 메리골드로 부른다는 게 이상하게 느껴질 수도 있다. 이것은 그 꽃들이 복잡한 경로로 유럽에 들어왔고, 유럽인은 원산지를 알 수 없었기 때문이었다. 아프리칸 메리골드(학명 Tagetes erecta)는 카를 5세가 오스만제국이 통치하던 도시 튀니스를 점령했던 1535년, 제국주의 정복의 또 다른 부산물이었다. 병사들이 그곳의 토종 식물인 줄 알고 수집했지만, 사실은 몇 년 전 스페인 수도사들이 가지고 와서 수도원에서 기르는 과정에서 귀화한 식물이었다. 멕시코 정복자들이 그 메리골드를 스페인에 가져갔고, 스페인 수도사는 다시 북아프리카로 가져갔다.

그런데 이런 중간 단계는 곧 잊혔다. 굉장히 매력적인 '아프리칸 메리골드'는 역시 원산지가 잘못 알려진 빨간색과 황금색 '프렌치 메리골드'(학명 Tagetes patula)와 함께 자랑스럽게 유럽으로 되돌아갔고, 모든 주요 정원과 식물 교과서에 자리 잡았다. 프렌치 메리골드는 이후 1570년대에 프랑스의 개신교 신자들인 위그노가 종교 박해를 피해 영국으로 건너오면서 가져왔기 때문에 원산지가 프랑스로 잘못 알려졌다(하지만 대부분 식물학자는 이전에 로마에서 들여왔던 메리골드[학명 Calendula officinalis]에 집착했기 때문에 아프리칸 메리골드나 프렌치 메리골드의 향은 이상하다고 여겼다).

그리고 포르투갈 정복자들은 인도 서부에 아프리칸 메리골드와 프렌치 메리골드 두 가지를 모두 정착시켰다. 오늘날에는 아프리칸 메리골드를 특별히 개량한 품종이 인도에서 주로 재배하는 꽃이 되었다. 메리골드 화환의 수요가 많았기 때문이다. 망고 잎, 재스민이나 붉은색 히비스커스꽃을 같이 엮은 메리골드 화환은 손님 환영부터 결혼식이나 종교 축제까지 공식, 비공식 의식에서 핵심 역할을 담당했다. 그리고 역시 원산지는 아메리카이지만 인도에서 널리 사용하던 고추와 함께 메리골드를 그 지역 식물로 생각하는 사람이 많았다. 인도 서부 구자라트주를 상징하는 꽃인 메리골드를 통해 인도를 쉽고 빠르게 이해할 수 있다. 인도와 사랑에 빠진 서양인을 보여주는 영화 《메리골드》(2007)와 《베스트 엑조틱 메리골드 호텔 The Best Exotic Marigold Hotel》(2012), 이렇게 두 편을 보더라도 그 사실이 잘 드러난다.

고국을 떠난 인도인들은 신선한 꽃을 충분히 구하기 어려운데도 행사 때마다 계속 메리골드를 준비해 기념했다. 종이나 플라스틱으로 만든 메리골드 화환을 이용할 때도 많았다. 트리니다드 섬에서는 힌두교의 봄맞이 축제이자 색채 축제인 홀리 때 여전히 '메리골드가 꽃피는 계절'을 맞이하는 노래를 부른다.

그러나 소설가 줌파 라히리에 따르면 미국 뉴잉글랜드에서는 상황이 조금 다르다. 소설 『동명이인 The Namesake』(2003)에서 라히리는 미국에서 인도 벵골 출신 부모의 아이로 태어난 십 대들이 인도의 전통적인 두르가 가을 축제에 억지로 참석했을 때 어떤 심정이었는지를 묘사한다. 그들은 마분지로 만든 두르가 여신 모형에 메리골드

꽃잎을 던지는 게 지루하다고 불평하면서 크리스마스 휴가가 시작되기만을 기다린다.

인도에서도 모두가 메리골드 화환을 좋아하는 것은 아니다. 마하트마 간디는 정치 집회에서 사용 후 버려져 썩어가는 메리골드 화환이 낭비라고 생각했고, 집에서 짠 면실로 화환을 만들라고 권장했다(목화 부분 참조). 자와할랄 네루는 무거운 화환으로 눈을 맞은 후 화환 대신 꽃 한 송이를 사용하지 않겠느냐고 제안했다. 인디라 간디는 메리골드 알레르기가 있었기 때문에 가능한 한 멀리 떨어지려고 했다. 그러나 1984년에 인디라 간디가 암살되자 그 사실은 잊히고, 총탄 자국으로 가득한 그의 시신은 메리골드로 뒤덮였다. 5년 후 인디라 간디의 아들 라지브 간디 역시 화환을 전달하려는 지지자들과 함께 다가온 테러리스트에게 암살되었다.

❀

메리골드의 색깔에는 종교적인 의미도 있지만(사프란 부분 참조), 밝고 눈부신 색 때문에 인도와 다른 여러 곳에서는 정원 식물로도 인기가 있다. 하지만 온실 재배로 화초의 대량 재배와 철도망을 통한 대량 보급이 가능해졌다는 사실을 보여주려는 19세기 영국의 화단 조성 계획에 메리골드는 포함되지 않았다. 화단 구성 시 강렬한 인상을 주려고 원색 꽃을 사용하기는 했지만(주로 붉은색 제라늄과 푸른색 로벨리아), 노란색 꽃으로는 역시 다른 나라에서 들여온 슬리퍼꽃(학명 Calceolaria rugosa)을 심었다. 채소밭으로 밀려난 타게테스는 자극적인 냄새로 토마토와 감자에 기생충이 들러붙지 않도록 막았다.

그런데 에드워드 7세 시대의 정원사였던 거트루드 지킬은 당시 종묘상에서 팔던 연노란색, 레몬색, 눈부신 주황색의 프렌치 메리골드와 아프리칸 메리골드를 모두 열렬히 칭찬했다. 화가처럼 지적인 색깔 조합을 강조한 그의 주장은 오늘날의 화초 가꾸기에도 여전히 큰 영향을 행사한다. 지킬은 멘토였던 윌리엄 로빈슨과 함께 산업화에 반대하는 미술공예운동의 정신을 정원 가꾸기에 적용했다. 지킬은 로빈슨이 펴내던 주간지 『정원*The Garden*』에 여러 차례 글을 기고했고, 로빈슨의 유명한 책 『영국 꽃 정원*The English Flower Garden*』(1883)에서는 색깔에 관한 부분을 집필하기도 했다. 지킬은 로빈슨처럼 정원 가꾸기를 '그림 그리기'로 묘사할 때가 많았지만, 로빈슨과 달리 현란하고 노골적인 색깔만 강렬한 효과를 준다고 생각하지 않았다. 지킬은 사람들이 그의 정원에 심은 화초들을 보고 깜짝 놀라면서 제대로 활용하기만 하면 어떤 식물, 어떤 화초도 제외할 필요가 없다고 여러 차례 기록했다.

지킬의 정원 디자인 중에는 색이 조금씩 바뀌면서 색의 강을 이루는 긴 화단이 가장 유명하지만, 연녹색, 레몬색, 눈부신 주황색 메리골드 같은 1년생 식물들로 화단을 만든 것도 있다. 그는 메리골드와 반내한성 국화, 금련화를 함께 심어 색깔을 제한하는 게 일부러 뚜렷하게 색상 대비를 하거나 색깔을 뒤섞는 것보다 아름답다는 사실을 보여주었다. 오늘날에는 자유분방함을 좋아하는 정원사도, 섬세함을 좋아하는 정원사도 화단에 메리골드를 즐겨 심는다. 메리골드의 모양과 색깔이 정말 다양해서 쉽게 선택할 수 있기 때문이다.

식물을 품종 개량하려면 늘 그랬듯 보통 한 품종과 다른 품종을 교배해 잡종을 만든 후 가장 유망해 보이는 것(크기, 색깔, 질병 저항성 등 목표에 따라 달라진다)을 검사하고 시험한다. 그런데 저절로 돌연변이가 나타날 때도 있고(16-17세기 정원사들은 돌연변이를 만드는 일에 열광했다), 보통은 화학물질이나 전자기파 등의 힘을 조금 빌려 돌연변이를 만든다. 20세기 초, 식물을 맞춤형으로 진화시키려는 시도를 다룬 헬렌 앤 커리의 논문에 따르면, 1920년대와 1930년대에 캘리포니아 대학 방사선연구소가 "돌연변이를 유도해 훨씬 개선된 품종을 만들어내겠다"는 목적으로 목화, 사탕수수, 옥수수, 메리골드 등 몇몇 식물의 씨앗을 확보했다.

이 목록에 메리골드가 들어간 이유는 사업 수완이 탁월했던 종묘업자 데이비드 버피 덕분이었다. 그는 전설적인 종묘업자 루서 버뱅크(버피는 그의 종자 은행을 사들였다)와 위대한 쇼맨 피니어스 테일러 바넘을 섞어놓은 게 자신이라고 했다. 버피는 1915년에 아버지 종자 회사를 물려받은 후 장식용 꽃시장이 커지고 있음을 알았고, 국화, 백일홍, 스위트피에 눈길을 돌렸다. 그러나 그는 메리골드 품종을 개량하면서 몸값을 올리는 데 탁월한 수완을 발휘한 것으로 더 유명하다(많은 메리골드가 미나리아재비, 수선화, 카네이션, 국화, 작약 등 다른 꽃을 닮도록 품종 개량되었다). 대공황 시대에도 뭔가 특이하고, 놀라운 것에는 고객들이 지갑을 연다는 사실을 버피는 알았다. 1939년에는 염색체를 두 배로 증가시키는 성분을 이용해 '자이언트 테트라 메리골드'를 만들었고, 1942년에는 '엑스레이 쌍둥이'로 유명해진 눈부신 금빛Glowing Gold과 주황색 솜털Orange Fluffy 같은 여러 메리골드 품종을 선보였다.

이때는 물론 원자력 시대 이전이었다. 1950년대와 1960년대에 메리골드 재배 농부들은 버피가 1962년에 내놓은 '달에 있는 인간 Man in the Moon'(나중에 '달 위 인간Man on the Moon'으로 다시 선보였다) 같은 새로운 품종을 계속 좋아했다. 그런데 괴수 같은 식물이 등장하는 소설 『트리피드의 날The Day of Triffids』(1951)이나 사람의 피를 빨아먹는 식물이 나오는 영화《흡혈 식물 대소동The Little Shop of Horrors》처럼 공상과학 소설이나 영화도 돌연변이 이야기에 사로잡혔다. 폴 진델이 퓰리처상을 받은 희곡 『'달에 있는 인간' 메리골드에 감마선은 어떤

1970년 브로드웨이 연극으로 제작된 《'달에 있는 인간' 메리골드에 감마선은 어떤 영향을 주었을까?》의 한 장면

영향을 주었을까?』(1964)는 방사성 동위 원소인 코발트-60에 노출되었던 씨앗에서 메리골드를 키워내라는 학교 과제를 중심으로 이야기가 전개된다. 십 대 딸은 새로운 과학의 "이상하면서도 아름다운 가능성"에 관한 열정적인 연설로 과학 박람회에서 상을 받지만, 엄마는 원자력을 사용한 꽃들 때문에 가족이 모두 불임이 될 거라는 의심을 버리지 못한다.

하지만 버피는 이런 불안을 느끼지 않았다. 그는 1959년부터 에버릿 덕슨 상원의원의 힘을 빌려 메리골드를 미국의 국화로 지정하기 위한 로비를 시작했다. 아메리카가 원산지이고, 기르기 쉽고(그래서 민주적이고), 가장 중요하게는 과학과 기술의 발전을 기반으로 풍요로운 미래를 이루려는 미국의 의지를 상징한다는 이유를 내세웠다. 현란한 연설가인 덕슨은 "수선화처럼 명랑하고, 장미처럼 화려하고, 백일홍처럼 단호하고, 카네이션처럼 섬세하고, 국화처럼 품위 있고, 피튜니아처럼 적극적이고, 제비꽃처럼 어디에나 있고, 금어초처럼 위풍당당하다"라고 더할 나위 없이 힘이 되는 연설로 메리골드를 지지했지만, 똑같이 열정적으로 층층나무꽃, 매발톱꽃, 과꽃이나 장미를 지지하는 사람들과 맞붙어야 했다. 결국, 1986년이 되어서야 장미가 미국의 국화가 되었다(불가리아, 루마니아, 슬로바키아, 룩셈부르크, 체코, 몰디브와 영국도 마찬가지였다).

하지만 버피는 의회만 겨냥한 게 아니었다. '달에 있는 인간' 메리골드만큼 크고(꽃의 지름이 최소한 6.35센티미터 이상), '눈보라' 피튜니아처럼 하얀 꽃을 피우는 씨앗을 처음으로 보내는 사람에게 1만 달러를 상으로 주겠다는 대회를 시작했다. 버피는 그 대회를 몇 년 동안

카멜 담배 광고에 등장한 데이비드 버피와 그의 메리골드

열었고, 예상대로 신문들은 그가 계속 찾고 있다고 보도해주었다(그동안 카멜 담배는 천천히 타는 담배를 팔기 위해 그의 인내심을 광고에 활용했다). 버피는 '대단한 발전'을 보여준 사람에게 때때로 100달러씩 상금을 주었고, 그 과정에서 크림색과 아이보리색 꽃의 씨앗을 어마어마하게 많이 팔았다. 드디어 1975년이 되어서야 앨리스 봉크라는 아이오와의 나이 많은 농부가 1만 달러를 상금으로 받았다. 그는 잡지 『피플』에서 "가장 큰 노란색 메리골드를 찾으려고 씨앗 목록을 뒤지곤 했어요. 그리고 가장 옅은 색 꽃의 씨앗을 받아서 모았고, 버피에게 보냈죠"라고 말했다. 식물학자들이 성공 비결을 묻자 그는 "역시 하나님 덕분이었어요"라고 확신을 가지고 이야기했다.

12

양귀비

진홍색 개양귀비(학명 Papaver rhoeas)에는 설명하기 어려운 뭔가가 있다. 그렇지 않다면 왜 그렇게 많은 작가가 비유를 동원해서 그 꽃의 색깔, 질감, 분위기를 묘사하려고 했을까? 존 러스킨은 정말 꽃다운 꽃이라고도 했지만(그게 어떤 의미에서든), 양귀비는 곧장 온갖 물건에 비유된다. 아름다운 꽃잎을 보면 진홍색 잔이 생각나고, 불타오르는 듯한 진홍색을 보면 천국의 제단에서 떨어져 빨갛게 타는(햇빛이 비칠 때 가장 밝게 빛난다) 숯과 색유리가 떠오른다. 모네 같은 인상주의 화가들도 '빛을 뿜어낸다'라고 할 정도로 밝게 빛나는 양귀비의 특성에 흠뻑 매료되었다.

러스킨은 개양귀비의 꽃잎이 피는 장면을 보면서 가슴이 뭉클했다. 수많은 주름이 잡힌 채 짓눌렸던 비단 조각이 펼쳐지는 듯했다. 그는 "고통에 시달리던 꽃부리가 햇빛을 받아 반듯하게 펴지고, 최대한 자신을 스스로 위로한다. 하지만 짓눌린 상처는 마지막 날까지 계속 남아 있다"라고 표현했다. 한때 화가의 꿈을 키웠던 제라드 맨리 홉킨스는 시에서 "기름진 비단 같은 양귀비가 반짝반짝 빛난다"라고 생생하게 묘사했지만, 곧이어 그게 단지 "칼날에 베인 상처에서 솟아나는 피"나 "멋대로 타오르는 진홍색 불꽃"은 아닌지 의문을 던진다. 피와 불꽃 이미지는 실비아 플라스의 시에서도 "작은 핏빛 치마들", "방금 피로 물든 입", "작은 지옥 같은 불꽃들" 같은 구절로 나타난다. 아나 시워드는 양귀비를 보고 "강하게 불어오는 바람에 펄럭이는 옷자락/목 주위 주름도 번갈아 펄럭이네"라고 노래한다.

영국의 방언에서는 양귀비가 펄럭이는 옷자락을 떠올리게 할 때가 많다. 예를 들어, 서머셋과 켄트에서는 붉거나 노부인이 입은 속치마를 양귀비라고 부른다. 베릭셔에서는 맨드라미, 콘월에서는 천남성을 그렇게 불렀다. 리처드 메이비는 멀리서 본 양귀비밭이 땅에 내려앉은 노을 같다고 묘사했다.

강렬한 아름다움으로 이렇게 주목받기 전까지는 개양귀비를 그저 악취 나는 잡초나 장미와 비슷한 꽃 정도로 여겼다. 조지 크랩의 시는 영국 서퍽주 올드버러 마을 그의 집 근처에서 양귀비가 말라죽은 호밀에 어떤 영향을 주는지 노래한다. 농부들은 가시투성이 엉겅퀴와 푸른 꽃이 피는 에키움 불가레를 모두 처리한 후에도 힘든 노동을 위로하듯 조용히 고개를 끄덕이는 개양귀비는 남겨 두었다. 농부의 아들로 영국 노샘프턴셔주 들판에서 일했던 시인 존 클레어는 역겨운 냄새가 나는 개양귀비(두통이라는 별명으로도 불렸다)를 농작물 씨앗을 심기 전에 처리해야 할 잡초 목록 최상단에 올려놓았다. 노샘프턴셔에서는 이전에 진홍색 개양귀비를 '교황'이라고 부르기도 했다.

개양귀비는 워낙 넓게 퍼져 있어서 어디에서 시작되었는지 정확하게 기원을 찾기 어렵다. 1만2천 년 전 정도에 시리아, 터키 남부와 이라크 북부를 가로지르는 산악 지역에서 농업이 발전하면서 기르기 시작한 것 같다. 생물학자 앤드류 랙은 "식물 중에서 그리 오래된 종류는 아니다"라고 지적한다. 개양귀비와 밀접하게 연관된 몇몇 종류가 이 지역에서 계속 자라기는 하지만, 개양귀비는 끈질긴 생명력으로 다른 환경에서도 잘 자랐다. 사람이 재배하는 잡초 대부분이 자가수정을 하지만, 개양귀비는 곤충의 힘을 빌린다. 그리고 북쪽으로 이동하면서 벌이 잘 찾아내도록 자외선을 반사하는 색소를 갖게 된다. 일단 수정이 되면 많은 양의 씨앗을 만들어 번식 가능성을 더욱 극대화한다. 꼬투리(씨앗 주머니)가 마르면 부화관 아래 작은 구멍들이 열리고 검은색 후추 같은 씨앗들이 튀어나와 2미터 거리까지 날아간다(콜레트는 개양귀비의 꼬투리 모양을 보고 감탄하면서 왜 후추통 디자인으로 활용하지 않는지 궁금해했다). 구멍 하나에 1천 개 이상의 씨앗이 들어있기 때문에 개양귀비 한 송이가 한 계절에 30만 개가 넘는 씨앗을 만들어낸다. 그래서 아무리 집요하게 제거해도 불꽃 같고, 비단 같고, 루비 같고, 불타는 장작 같고, 노을 같은 다음 세대 개양귀비가 꽃을 피운다.

게다가 많은 씨앗이 어딘가에 자리 잡고 딱 적당한 시기에 부활하려고 기다리기도 한다. 수십 년 만에 되살아나는 개양귀비도 있다. 살아남으려는 끈질긴 의지 때문에 양귀비는 전쟁 후의 삶을 나타내는 강렬한 상징이 되었다. 유럽 역사에서는 대부분 여름에 농경지에서 전투를 벌였기 때문에 피투성이 시체들과 들판에 핀 핏빛 꽃을 연결해 생각하기가 무척 쉬웠다. 최소한 영국에서는 1차 세계대전과 관련해 이런 생각을 많이 했기 때문에 이게 얼마나 오래전부터 끈질기게 내려온 생각인지 잊기 쉽다.

1100년 정도에 나온 프랑스 서사시 〈롤랑의 노래〉에서 샤를마뉴 대제는 사랑하는 조카 롤랑이 이교도들과 싸우다가 사망한 피레네 산맥의 초원에 들어선 후 수많은 꽃이 진홍색 핏자국으로 얼룩진 것을 보고 놀란다. 트로이 전쟁 때로 더 거슬러 올라가면 호메로스가 『일리아스』에서 트로이의 왕 프리아모스의 아들 고르기티온이 헥토르를 겨냥한 활에 맞아 양귀비처럼 붉은 꽃망울을 터뜨리고, 고개를 숙이면서 죽어가는 모습을 미국 영화감독 샘 페킨파처럼 멋지게 묘사한다.

> 양귀비가 잔뜩 맺힌 씨앗과 갑자기 내리는 봄비의
> 무게를 못 이겨 한쪽으로 고개를 숙이듯
> 고르기티온도 투구의 무게를 못 이겨
> 한쪽 어깨로 고개를 떨궜다.

물론 전사戰死를 다른 꽃들과 연관시키는 지역도 많다. 아즈텍에서는 전사戰士를 '춤추는 꽃'으로, 그들의 피를 '꽃물'로 생각했다. 꽃물(피)을 흘리면 나비나 벌새로 다시 태어나 가장 아름다운 꽃들을 먹으면서 산다고 믿었다. 한편 젊은 조종사들이 벚꽃처럼 떨어진 20세기 일본의 '꽃의 희생' 관념에서는 땅보다 하늘이 떠오른다. 전쟁은 뭔가 자연스러운 일이고, 병사의 짧은 삶은 꽃의 그것과 같으며, 병사도 꽃처럼 죽으면서 새로운 생명을 만들어낸다고 믿으면 위안이 되기에 이런 비유는 끈질기게 이어져 내려왔다. 미국 포크송 가수 피트 시거는 "그 모든 꽃은 어디로 갔는가?"라고 질문한 후 쓸쓸하게 "언제 그들이 알게 될까?"라고 다시 묻는다.

1차 세계대전에 접어들면서 양귀비에 이런 연관성뿐 아니라 다른 연관성도 달라 붙는다. 첫 번째로 "함부로 이름을 말할 수 없는" 사랑(동성애)과 관련이 된다. 알프레드 더글러스 경은 시에서 하얀 백합처럼 창백한 뺨, 양귀비처럼 빨간 입술을 지닌 아름다운 청년의 모습으로 사랑을 의인화한다. 두 번째로 D. H. 로렌스는 인간과 자연이 활력을 회복하려면 죽을 것 같을 때가 많은 극단적인 경험, 일종의 '존재의 극한'을 경험해야 한다는 생기론자生氣論子의 믿음을 짧고 강렬한 삶을 사는 양귀비와 연관시켰다. 로렌스가 보기에 "무모하고, 부끄러움을 모르고, 음란한" 양귀비의 삶은 용감하고 씩씩했다. 그는 조심스럽게 알뿌리를 숨기는 주부 같은 백합이나 잎으로 가슴을 가리며 자신을 보호하는 양배추가 되느니 차라리 잡초가 되는 게 낫겠다고 생각했다. 로렌스는 "양귀비의 빨간색 때문에 세상이 세상답다. 그렇지 않다면 세상은 진흙 덩어리가 될 것이다"라고 주장했다.

지금은 거의 잊혔지만, 양귀비에 담긴 생기론적인 의미와 동성애적인 의미는 양귀비가 영국의 전쟁 기념에서 중요한 상징이 되도록 만든 시를 포함해 1차 세계대전의 상징이 될 때 많이 반영되었다. 그 이야기는 1915년 5월, 2차 이프레 전투에 참여했던 캐나다 병사 알렉시스 헬머의 죽음으로 시작된다. 아니면 단짝이었던 존 맥크래가 친구의 장례식이 끝나자마자 쓴 시에서 비롯되었다고 할 수도 있다. 맥크래는 사랑, 명예, 추모에 관해 썼지만, 그의 시는 미국이 전쟁에 참여하도록 설득하겠다는 특별한 목적을 지닌 명백한 선전물이기도 했다. 그 시는 "플랑드르 벌판에서 양귀비들이 바람에 흔들리네/ 십자가들 사이에서 줄줄이"라는 유명한 목가적인 구절로 시작하지만, 뒤이어 "계속해서 적과 싸우라"고 준엄하게 명령한다. 남은 사람이 전쟁의 목적을 이루겠다는 약속을 지킬 때라야 죽은 자가 잠들 수 있다고 시는 말한다.

　1918년 11월, 1차 세계대전이 끝나기 단 이틀 전에 모이나 마이클이라는 미국 대학교수는 잡지 『레이디스 홈 저널』 의료용품 광고에서 우연히 맥크래의 시를 발견했다. 1914년에 프랑스를 방문한 적이 있던 마이클은 당시 뉴욕에서 해외로 나갈 YWCA 자원봉사자들을 훈련하고 있었다. 그는 이전부터 그 시를 잘 알고 있었지만, 함께 실린 필립 리포드의 놀라운 그림을 보고 감동해 행동에 나섰다. 병사들이 양귀비밭에서 하늘로 올라가는 그림이었다. 그는 죽은 병사들을 기리기 위해 '붉은 양귀비'를 기억하고, 옷에 달고, 다른 사람도 달도록 설득하겠다고 맹세하면서 자신의 시도 몇 구절 썼다. 그는 비단으로 만든 꽃을 찾아 뉴욕을 뒤지면서 그 운동을 시

필립 리포드가 존 맥크래의 시 〈우리는 잠들지 않을 거야〉를 위해 그린 그림. 1918년 11월 『레이디스 홈 저널』에 바우어 앤 블랙 광고로 처음 등장했다. 이 책에 실린 사진은 1년 후 E. E. 태머가 그 시를 음악으로 만든 악보의 표지로 사용된 것이다.

작했고, 워너메이커 백화점에서 양귀비 조화를 찾아냈다. 하지만 얼마 지나지 않아 양귀비 운동의 규모가 갑자기 커졌다. 1920년에 미국 재향군인회 조지아 지부 관계자를 만나 양귀비로 죽은 병사를 추모하자고 설득한 게 획기적인 계기가 되었다.

그 운동은 프랑스를 거쳐 더 정확히는 프랑스의 열정적인 사회

운동가 안나 게랑을 통해 영국에 전해졌다. 그는 애틀랜타에서 '미국-프랑스 어린이 연합'을 위한 기금을 모으다 천으로 만든 양귀비를 처음 보았다. 기금 모금을 해왔던 그는 곧장 양귀비를 상징으로 활용하면 어떤 일이 가능할지를, 1921년 9월에 런던으로 가서 영국 재향군인회 회장 더글러스 헤이그와 그 문제를 의논했다. 게랑은 면직물로 만든 양귀비 백만 개를 가져가라고 헤이그를 설득했고, 그들은 그 양귀비로 그해 11월에 10만 6천 파운드(오늘날 300만 파운드 정도의 가치)를 모금했다. 영국 재향군인회는 마음을 바꾸지 않았고, 캐나다, 남아공, 뉴질랜드, 오스트레일리아 등 프랑스에서 싸웠던 많은 영연방 국가는 전사자를 추모하는 상징으로 양귀비를 사용했다.

프랑스에서 만들어 영국 재향군인회가 팔았던 전사자를 추모하는 양귀비 조화(1921)

여러 곳에서 사용했지만 붉은 양귀비에 논란의 여지가 없는 건 아니었다. 처음에 프랑스 참전 용사들은 다른 들꽃인 푸른색 수레국화를 좋아했다. 수레국화는 푸른 군복을 입은 신병의 별명이기도 했다. 그리고 꽃들로 정확히 무엇을 기념하는지에 대해서도 의문이 있었다. 영국 여성협동조합은 추모식이 군국주의를 기념하는 행사가 될까 봐 우려하면서 "전쟁은 다시는 일어나지 말아야 한다"라는 의미를 보여주기 위해 1933년부터 흰색 양귀비를 만들기 시작했다. 그 발상은 받아들여졌고, 요즘도 평화서약연맹이 그렇게 홍보한다. 최근에는 다른 색깔도 등장했다. 전쟁에서 희생된 동물들을 기리는 보라색 양귀비 배지도 판매되고 있다. 하지만 어떤 단체는 자발적인 희생이 아닌 착취임을 보여주기 위해 보라색 앞발 배지를 단다. 16세기 이후 다양한 전쟁에서 사망한 아프리카, 카리브해와 태평양 섬 흑인들을 기리기 위해 2010년부터는 검은색 양귀비도 등장했다.

다른 색깔 양귀비가 나오면서 붉은 꽃이라는 기준도 흔들렸다. 솜 전투에 참가한 얼스터 의용병에서 이름을 따온 개신교 준군사 조직 얼스터 의용군은 1966년에 양귀비를 상징으로 삼으면서 주황색 백합을 곁들일 때가 많았다(백합 부분 참조). IRA는 그들이 전사자를 기리는 날을 노렸고, 1987년에 12명이 사망했다. 그날은 북아일랜드 에니스킬린에서 벌어진 '양귀비의 날 대학살'로 불렸다. 북아일랜드 벨파스트 출신 시인 마이클 롱리는 "그저 양귀비에 더 많은 붉은 양귀비, 피투성이 상처에 또 다른 상처가 더해질 뿐이었다"라고 표현했다.

요즘은 굉장히 간단하게 추모하는 분위기가 많지만, 반대 분위기도 찾을 수 있다. 양귀비가 전사자뿐 아니라 그 전사자가 목숨을 바친 나라를 상징하기도 하기 때문이다. 폴란드 시인 펠릭스 코나스키는 1944년, 독일군 진지를 점령하다 죽은 폴란드 제2군단 군인들을 추모하는 노래 〈몬테카시노의 붉은 양귀비들〉 가사를 썼다. 그 노래는 "이슬 대신 폴란드 군인의 피를 먹는" 양귀비를 떠올리는 구절로 시작한다. 그리고 늘 그렇듯 애국적인 훈계로 끝난다. 몬테카시노에서 사망한 폴란드 군인 중에는 소련의 폴란드 침공 후 소련으로 끌려갔던 사람이 많았고, 앤더스 장군이 이들을 지휘했다. "십자가로 얻은 자유는 값지다"라는 노래의 마지막 주장에는 나치의 패배만큼이나 폴란드의 독립을 간절히 바라는 마음이 들어 있다. 최근 영국에서는 이슬람 여성들이 국가 상징인 양귀비가 그려진 히잡을 쓰면서 극단주의자에 반대한다는 사실을 보여주어야 한다는 주장을 두고 논란이 일었다. 2014년, 일간지 『더 선』이 영국 국기로 머리를 가리라고 한 후 『데일리 메일』이 양귀비 무늬로 디자인한 히잡을 쓰라고 권하면서 논란에 불을 붙였다. 이처럼 꽃이 전쟁의 상징에서 벗어나기는 불가능해 보인다.

※

양귀비가 전사자 추모의 상징이 되면서 전쟁과의 관련성이 다시 시작되었다. 몇 세기에 걸쳐 꽃 자체가 부상한 군인들의 고통을 덜어주기도 했고, 양귀비의 유액乳液으로 만든 진통제는 중독성은 있었지만, 매우 효과적이었다. 진통제에 대한 수요가 무척 커서 확보 전쟁이 다시 벌어지기도 했다.

이제 붉은색 개양귀비(학명 Papaver rhoeas)가 아니라, 흰색 혹은 분홍색으로 크고 튼튼하고 졸리게 하는, 악명 높은 아편 양귀비(학명 Papaver somniferum) 이야기를 해보자. 두 양귀비는 자주 혼동된다. 존 키츠는 시 〈가을에〉에서 "추수가 끝나지 않은 밭고랑에서 양귀비 향기에 취한" 모습을 상상하면서 두 가지 양귀비를 뒤섞었다. 그리고 프랭크 바움이 쓴 동화 『오즈의 마법사』(1900)를 보면 도로시와 도로시의 강아지 토토가 붉은색 양귀비밭에서 자극적인 향기를 맡고 잠에 빠져든다. 겁쟁이 사자가 용감하게도 도로시를 구하려고 하지만, 양귀비 향기가 너무 강해 저항할 수가 없다. 향기에 영향을 받지 않는 허수아비와 양철 나무꾼이 도로시를 그곳에서 구출해낸다. 붉은색 개양귀비에도 약한 진정제인 레아딘 성분이 조금 들어 있기는 하지만, 지나가다 냄새를 맡는 정도로는 아무도 잠들지 않는다.

아편 양귀비밭 역시 별로 해롭지 않다. 효과가 좋은 진정제를 얻으려면 상당한 추가 작업이 필요하기 때문이다. 얇고 날카로운 칼날로 덜 자란 꼬투리를 베어 자국을 낸 후 양귀비 유액을 추출하는 게 전통적인 방식이었다(며칠 동안 서너 차례 반복한다). 베인 자국에서 흘러나온 우유 같은 유액이 끈적끈적하게 엉기면 긁어내서 말린다. 1만 제곱미터의 양귀비밭에서 1년에 12킬로그램의 아편을 만들어 낸다. 현재 아편을 가장 많이 생산하는 곳은 아프가니스탄이다. 탈레반은 2000년에 양귀비 재배를 금지했지만, 이듬해 미군과 영국

"I'm sorry," said the Scarecrow; "the Lion was a very good comrade for one so cowardly.   But let us go on."

They carried the sleeping girl to a pretty spot beside the river, far enough from the poppy field to prevent her breathing any more of the poison of the flowers, and here they laid her gently on the soft grass and waited for the fresh breeze to waken her.

프랭크 바움의 『오즈의 마법사』(1900)에 실린 그림 중 하나

군이 공격해 탈레반 정권을 무너뜨리자 양귀비 재배는 다시 시작되었다. 어떤 양귀비밭은 공습을 받았고, 미군과 연합군이 양귀비를 베거나 제초제를 뿌리는 장면이 언론에 자주 보도되기도 했다. 하지만 아프가니스탄 농부들은 이렇게 수익성 좋은 작물의 재배를 포기하지 않았다. 양귀비 재배 면적이 미군과 연합군의 공격을 받기 이전인 2001년에 738제곱킬로미터에서, 2017년 3,278제곱킬로미터로 급격하게 늘었다.

생아편에는 모르핀, 코데인, 테바인 등 세 가지 알칼로이드 약물이 들어 있다. 그것을 정제하면 아편제로 알려진 한층 강력한 형태가 된다. 이중 현재 아프가니스탄 비밀 제조소들이 생산하는 헤로인이 가장 잘 알려진 약이다. '영웅적인heroic 효과'를 나타낸다는 의미로 1897년에 '헤로인'이라는 이름을 붙였고, 처음에는 중독성 없는 모르핀 대체재로 판매했다. 그 뒤 메타돈, 페티딘, 옥시코돈 등 아편과 비슷한 작용을 하는 수많은 합성, 반합성 마약성 진통제가 잇따라 나왔다. 2017년 한 해에만 4만7천 명 이상의 미국인이 마약성 진통제 과다복용으로 사망했고, 그중 40퍼센트가 처방받은 약이었다.

아편은 수천 년 동안 끔찍한 고통에 시달리는 사람을 위한 진통제였고, 잠과 죽음의 신과 관련이 있었다. 그리고 고대의 모든 의학 문헌은 어떤 상태의 환자에게든 아편을 추천하면서 아편 연기를 흡입하거나 좌약, 가루약, 물약으로 이용하거나 술에 섞어 마시거나 찜질로 활용할 수 있다고 했다. 16세기에는 술에 넣어 녹이면서 향신료로 단맛을 낼 때도 많았고, '칭찬할 만하다'라는 의미로 로더넘laudanum, 로디loddy라고 불렀다. 미국 건국의 아버지 중 한 명으로 꼽히는 알렉산더 해밀턴은 정적 애런 버와 결투를 벌이다가 총에 맞은 후 아편을 복용했고, 영국 시인 새뮤얼 테일러 콜리지는 황달과 류머티즘열로 고생하면서 아편을 계속 복용했다. 해밀턴은 사망했지만, 콜리지는 중독되었다. 얼마 지나지 않아 기분 전환을 위해 마약을 사용하던 영국 소설가 토머스 드 퀸시가 『어느 영국 아편 중독자의 고백Confessions of an English Opium-Eater』(1822)라는 비참한 회고록을 처음으로 내놓기도 했다. 만성질환에 걸린 중년의 중산층 백인 여성 아니면 미국 남북전쟁에서 부상하거나 이질에 걸려 마음껏 모르핀 주사를 맞았던 퇴역군인이 19세기 전형적인 마약 중독자였다. 북부군만 거의 천만 개의 아편 알약과 88,720리터에 달하는 아편 물약 및 가루약을 사용했다.

아편이 19세기 말까지 계속 의료용으로 사용되기는 했지만, 점점 중국 이민자 아편굴처럼 타락하고 퇴폐적인 분위기와 관련되기 시작했다. 아랍 상인들이 아편을 중국에 가져간 것은 8세기 무렵이었지만, 많은 사람이 아편을 피우기 시작한 것은 거의 천 년이 지나서였다. 결국, 중국은 아편 무역을 금지했지만, 아편은 계속 중국으로 들어갔다. 영국이 인도에서 재배한 아편을 중국에 팔고, 중국에서는 차와 비단, 도자기를 가져가고 싶어 했기 때문이었다. 이에 중국이 많은 양의 아편을 몰수해 불태우자 1차 아편전쟁이 일어났고, 전쟁이 끝나면서 영국은 홍콩을 차지하고 교역을 다시 시작했다. 중국에서는 식물 수집도 시작했다(국화 부분 참조). 1860년대에는 중국에서 아편 수요가 급격히 늘어나 중국인 스스로 양귀비를 재배하기 시작했다.

세기말 도덕적 공황 상태의 중심이었던 런던과 샌프란시스코 아편굴에 관해 이야기하면서 이런 역사는 별로 논의하지 않았다. 인종, 성, 국가 평판 등 다른 문제를 많이 이야기했다. 아서 코난 도일의 소설에 등장하는 왓슨 박사는 친구를 찾으러 그런 장소에 갔다가 '이민선 선실'로 들어가는 것 같다고 느꼈다. 아편 중독 그리고 그로 인한 사회 분위기는 대중문화에도 지워지지 않는 흔적을 남겼다. 아편 중독자라면 동공이 작아진 창백한 얼굴의 남자, 아니면 거의 눈을 감은 채 나른한 자세로 아편 주사를 맞고 있는 사람들을 상상할 수밖에 없었다. 노동자층의 헤로인 중독자가 새롭게 마약 중독자의 전형이 된 다음에도 뭔가 이전의 매력적인 분위기가 감돌았다. 지금도 이브 생 로랑의 향수 '오피엄Opium'(아편)의 뚜껑을 열고 재스민, 장미와 카네이션을 섞은 향긋하고 동양적인 향기를 마실 때마다 그런 분위기를 느낀다. 물론 그 향수에 정작 양귀비는 들어가지 않는다.

겨울

겨울

잔인한 계절

- 〈겨울〉, 토마스 새크빌

그대에게는 모든 계절이 달콤할 것이다.

- 〈한밤중의 서리〉, 새뮤얼 테일러 콜리지

겨울은 기후 변화의 희생자다. 최근에는 서리가 늦게 내리고 일찍 사라지며, 겨우내 예전보다 덜 보이는 현상이 뚜렷해지고 있다. 대신 꽃봉오리와 벌이나 나비는 예전보다 일찍 나타난다. 그리고 위도가 높은 곳에 사는 사람들은 이전에는 생각하지도 못했던 식물을 겨울에 기를 수 있다. 미국 환경보호청은 미국에서 식물을 기를 수 있는 기간이 20세기 초보다 2주 늘어났고, 특히 지난 30년 동안 빠르게 늘고 있다고 발표했다.

이 모든 게 농부나 정원을 가꾸는 사람들에게 멋진 소식처럼 들릴 수 있지만(내 정원에서도 1월에 여름꽃인 샐비어, 장미, 봄꽃인 데이지와 크로커스가 한꺼번에 필 때도 많다), 실제 상황은 그리 단순하지 않다. 일찍 핀 꽃은 서리를 맞을 수 있고, 여름이 길어지면 가뭄 위험도 커진다. 이전에는 추위 때문에 제거되었던 병충해가 살아남아 기승을 부린다. 서로 긴밀하게 연결되어 있던 동식물이 환경 변화에 각자 다르게 반응하면서 취약한 생태계를 위협한다.

과거의 '정상적인' 겨울을 떠올리면 눈과 얼음에 관한 향수에 젖기 쉽다. 하지만 인간은 오랫동안 겨울에 만족하지 못하고 철저히 저항해왔다. 다른 계절에 피는 꽃들을 기르면서 겨울이 온다는 사실을 부정하려는 노력도 그중 한 방법이다. 이 책에는 4월에 피는 백합과 카네이션, 7월에 피는 국화처럼 계절에 맞지 않는 꽃들이 많이 실렸지만, 겨울이야말로 꽃을 피우는 시기를 바꾸려던 계절이었다. 영국에서는 19세기에 철도가 발달하면서 남쪽에서 일찍 핀 제비꽃을 조금 더 북쪽으로 실어 나를 수 있었다. 그런데 오늘날에는 2월에 케냐와 콜롬비아에서 꽃을 피운 여름 장미가 비행기에 실려 세계 곳곳으로 날아간다. 계절을 바꾸기 위한 노력이다. 옛날 노래처럼 우리는 "찾아보기 어려운/ 겨울에 장미를 원한다". 구하기 어렵기 때문이다.

계절에 맞지 않는 꽃을 좋아하는 취향은 최소한 로마 시대까지 거슬러 올라간다. 로마인들은 겨울에 이집트에서 수천 송이 장미와 수선화를 수입했고, 꽃을 빨리 피우려고 난방 기구를 개발했다. 풍자 시인 마르티알리스는 "계절에 맞지 않은 꽃으로 만든 화환"을 칭찬하면서 도미티아누스 황제에게 경의를 표했다. 제철에 피는 장미는 그저 '봄의 상징'이지만, 황제의 겨울 장미는 그의 영향력과 힘을 보여준다고 했다.

그런데 이렇게 철에 맞지 않은 꽃을 전시하는 게 문제라고 생각하는 사람도 있었다. 초기 기독교인과 스토아 철학자 모두 호사스럽게 보이려고 자연을 조작하는 일을 강력하게 비난했다. 초기 기독교인은 이것이 인간의 탐욕을 최악으로 보여준다고 생각했고, 스토아 철학자는 세상을 있는 그대로 받아들여야만 행복을 찾을 수 있다고 믿었다. 세네카는 "겨울에 애타게 장미를 보려고 하고, 환경을 바꾸고 온수난방으로 온도를 유지하면서 한겨울에 백합꽃을 피우려는 삶은 부자연스럽지 않은가?"라고 물었다.

부자연스러움에 관한 세네카의 정의를 모두 받아들일 사람은 거의 없겠지만(예를 들어, 그는 남녀가 옷을 바꿔 입는 일도 비난했다), 꽃을 좋아하는 금욕주의자들은 여전히 제철 꽃을 반기는 게 미덕이라고 여긴다. 셰익스피어의 희곡 『사랑의 헛수고』에 등장하는 베론처럼 그들은 "유쾌하고 즐거운 5월에는 눈을 찾지 않듯/ 크리스마스에는 장미를 원하지 않는다/ 대신 그 각 계절에 따라 피는 꽃들을 보고 만족한다."

그런데 기후 변화 이전에는 위도가 높은 곳에서 겨울에 피는 꽃이 별로 없었다. 그래서 겨울을 좋아하는 사람들은 정원 관리 도구들을 정리하고, 식물 카탈로그를 꼼꼼히 살펴보고, 가끔 구름 사이로 비치는 햇살 조각을 소중히 여기면서 주로 앞으로 필 꽃들에 관한 생각에 빠져들었다. 그들은 또 겨울을 즐기는 게 상당히 세련된 일이라고 생각하면서 흐뭇해했다. 여름을 좋아하는 일은 너무 흔하지만, 황량하고 척박한 겨울 한가운데서 삶의 기쁨을 찾아내는 일은 분명 세련된 감성을 보여준다. 최소한 18세기 수필가 조셉 애디슨은 그렇게 주장했다.

계속해서 정원을 즐겨야 한다는 프랜시스 베이컨의 생각에 영감을 받은 애디슨은 정원을 가꾸는 사람들에게 상록수로 채워진 자연스러운 공간인 겨울 정원을 따로 마련하라고 제안했다. 그 제안은 굉장히 영향력이 있었다. 하얀 몸통의 자작나무와 선홍색 줄기의 흰말채나무를 대비시키고 가막살나무, 생강나무, 서향나무 같은 관목을 함께 심는 게 요즘 취향이기는 하지만, 겨울 정원은 오늘날까지도 인기다. 요즘 정원사들은 다년생 식물의 죽은 줄기와 꼬투리를 그대로 놓아둬 서리를 맞히는 경향이 있다. 서리가 내리면 반짝이는 은으로 만든 조각상처럼 변신해 바람이 불면 '겨울 음악'을 연주하기 때문이다.

모두가 이런 차가운 아름다움에 감탄하지는 않는다. 예를 들어, 셸리는 겨울바람을 음악이라고 생각하지 않았다. 그는 "땅을 향해 차갑고 쓸쓸하게 웃는다"라고 묘사했다. 겨울에 크리스마스 장식용 호랑가시나무를 보고 정말 즐거워지는 사람도 있지만, 서리가 완전한 종말을 보여준다고 생각하는 사람도 있다. 후자에게 겨울은 그저 죽음의 시간일 뿐이다. 엘리자베스 1세 시대에 시인 에드먼드 스펜서는 "겨울이 불길한 입김을 불고", "그리고 때맞춰 죽음이 온다"라고 노래했다.

19세기 말의 소설가 엘리자베스 폰 아르님과 그로부터 백 년 후의 소설가 자메이카 킨케이드는 모두 정원 가꾸기에 관심이 많았고, 두 사람을 통해 관점의 차이를 압축적으로 비교할 수 있다. 폰 아르님은 "눈으로 뒤덮인 정원에 들어가는 일은 순수의 목욕탕으로 들어가는 일과 같다"라고 생각했지만, 킨케이드는 창밖의 눈을 보면서 "내 정원은 이제 존재하지 않아"라고 결론 내렸다.

킨케이드는 겨울을 좋아하는 사람들을 혹독하게 비판했다. 그는 잎을 모두 떨군 나무와 서리 맞은 덤불을 찬양하는 게 따분하고 고집스럽기까지 하다고 생각했다. "내가 세상을 만들 수 있다면 반드시 12월, 1월, 2월은 10시간씩만 할당할 것"이라고 그는 말했다. 오랫동안 미국 버몬트주에서 살았던 킨케이드는 겨울이 오면 자신이 있는 곳과는 반대인 고향, 서인도 제도를 꿈꾸기 시작했다. 킨케이드만 그런 게 아니었다. 북쪽에 살던 많은 사람이 실제로든 상상으로든 태양, 원색, 꽃을 찾아 남쪽으로 여행을 떠난다. 예를 들어, 반고흐와 D. H. 로렌스는 일찍 피어나는 지중해의 아몬드꽃에 매료되었다. 오늘날에는 대부분의 아몬드가 캘리포니아에서 재배되고, 미국 시인 칼 샤피로는 겨울에 캘리포니아에 가면 잔뜩 피어 있는 아몬드꽃 때문에 "꽃집에 들어간 듯 느껴진다"라고 기록한다.

안티과, 시칠리아나 캘리포니아에 갈 수 없는 사람들은 온실에서 그럭저럭 그런 기분을 느낄 수 있다. 유리와 강철로 만든 온실에 감탄한 조지 심콕스는 "여름이 끝나고/ 겨울이 시작되었지만/ 아직도 죽지 않는 꽃이 있다"라고 말했다. 심콕스는 여러 종류의 겨울 정원을 둘러싼 도덕적 논란이 절정에 이르렀던 1860년대에 이렇게 썼다. 윌리엄 코빗은 상류층에게 실내 정원을 가꾸라고 제안했다. "길고 음울한 겨울 동안 딸이나 아들까지 온실에서 엄마를 돕는 일은, 카드 놀이하는 엄마 옆에 앉아 있거나 바보 같은 소설을 읽으면서 눈물 흘리는 것보다 얼마나 유익한가?" 그러나 온실 비용이 낮아져 중산층도 많이 이용할 수 있게 되자 반발이 뒤따랐다. 소설가이자 성공회 사제인 찰스 킹슬리는 세네카나 애디슨과 비슷한 의견을 확고히 드러내면서 "회색과 노란색의 부드러운 구름이 점점이 떠 있는 하나님의 지붕 아래에서" 만족스럽게 자라는 양치식물과 상록수로 이루어진 겨울 정원이 남아프리카 제라늄같이 까다로운 이국 식물로 가득한 온실보다 좋다고 선언했다. 킹슬리는 자연만으로 충분하다면서 온실 애호가를 부자연스럽고 탐욕스러운 사람으로 여긴다.

하지만 겨울은 영원히 지속하지 않는다. 오래지 않아 낮이 길어지고 꽃이 돌아온다. 새해에 처음 피는 꽃은 무엇일까? 스노드롭일까 아니면 크로커스나 푸밀라붓꽃이나 영춘화일까? 꽃이 많지 않은 때 피어나는 귀한 꽃들이 더 환영받는 법이다.

13

제비꽃

추운 지역에 사는 사람들은 잿빛 구름이 낮게 깔리고, 따스한 햇볕이 어떤 느낌이었는지 떠올리기도 쉽지 않을 때면 기꺼이 계절에 맞지 않는 꽃을 찾는다. 오늘날 1년 내내 피는 꽃으로 가장 인기 있는 카네이션, 장미와 백합은 다른 장에서 이미 다루었다. 무성한 잎들 사이에 머리를 감춘 수줍은 제비꽃은 긴 줄기의 당당하고 예쁜 꽃들과는 거리가 멀어 보인다.

하지만 백 년 전에는 보라색 향기제비꽃(학명 Viola odorata)이 언제나 구할 수 있는 꽃의 전형으로 진정한 호사의 상징이었다. 1941년까지만 해도 데니스Dennis와 아데어Adair는 "네 모피 코트에 단 제비꽃"의 기적적인 힘을 이야기하는 맨해튼의 겨울에 관한 노래를 만

20세기 초 미국 조지아주 애틀랜타에서 속옷 상자 덮개에 등장한 멋쟁이 여성. 모피 코트에 제비꽃을 달았다.

들었다. 프랭크 시나트라는 제비꽃 조화가 생기 없는 12월에 4월의 약속을 불어넣으면서 사랑에 빠지게 한다고 노래한다.

지중해 지역과 서남아시아의 가장 오래된 역사 기록에는 제비꽃이 약과 사탕, 셔벗, 화환 등의 재료였다고 하고, 신화에서 제비꽃은 죽음과 부활 혹은 한 생명에서 다른 생명으로의 변신을 의미할 때가 많았다. 예를 들어, 로마인들은 피와 같은 색깔이라고 생각한 크로커스, 아네모네, 히아신스 같은 몇 가지 봄꽃으로 죽은 사람을 추모했다. 하지만 무덤을 꽃으로 장식하는 특별한 날('제비꽃의 날', '장미의 날' 등)의 탄생에는 제비꽃(봄의 시작을 상징)과 장미(봄이 끝났음을 상징)만 그 역할을 담당했다. 셰익스피어의 희곡 『햄릿』에서 레어티스는 오필리아의 무덤을 보면서 여동생의 어여쁘고 청정한 몸에서 금방 제비꽃이 피어나리라는 희망을 품는다. 존 키츠는 무덤들 사이로 제비꽃이 어떻게 퍼지는지 들으면서 기뻐했다. 그리고 죽음을 앞두고 친구 조셉 세번에게 벌써 자신의 몸 위로 제비꽃이 자라는 게 느껴진다고 말했다(데이지 부분 참조).

　하지만 제비꽃의 부활에는 정치적인 의미도 담겨 있다. 나폴레옹은 이탈리아 파르마의 제비꽃을 정말 좋아했다고 한다. 1814년, 나폴레옹이 엘바섬으로 추방되자 지지자들은 봄을 상징하는 제비꽃처럼 그도 돌아온다고 확신했다. 장 도미니크 에티엔 카뉘의 동판화 〈1815년 3월 20일의 제비꽃Violettes du 20 Mars 1815〉은 나폴레옹이 파리에 다시 등장한 때를 표현한 작품이다. 작품에서 꽃잎과 나뭇잎 사이에 숨어 있는 나폴레옹의 옆모습과 비스듬한 모자(1) 그리고 아내 마리 루이즈(2)와 아들(3)의 옆모습을 찾아낼 수 있다.

　제비꽃은 오랫동안 죽음과 관련이 있었기 때문에 추모용 꽃으로 자주 이용되었다. 아니, 오히려 캐서린 맥스웰의 주장처럼 "잊었다가 다시 생각하게 하는" 꽃이 되었다. 제비꽃은 사실 장례식 관행보다는 향기가 작용하는 방식 때문에 추모용 꽃으로 널리 쓰인다. 제비꽃이 독특한 향기를 내게 하는 이오논이라는 성분은 일시적으로 후각을 마비시키는 특징이 있다. 그래서 향기가 사라진 것 같지만, 잠시 후 되살아난다.

　제비꽃은 향기를 내뿜거나 심지어 노래하면서 저항하기 어려운 공감각을 만들어내는 것으로 묘사될 때가 많다. D. H. 로렌스는 평소 주장이나 글과는 달리 삶과 사랑, 꽃에는 다른 의미가 없다고(꽃다발은 꽃다발일 뿐이라고!) 삐딱하게 선언했다. 제비꽃 향기에 관한 평

Violettes
du 20 Mars 1815.

Déposée à la Direction generale   A Paris, rue St Jacques N.º 29

1. Buonaparte. 2 His Son. 3, Marie Louisa. 20 Mar. 1815

〈1815년 3월 20일의 제비꽃〉. 장 도미니크 에티엔 카뉘의 동판화

생의 기억을 떠올린 후였다. 1910년, 그는 어머니의 장례식 후 약혼자 루이 버로스가 노팅엄으로 보낸 화환에서 제비꽃 두세 송이를 빼냈다. 그리고 런던으로 가는 기차 안에서 어머니 생각으로 비탄에 잠겼지만, 내내 제비꽃 향기를 맡을 수 있었다. 그의 소설에서 채털리 부인이 코티에서 생산한 반쯤 남은 제비꽃 향수병을 연인의 셔츠 사이에 넣어두는 장면은 우리에게 행복한 기억을 불러일으킨다. 두 경우 모두 제비꽃에는 분명 의미가 있다.

❀

제비꽃을 따는 여성들. 20세기 초 프랑스 남동부 코트다쥐르

제비꽃은 노동집약적인 프랑스 향수 산업을 위해 재배되었고, 19세기에는 웃옷에 꽂거나 다는 장식용으로 많이 팔렸다. 그러나 겨울에 제비꽃이 인기를 끈 것은 세기말 현상이었다. 수많은 유행처럼 여러 요인이 결합해 생긴 현상이었다.

1993년, 두 명의 독일 과학자들은 이오논이 제비꽃 향기의 원인 물질이라는 사실을 알아냈다. 그리고 아이리스 크로아티아와 아이리스 팔리다 같은 붓꽃의 뿌리에서 더 싸게 추출할 수 있다는 사실을 알게 되었고, 심지어 실험실에서 이오논을 만들어내기까지 했다. 이 때문에 제비꽃 시장은 상당 부분 붕괴했다. 동시에 기차 여행의 속도가 점점 빨라지고 편리해지면서 점점 더 많은 사람이 따뜻하게 햇볕이 내리쬐는 코트다쥐르 해안에서 겨울을 보내고, 빈과 모스크바에서도 남쪽의 꽃을 좋아하기 시작했다. 남쪽에서 재배한 제비꽃은 멀리까지 보낼 수는 있었지만, 환경에 그리 강한 꽃은 아니어서 싱싱하지 않은 채로 도착할 때가 많았다. 그래서 결국 북쪽 나라들이 겨울 시장을 겨냥해 온실에서 제비꽃을 재배하기 시작했다. 영국에서는 10월에서 다음 해 5월까지, 거의 서리가 내리지 않는 데번과 콘월의 작은 땅에서 기른 제비꽃을 런던 코벤트 가든까지 철도로 실어 날랐다.

제비꽃을 웃옷에 꽂거나 다는 게 유행하면서 향이 강할 뿐 아니라 줄기가 길고 꽃이 큰 품종을 재배하게 되었다. 향기롭고 풍성한 파르마 제비꽃이 특별히 인기였다(18세기에 이탈리아에서 프랑스로 들어왔다). 하지만 한 식물에서 원하는 특성을 모두 얻기란 쉽지 않았다. 제비꽃을 재배하는 사람들은 '헤릭 총독Governor Herrick'이란 품종을 좋아했다. 비교적 문제를 일으키지 않는 데다 줄기가 길고 꽃이 크기 때문이었다. 그런데 향기가 약했기 때문에 밤새 운송할 기차에 싣기 전에 얇은 종이로 싼 꽃다발에 향수를 뿌린다는 소문이 나돌았다.

1900년에는 제비꽃이 중산층 삶의 많은 부분에서 필수 요소로 자리 잡았다. 제비꽃 향의 탈취제로 입 냄새를 없애고, 설탕에 졸인 제비꽃잎(지금도 프랑스 툴루즈의 한 가게에서 판매한다)으로 케이크를 장식했다. 그리고 최신 제비꽃 향수를 손목이나 손수건에 뿌렸다. 룬드보그의 '바이오 바이올렛'(1895), 코티의 '라 비올레트 푸르프르'(1906), 뮐헨스와 크로프의 '라인 바이올렛'(1910) 등 괜찮은 향수도 많았다. 합성 성분이 들어간 조금 더 복합적인 향수에는 겔랑의 '뢰르 블루'(1912)가 있었다. 아마도 T. S. 엘리엇의 시 〈황무지〉에 나오는 애매모호한 '제비꽃 시간'이 풍기는 향기일 것이다. 오스카 와일드의 소설에 등장하는 도리언 그레이는 웃옷에 커다란 파르마 제비꽃을 꽂았지만, 정작 오스카 와일드는 '감옥 생활의 흔적'을 지우기 위해 레딩 감옥으로 플로리스의 '캔터베리 우드 바이올렛' 향수 한 병을 갖다 달라고 친구에게 부탁해야겠다고 마음먹었다.

하지만 최고의 사치는 꽃 자체였다. 1894년의 익살맞은 시에서 한 남자는 아내나 여자 친구에게 생일 선물로 꽃다발을 주면서 아깝다는 듯이 작은 꽃 열두 송이에 1달러나 주었다고 이야기한다.

비싼 제비꽃을 받아요.
올해 중 가장 비싼 꽃이에요.

부스 타킹튼은 신분 상승을 하려 애쓰는 인물을 풍자한 소설 『앨리스 애덤스』로 1921년 퓰리처상을 받았다. 주인공 앨리스 애덤스에게 열두 송이에 1달러나 하는 꽃은 분명 너무 비싸다. 소설에서 첫 번째 위기는 앨리스가 댄스파티에 초대받은 후 웃옷에 달 꽃을 어떻게 장만할 수 있을까 걱정하면서 생긴다. 앨리스는 4월이라 뒤뜰에 제비꽃이 피어 있다는 사실을 떠올렸고, 상황이 나아지는 듯했다. 그런데 찾아낸 건 겨우 스물두 송이였고(주인공의 나이와 똑같아 징조는 좋았다), 그것으로는 턱없이 모자랐다. 그래서 앨리스는 전차를 타고 교외로 나갔다. 그리고 비 오는 날인데도 자그마한 꽃 300송이를 모을 때까지 온종일 따고 또 땄다. 줄기를 은박지로 싼 후 꽃들을 보라색 시폰으로 감싸서 그날 밤 아홉 시까지 멋진 꽃다발 2개를 만들었다. 그리고 꽃다발 하나는 허리에 달고, 다른 하나는 손에 들었다. 이제 주인공은 '제비꽃의 시간'에 의기양양할 수 있을까? 별로 그런 것 같지 않다. 파티 장소에 도착한 앨리스는 자신이 만든 꽃다발에 배신당했음을 금방 느낀다. 제비꽃들은 더운 실내 공기에 금방 시들면서 고개를 숙인다. 앨리스가 시든 꽃을 어떻게 처리할지 방법을 찾고 있을 때, 부유한 집 소녀들은 꽃가게에서 산 크고 싱싱한 보라색 제비꽃을 달고 지나간다.

제비꽃은 보통 사회 계층 차이에 관한 이야기, 겨울에 그 꽃을 다는 사람과 파는 사람을 대비하는 이야기에 어울린다. 조지 버나드 쇼의 희곡 『피그말리온』(1914)은 야회복을 입고 발목까지 완전히 젖은 20세의 젊은 남성 프레디 에인스포드 힐이 코벤트 가든에서 꽃을 파는 일라이자 둘리틀이라는 소녀와 부딪혀 소녀의 바구니를 떨어뜨리는 장면으로 시작한다. 소녀는 "똑바로 보고 다녀요! 당신 땜에 제비꽃 두 뭉치가 진창에 패대기쳐졌잖아?"라고 소리친다. 음성학 교수 헨리 히긴스는 소녀의 말을 엿듣다 저소득층 런던 토박이의 발음에 흥분한다. 그는 진창에 떨어진 제비꽃 같은 소녀를 발탁해 곧장 완전히 다른 꽃으로 변신시키기 시작한다.

영국 뮤직홀을 돌면서 음악 희극을 공연했던 마리 스터드홀름이 등장하는 수많은 그림엽서 중 하나. 그녀는 이 엽서에서처럼 1906년부터 '향긋한 제비꽃'이라고 불린 꽃장수 역할을 했다.

이디스 네스빗의 시 〈그의 딸에게〉도 이렇게 사회적인 계층 이동이 어려운 문제를 이야기한다. 오늘날에는 『모래요정과 다섯 아이들』(1902), 『기찻길 옆 아이들』(1906) 같은 작품들로 잘 알려진 네스빗은 사회운동가이자 페이비언 협회가 1908년에 발간한 『사회주의 발라드와 서정시*Ballads and Lyrics of Socialism*』의 저자이기도 하다. 그 책에 실린 서정시 〈그의 딸에게〉는 12월에 런던의 러드게이트 힐에서 사랑하는 딸을 위해 비싼 제비꽃을 사는 아버지의 이야기로 시작한다.

> 그들은 비에 젖은 이끼,
>
> 4월의 들장미 봉오리,
>
> 숲의 아름다운 풍경,
>
> 너와 내가 알고 있는
>
> 온갖 듣기 좋은 이야기들을 속삭였어.

제비꽃은 봄이 되면 지나간 날을 떠올리게 하지만(소리 없이 기억의 방문을 여는 열쇠처럼), 겨울에는 다른 계절로 데려다주기도 한다. 하지만 사회주의자 네스빗은 곧장 다른 기억으로 이런 유쾌한 장면을 밀어낸다. 시에 등장하는 아버지는 딸의 웃음을 보면서 제비꽃을 팔던 "가난하고, 쇠약하고, 비참하고, 더러운" 소녀의 얼굴을 떠올린다. 아버지는 딸에게 "기회가 주어졌다면, '몰락한 노예'(꽃장수와 매춘의 관계를 암시하는 구절)도 너처럼 여왕이 되었을지 몰라, 얘야"라고 말한다.

세기가 바뀔 무렵, 제비꽃은 완전히 현대적으로 변신했다. 이제 더는 온순하고 가난한 사람들이 좋아하는 (토머스 후드의 시처럼) "숲속의 베일을 쓴 수녀 같은 꽃"이 아니었다. 부유한 도시의 여왕들에게 어울리는 사치품으로 변신한 것이다. 모피 코트에 제비꽃을 달았던 (깁슨이 그린 미녀 같은) 멋쟁이 여성부터, 제비꽃 색깔의 옷을 입은 고대 그리스 시인 사포에게서 영감을 얻으려던 레즈비언 시인, 제비꽃과 은방울꽃의 보라색과 흰색 그리고 녹색을 상징색으로 삼았던 여성사회정치연맹의 여성 참정권 운동가까지 다양한 여성들이 제비꽃과 관련을 맺었다.

여성사회정치연맹의 소식지 『여성에게 투표권을Votes for Women』에는 이 색깔들과 어울리는 예쁜 드레스 광고가 많이 실렸다. 테두리를 보라색 꽃과 녹색 잎사귀 무늬로 장식한 흰색 모직 모자(단돈 4기니)나 영국 헨필드 초원에서 앨런과 브라운 부인이 운영하는 '여성을 위한 제비꽃 농장' 광고까지 실렸다. 제비꽃을 강조하면서 GWV라는 암호가 생겼다는 이야기도 전해진다(Give Women the Vote의 약자로, vote와 violet의 철자가 비슷하다). 여성사회정치연맹 지지자에게 확실하게 충성을 드러내게 하려고 제비꽃을 강조한 것 같지는 않다. 아마도 꽃에 담긴 의미 때문이었을 것이다. 흰색 은방울꽃은 순수함, 보라색 제비꽃은 희망과 굳셈, 녹색 잎은 자유를 상징한다. 연맹 회원은 사람들 눈에 굉장히 불쾌하고 매력 없는 여자가 아니라 "밝은 색깔에 쾌활한 목소리와 몸짓, 아름다움을 지닌" 여자로 보여야 한다고 다짐했다. 그들은 언제나 여성적인 분위기를 자아내야 했다. 따라서 연맹이 1909년 5월에 런던 나이츠브리지의 스케이트장에서

2주 동안 열었던 '여성 전시회'의 목표는 그저 기금 모금만이 아니었다. 여성 참정권이 케이크, 자수, 도자기, 모자, 드레스와 꽃 같은 전통적인 여성성과 양립할 수 있다는 사실을 강조하기 위해서이기도 했다. 그러면서 정치적인 메시지도 잊지 않았다. 나이츠브리지 전시회의 온갖 꽃들 사이에 교도소 감방 모형을 설치하고, 여성이 교도소에 갇히면 어떤 일이 벌어지는지 설명하는 안내 책자를 놓아두었다. 그리고 온갖 꽃으로 화려하게 장식한 후 상징적으로 투표용지를 놓아둔 기표소 모형도 설치했다.

그러나 영국 여성에게 투표권이 주어진 것은 9년이 더 흘러서였고, 여성 참정권자들의 시위는 더 격렬해지면서 관심이 집중되었다. 1909년 10월, 제인 브레일스퍼드는 뉴캐슬의 바리케이드에 도끼를 휘두르다 구속되었다. 실비아 팽크허스트는 "순진해 보이는 국화 꽃다발"이라고 표현했지만, 브레일스퍼드가 치켜들었다가 '쿵' 하고 떨어뜨린 것은 사실 도끼였다. 1913년 2월, 여성 참정권자들은 큐 왕립식물원 중 난초를 기르는 온실 세 군데를 갑자기 공격했다. 그들은 유리창들을 박살냈고, 『타임스』는 "희귀하고 아름다운 난초들이 있는 곳을 아수라장으로 만든 후 '난초는 파괴될 수 있지만, 여성의 명예는 파괴될 수 없다'라고 선언하는 쪽지를 남기고 사라졌다"라고 보도했다(아마도 우연의 일치이겠지만, 난초orchids라는 단어는 고환이라는 뜻을 지닌 그리스어orchis에서 나왔다).

프로이트에게 정신분석을 받은 여성들이 그 시대의 제비꽃 향기를 대표하는 마지막 여성이다. 사실 지그문트 프로이트는 "제비꽃과 그 꽃의 상징이 너무 인기여서 건강한 사람의 천진난만한 꿈에도 나타나는 경향이 있다"라고 기록했다. 신경증 환자의 꿈은 애매모호해서 흥미로운 해석도 가능하지만, 건강한 사람의 꿈은 뻔해서 빅토리아 시대의 꽃말처럼 정해져 있을 공산이 크다. 프로이트가 사례 연구한 환자 중 결혼이 잠시 연기된 "조금 새침하고 내성적인 여성"이 있었다. 그 여성은 "생일에 식탁 중앙을 꽃으로 장식하면서" 행복을 느끼는 꿈을 꾸었다고 설명했다. 정신분석의 거장에게는 맥빠질 정도로 해석이 쉬운 꿈이었다. 식탁 중앙을 장식한 꽃은 여성의 생식기이고, 생일은 앞으로 태어날 아이를 상징한다.

그런데 해석할 게 더 있다. 조금 더 유도하니 여성은 꿈에서 '비싼' 은방울꽃(계곡의 백합)과 카네이션, 제비꽃으로 장식했다고 프로이트에게 말했다. 이번에도 쉽다. 프로이트는 전통적인 꽃말을 이용해 백합은 여성의 순결이라는 귀중품(여성의 상징으로 자주 등장하는 계곡은 의미를 더 풍부하게 한다), 카네이션은 남성의 육체적 욕망(약혼자가 그 꽃을 잔뜩 주었다는 환자의 설명도 듣기 전에 프로이트는 이 부분을 알아차렸다) 그리고 조금 더 흥미로운 부분은 제비꽃이었다. 전통적으로 꽃 사전은 제비꽃을 겸손이나 순수함의 상징으로 해석한다. 하지만 고대에는 보라색 제비꽃이 성적 즐거움과 관련이 있었다면서 흰 꽃만 겸손이나 순수함으로 해석할 수 있다고 주장하는 사람도 있다. 예를 들어, 고대 로마의 작가 키케로는 "장미와 제비꽃으로 뒤덮은 침대"에 관해 이야기했고, 오늘날의 밸런타인 카드에도 "제비꽃은 푸르고 … 나는 너를 사랑해"라는 구절이 적혀 있다. 그러나 프로이트는 꽃 색깔에는 관심이 없었다. 단어 '제비꽃violet'과 '폭력적인violent'이 우연히도 비슷하게 생겼다는 사실을 바탕으로 '은밀한 의미'를

〈제비꽃, 향기로운 제비꽃〉(1906). 존 윌리엄 갓워드 作

추적할 수 있다고 생각했다. 두 단어의 어원이 완전히 다르다는 사실은 중요하지 않았다. 발음은 비슷하지만, 뜻은 완전히 다른 단어를 엉겁결에 말하는 실수에 관심이 있었다. 결국, 그 환자의 꿈은 그렇게 순진하거나 건강하지 않았다. 처녀성을 잃는 대가에 대한 불안감을 보여주는 것이거나, 여성의 마조히즘적인 특성을 드러내는 꿈일 수도 있었다.

심리치료를 하는 사람이라면 모두 이런 꿈을 안다고 생각할 수도 있지만, 그런 것 같지는 않다. 1992년 스릴러 영화《최종 분석》에서 정신과 의사 아이작 바(리처드 기어)는 그 꿈을 몰랐고, 이를 바탕으로 이야기가 전개된다. 아이작의 환자인 다이애나 베일러(우마 서먼)는 반복해서 꾸는 꿈에 관해 몇 주 동안 계속 이야기한다. "백합, 카네이션 그리고 폭력violence으로 꽃꽂이를 했어요." 그 말에 아이작은 "폭력이라고요?"라고 묻는다. 다이애나는 "제비꽃이라고 말했어요! 제비꽃이라고 말했다고요. … 제비꽃…. 그건 그냥 꽃이라고요. 꽃꽂이를 했어요. 모든 게 섹스와 관련이 있어야 해요?"라고 화를 내면서 대답한다. 아이작은 우연히 『꿈의 해석』에 관한 강의를 듣고 다이애나가 프로이트 사례를 인용한 거짓 꿈으로 자신을 속였음을 깨닫는다. 아이작이 만약 꽃꽂이 수업만 들었어도 다이애나가 거짓말을 한다는 사실을 알았을 것이다. 1990년대에는 아무도 제비꽃으로 식탁을 장식하지 않았기 때문이다.

14

제라늄

내가 이야기하려는 제라늄은 페라고늄(학명 Pelargonium)이다.

페라고늄이 남아프리카 케이프에서 유럽으로 처음 들어왔던 17세기부터 제라늄 두 종은 혼동되기 시작했다. 유럽 사람들이 이미 알고 있던 내한성의 다년생 제라늄처럼 이 식물도 꽃잎이 다섯 장이고, 꼬투리는 두루미의 길쭉한 부리와 조금 닮았다. 그래서 페라고늄이 유럽으로 들어온 장소 이름이 크레인스빌스(Cranesbills, "두루미 부리") 곳이 되었다.

1732년, 독일 식물학자 요한 야콥 딜레니우스는 아프리카에서 온 제라늄은 종류가 다르다고 주장했다. 그는 두 제라늄이 완전히 다른 종류라고 지적했다. 유럽의 제라늄은 다섯 장의 꽃잎이나 꽃가루를 만들어내는 열다섯 개의 수술까지 대부분 규칙적이다. 그러나 케이프에서 들어온 제라늄은 불규칙적이다. 위쪽의 꽃잎 두 장과 아래쪽의 꽃잎 세 장은 크기와 모양, 무늬 모두 다르고, 수술도 꽃가루를 훨씬 적게 만들어낸다. 딜레니우스는 두루미라는 의미의 그리스어에서 제라늄이라는 단어가 나왔기 때문에 새로운 종류의 이름은 황새라는 뜻의 그리스어 페라고늄으로 정할 수 있다고 주장했다.

그러나 스웨덴 식물학자 칼 폰 린네는 두 종류가 뚜렷하게 구분된다고 생각하지 않았다. 그리고 분류법이 제대로 정리될 때까지는 익숙한 이름을 포기하려는 정원사가 거의 없었다. 이번 장에서는 페라고늄, 특히 흔히 볼 수 있는 붉은색 페라고늄 x 호르토룸P. x hortorum을 다루지만, 나는 여러 사람에게 익숙한 제라늄이라는 이름을 계속 사용하려고 한다.

오늘날 우리는 제라늄을 대부분 일회용으로 기른다. 9월이면 값싼 여름 식물인 제라늄을 퇴비 더미에 버리고, 시클라멘이나 겨울에 꽃을 피우는 팬지를 심는다. 사람들은 그런 과정을 별로 싫어하지 않았다. 하지만 몇백 년 전만 해도 제라늄은 귀하고 이국적인 식물이어서 부유한 수집가들이 애지중지했다. 그들은 제라늄이 비나 서리를 맞지 않게 하려고 비싼 온실까지 지었다. 바깥은 혹독한 겨울 날씨지만, 온실 안에서는 남반구에서 온 제라늄이 여름인 줄 알고 꽃을 피웠다.

❧

"1691년, 지금의 런던은 1660년에 비해 정원庭園이 10배 이상 늘었고, 외국 식물이 훨씬 많아졌다고 조심스럽게 단언할 수 있다"라고 존 오브리는 썼다. 하지만 이것은 단지 시작일 뿐이었다. 영국이 식민지를 넓히면서 세계 곳곳의 식물을 탐구한 것이 분기점이 되어 오래된 약초 재배원은 식민지에서 가져온 식물의 전시장이 되었고, 큰 규모의 개인 정원도 똑같이 이국적인 식물들을 많이 갖추었다.

보퍼트 공작부인인 메리 캐펄 서머셋은 1699년까지 750종류의 식물을 확보해서 길이 30.5미터의 대규모 온실에서 길렀고, 호사스럽게도 지하에서 불을 때서 온실 난방을 했다. 또한 보퍼트는 식물 표본 12권도 만들었고(런던 자연사박물관 보관), 화가 에버라드 킥에게 의뢰해 자기 수집품을 화보(花譜, 꽃 모음)로 기록했다. 맨 처음 식물을 묘사하는 그림을 그린 사람은 식물의 의학적인 효과에 관심이 많았던 약제사들이었다. 킥의 수채화도 옛 방식을 어느 정도 유지하면서 정보를 전달하지만, 각 식물의 독특한 모양이나 장식적인 면도 그만큼 강조한다. 당시에는 유용성보다 참신함이 중요했다(킥의 작품은 스노드롭 부분 참조).

특별히 수집한 식물들을 영원히 기록해 '휴대용 정원'을 만들려는 개인적인 필요에서 화보를 주문하는 경우가 많았지만, 다양한 꽃을 모아놓은 호사스러운 책을 판매하는 시장도 생겼다. 1730년, 메리 서머셋은 최초로 삽화가 들어간 묘목 카탈로그를 구독하는 귀족 몇 사람 중 하나였다. 런던 켄싱턴의 정원사 로버트 퍼버는 자신이 갖춘 400가지 품종의 재배용 꽃 묘목을 보여주려고 『열두 달 꽃들The Twelve Months of Flowers』이란 책을 제작했다.

로버트 퍼버의 『열두 달 꽃들』(1730)에서 '겨울'을 표현한 그림.
플랑드르 화가 피터르 카스텔스의 그림을 헨리 플레처가 판화
로 옮겼다. 주홍색 제라늄이 중앙에 있다.

그의 책은 외국에서 들어온 식물들이 지난 100년 동안 영국 정원에서 특히 겨울에 어떻게 변모했는지 보여주는 강력한 증거다. 1616년, 장 프라노가 펴낸 겨울 정원에 관한 책, 『겨울 정원, 꽃 전시실에서Jardin d'hyver, ou Cabinet des fleurs』는 "자연이 우리에게서 꽃을 도로 가져가는" 슬픈 계절에 대한 해독제였다. 『겨울 정원』에는 봄꽃과 여름꽃 그림들이 잔뜩 실려 있고, 함께 실린 시들은 모두 지나간 계절을 아쉬워하는 비가悲歌였다. 하지만 『열두 달 꽃들』에는 슬픈 계절이 없다. 켄싱턴 묘목장에는 1년 내내 꽃을 공급할 수 있음을 보여주는 게 퍼버 책의 주요 목적이었다. 책에는 각각의 달에 피어날 꽃들을 모아놓은 화려한 꽃꽂이를 묘사한 그림이 실렸다. 12월을 위해 모아놓은 꽃들도 다른 때 못지않게 화려했고, 전형적인 빨간색 제라늄이 중앙에 자리 잡고 있다.

❧

18세기 여성들에게 꽃은 결코 단순한 장식품이 아니었다. 식물 연구는 종종 여성 교육의 중요성(누구에게는 위험성)에 관한 논쟁에서 중심을 차지했다. 또 엄마가 아이들에게 가르치기에 완벽한 과목으로 이 식물학을 제시하기도 했다. 식물은 피를 흘리지 않기 때문에 동물학보다 더 쉽다고 여겼다. 한편 칼 폰 린네는 수술과 암술의 개수로 식물을 분류하자고 제안하면서 식물의 번식 능력을 강조했다. 성직자이자 작가였던 리처드 폴웰은 여성스럽지 않은 여성을 맹렬하게 공격하는 과정에서 겸손하고 발그레하던 얼굴이 뻔뻔스럽게 변한다면서 식물을 채집하는 여성을 비난했다.

　제라늄은 특히 음란한 꽃으로 해석되었다. 주로 윌리엄 쿠퍼가 시 〈과제〉(1785)에서 제라늄이 '주홍빛 시간'을 자랑한다고 표현했기 때문이었다. 꽃잎이 겹쳐 있는 형태가 선정적으로 보였기 때문이었을 수도 있다. 로베르 라블레는 가장 섹시한 여성은 입술이 "제라늄처럼 볼록하다"라고 주장했다. 그런데 제라늄의 의인화는 "행복을 준다"에 제한되지 않는다. 찰스 다윈의 할아버지 이래스머스 다윈 같은 과학자들은 식물과 동물 그리고 인간까지 연결한다고 생각하는 지각 행동에 관심을 가졌다. 과학자들은 그 주제로 많이 논의했다. 식물에게 완전한 지각이 있다고 주장하기는 무리지만, 미국 식물학자 존 바트럼은 "식물에도 정말 비슷한 기능이 있어서 왜 그런지 제대로 알고 싶었다"라고 주장했다. 토머스 제퍼슨의 표현대로 "식물과 우리 조직이 비슷하다"는 믿음은 집에서 기르는 식물과 새롭게 상호작용하는 법을 제시했다.

　제퍼슨과 그가 기르던 제라늄은 특별히 친구 사이였다. 제퍼슨은 프랑스 주재 미국 대사를 지냈던 1780년대에 제라늄을 처음 만났고, 이후 버지니아주 몬티첼로의 집에 있을 때나 백악관에서 지낼 때나 제라늄을 잘라서 사람들에게 나눠주며 번식시키기를 좋아했다. 제퍼슨의 대통령 임기가 끝나가자 친구 마거릿 베이야드 스미스는 특별히 좋은 제라늄을 잘라서 보내 달라는 편지를 썼다. "그 제라늄을 집으로 가져가지 않으신다면 제게 맡겨 달라고 간청합니다. 제가 그 제라늄을 얼마나 소중하게 여기게 될지 말로 표현할 수가 없습니다." 제퍼슨이 이런 부탁을 어떻게 거절할 수 있었겠는가? 그는 "마지막에는 잘 돌보지 못해 굉장히 상태가 좋지 않습니다"라고 사과하면서 스미스 부인에게 제라늄을 보냈다. 하지만 부인이 잘 돌보면 곧 상태가 좋아질 것이라며 신뢰를 나타냈다. 그리고 "식물에 감정이 있다면 부인이 애지중지하는 그 관심에 자랑스러워하겠지요"라고 덧붙였다.

제라늄에 관한 애착이 식물과 사람 모두에게 유익하다고 믿은 사람은 제퍼슨이나 스미스만이 아니었다. 식물 채집은 신선한 공기를 마시면서 몸을 움직이는 운동이자 정신적인 자극도 된다는 점에서 널리 홍보되었다. 루소는 "향기로운 냄새, 밝은 색깔, 가장 우아한 모양이 서로 우리 관심을 사로잡으려고 다투고 있을 때 누가 개인적인 고민에 사로잡힐 시간이 있을까?"라고 물었다. 식물은 새로운 방식으로 치료제가 되었다. 식물은 약처럼 삼키거나 찜질을 할 필요가 없었다. 그저 함께 시간을 보내기만 해도 충분했다. 꽃과의 상호작용은 특별히 보퍼트 공작부인 같은 과부, 병약자와 향수병에 시달리는 대통령에게 위로가 되었다. 루소는 "식물에 관심을 기울이면 마음이 편안해지고, 즐거워지고, 기분 전환이 되며, 고통스러운 느낌이 사라진다"라고 말했다.

만성 류머티즘과 우울증에 시달린 작가 샬럿 스미스는 식물이 상처받은 마음을 진정시킬 수 있다고 확실하게 믿었다. 식물은 다른 사람에게 무관심하고 자신도 괴로운 "맥빠지고 게으른 상태, 공허함, 무기력"에서 벗어나게 하는 해결책이라고 그는 믿었다. 날씨가 나빠 여성이 실내에서 지내야 할 때면, 온실이 진가를 발휘했다. 스미스가 좋아했던 시인 중 한 명인 윌리엄 쿠퍼의 유명한 말처럼 결

〈겨울의 강제 정원〉. 험프리 렙튼 『정원 만들기의 이론과 실제에 관한 단편들』(1816)에 실린 석판화

국 "정원을 좋아하는 사람은 온실도 좋아한다". 바람이 휘몰아치고 눈이 내려도 걱정할 필요가 없다. 온실에서는 가장 연약한 꽃도 따뜻하고 포근하게 지낼 수 있기 때문이다.

18세기 말에 투명한 유리 지붕을 덮은 온실이 처음 나타난 이유는 주로 제라늄 같은 식물에 햇빛이 필요했기 때문이었다. 남아프리카에서 들어온 새 품종에 따뜻하고 건조한 공기를 공급하기 위해 난방 장치도 더 정교해졌다. 이는 훗날 양치식물과 난초를 기르려고 개발한 증기나 온수난방 장치와는 사뭇 달랐다. 요즘은 온실 공기를 언급할 때 보통 습도가 높은 장소를 떠올린다. 레이먼드 챈들

러의 소설 『깊은 잠』에 등장하는 필립 말로가 수족관처럼 뿌옇게 습기가 찬 난초 온실에서 이마에 흘러내리는 땀을 열심히 닦는 모습을 상상해보라. 그보다 앞선 시기의 온실은 따뜻하긴 하지만 통풍이 잘되어 '겨울의 건강한 삶'을 보여준다는 이미지가 강했다. 식물이나 식물 애호가나 건강한 삶을 원했다. 1804년, 샬럿 스미스는 생기를 주고 (우리가 계절성 우울증이라 부르는) '겨울 우울증'을 날아가게 한 식물에 감사하면서 〈겨울에 꽃을 피우는 제라늄에게〉라는 시도 썼다. 그런 위안을 주는 꽃들은 함께 역경을 겪은 친구처럼 진실하다는 내용을 담아서.

제인 오스틴의 세 번째 소설 『맨스필드 파크』(1814)의 여자 주인공 패니 프라이스도 같은 생각일 것이다. 이모 집에 얹혀살던 패니에게는 난방이 되지 않는 자기만의 방이 하나 있다. 공부방으로 쓰다 패니의 방이 된 그곳은 일종의 온실이었다. 사람들이 무례하게 대하면(자주 그랬다) 패니는 식물들을 찾아 이 방으로 들어가고, "제라늄에게 바람을 쐴 수 있게 하면서 자신도 바람을 들이마시며 정신력을 회복하기를" 소망했다. 패니와 제라늄의 처지는 비슷했다. 둘 다 있던 곳에서 뿌리 뽑힌 후(제라늄은 남아프리카에서, 패니는 포츠머스 중하층에서) 맨스필드의 비옥한 땅으로 와서 번창하기를 기대한다.

스미스는 시 〈겨울에 꽃을 피우는 제라늄에게〉에서 비슷한 과정을 묘사한다. 시인은 제라늄이 아프리카의 메마른 땅에서 제대로 평가받지 못하고 무시당하면서 자라다가 운 좋게도 영국으로 탈출해 얼룩덜룩한 잎과 그린 듯한 꽃을 이제야 제대로 인정받을 수 있게 되었다고 상상한다. 이게 식민지 시대의 전형적인 표현 방식이

세계사를 바꾼 16가지 꽃 이야기

다. 제국주의가 식민지에서 새 식물을 가져온 건 맞지만, 가치를 알아본 것은 유럽 문화라는 식이다. 영국으로 온 제라늄이 겨울 온실에서 그렇게 풍성하게 꽃을 피우는 게 별로 놀랍지 않으며, 오히려 '감사함으로' 그렇게 했다고 스미스는 생각한다. 하지만 패니 프라이스는 (친척 버트럼 가족에 관한 한) '감사의 꽃'을 피우기까지 너무 오랜 시간이 걸린다. 버트럼 가족은 소설 끝부분에 가서야 패니가 "바라볼 만한 가치가 있는" 존재라고 판단한다. 패니는 그때까지 키가 최소 5센티미터 정도 자라고, 안색도 발그레해졌다. 이모부 토머스 버트럼 경은 흡족해하는 식물 채집가처럼 패니를 맨스필드로 데려온 게 성공이었다고 결론 내린다.

스미스와 오스틴이 묘사한 애지중지하는 외래종 이미지는 19세기 초가 되자 이미 희미해졌고, 1850년대쯤에는 제라늄에 완전히 새로운 이미지가 생겼다. 일회용 여름 화단 식물 그리고 특권층과는 거리가 먼 여성이 실내에서 오랫동안 기르는 식물이라는 두 가지 새 이미지가 생겼다. 둘 다 제라늄 가격이 낮아지면서 쉽게 구할 수 있어서 생긴 이미지다. 주철과 판유리 발명으로 온실 기술이 더 발달하면서 수많은 식물을 번식시키고 기를 수 있게 되었기 때문이었다. 새 철도망으로 멀리 운송하게 되었고, 그래서 외래종 식물을 대량 재배했다.

온실에서 기른 식물을 여름에 내다 심는 화단은 이런 변화를 보여주면서 동시에 마음껏 자랑하는 수단이었다. 화단은 노동집약적이었고, 도시 정원, 시 운영 묘지, 공공 식물원과 공원(모두 19세기 중반에 발달했다)은 꽃만큼 눈에 띄게 노동이 전시되는 셈이었다. 예를 들어, 1859년 여름 동안 런던 하이드파크에는 3~4만 포기에 이르는 화단 식물을 심은 것으로 추정한다.

화단 조성에는 여러 작업이 필요했다. 사람들에게 화려한 모습을 보여주기 전, 추위에 약한 식물들을 따뜻한 곳에서 8개월 동안 길렀는데, 같은 종류일 뿐 아니라 비슷한 키에 똑같은 시기에 꽃을 피우는 식물이어야 했다. 7월 중순까지는 화단을 꽉 채울 정도로 촘촘하게 심었다가 가을에는 모두 파내고, 봄이 올 때마다 완전히 새로운 꽃밭을 만들어야 했다. 정원사들은 화단 상태를 모든 면에서 빈틈없이 유지해야 했기에 여름 내내 무척 바빴다. 잎이나 꽃이 시들면 보자마자 바로 떼어내고, 모양을 망치는 새싹은 잘라내야 했다. 리본, 동그라미, 초승달, 쉼표, 심장 모양으로 꾸민 화단은 험프리 렙튼의 말처럼 정원이 "자연이라기보다는 예술"임을 확실하게 보여주었다. '고분고분하고 유연하다'라고 많은 칭찬을 받던 제라늄은 화단에 완벽하게 어울리는 꽃이었다.

하지만 화단이 산업화의 모든 폐해를 조금 더 일반적으로 보여준다고 생각하는 사람도 많았다. 어떻게 자연의 산물을 살아있는 생물 집단이 아니라 색깔 덩어리로 취급할 수 있느냐고 정원 작가 포브스 왓슨은 물었다. 그런데 이런 말이 그저 저속한 취향을 자극하는 노골적인 화려함을 깔보는 우월의식에서 나온 것은 아닌지 구분하기 어려울 때가 많았다. 영국 왕립원예학회의 앤드루 머리는 "가장 화려한 색에 사로잡히는 사람은 야만인이다. 그런 색을 좋아하고 장신구로 사용하는 취향은 원시 사회의 야만적인 풍습의 잔재"라고까지 주장했다. 파스텔 색상의 내한성 다년생 식물을 심는 게

세계사를 바꾼 16가지 꽃 이야기

〈햇빛에 눈을 깜빡거리다〉(1881). 랠프 헤들리 作

세련된 취향으로 보였다.

하지만 어떤 제라늄은 계속 환영받았다. 주홍색의 커다란 화단이 산업화 시대 대량생산의 추악한 획일성을 상징할 수도 있지만, 제멋대로 자란 제라늄으로 그런 문화에 마지막까지 용감하게 저항하기도 했다.

화분에 심은 제라늄은 집, 특히 빅토리아 시대 이상적인 집으로 생각된 시골 오두막의 상징이 되었다. 그림에 자주 등장하는 고양이처럼 창가에 놓인 주황색 제라늄은 집안이 아늑하고 쾌적하고, 밝고 깨끗하다는 사실을 암시한다. 리 헌트는 "부드러운 잎들이 온화하기까지 해서 옷이나 이불처럼 집 안에 따뜻한 기운을 내뿜는다"라고 열정적으로 이야기했다. 화단의 꽃은 여름이 지나면 뽑아버리지만, 화분에 심은 제라늄과는 몇 년씩 관계를 지속할 수 있고, 꺾꽂이로 대를 이어나가기까지 한다. 포브스 왓슨은 "주홍색 제라늄을 보라. 때때로 온실에서 보듯 해마다 긴 줄기가 뻗어 나가 조금은 어수선해 보이기도 하지만, 아마 당신도 좋아할 것이다"라고 알려준다.

빅토리아 시대 문학은 제라늄에 관한 애정으로 가득하다고 말한다면 과장이 된다. 그 정도로 많이 등장하지는 않기 때문이다. 주로 누군가가 아플 때 나온다. 『작은 아씨들』에서 에이미 마치는 아픈 로리에게 제라늄을 반려식물로 빌려준다. 『제니의 제라늄*Jenny's Geranium*』에서 엄마 없는 주인공은 자신이 기르는 제라늄에 생각과 감정을 털어놓고, 제라늄은 자신만의 감동적인 언어로 대답한다. 현실 세계에서도 제라늄 때문에 감정이 고조될 때가 있다. 블룸즈버리의 가난한 사람들에게 제라늄을 나누어 주었던 새뮤얼 해든 파크스는 화분을 받았던 과부가 전한 감사의 말을 기록했다. "이전에는 그 제라늄을 돌보듯 내가 세상에서 무엇인가를 다시 돌보아야 한다고 믿지 않았어요. 하지만 선생님, 이제는 제라늄이 말할 수 있는 존재라도 되는 듯 거의 사랑하게 되었어요." 애지중지하던 제라늄의 "메마르고 시들고 말라죽은" 모습을 본 샬럿 메리 샌퍼드 반즈는 자책하는 비가悲歌까지 쓴다.

너는 왜 죽었니? 너를 살리려고
밤이나 낮이나 세심하게 보살폈어
네가 시들지 않게 하려고 애썼고.
하지만 모두 소용없었지. 꽃은 달아났어.
잎들은 떨어졌어. 너는 죽었어!

물론 모두가 제라늄을 좋아한 것은 아니다. 빅토리아 시대의 일부 사람에게 제라늄은 너무 흔하고, 상업적이고 그저 빨간 꽃이었다. 윌리엄 모리스는 "제라늄은 꽃조차도 정말 못생길 수 있다는 사실을 보여주는 거의 불가능한 위업을 달성했다"라고 비꼬았다. 오스카 와일드는 다시 태어나면 꽃이 되고 싶다고 하면서 좋아하는 라파엘 전파pre-Raphaelite 백합이 되지 못할까 봐 걱정했다. 그는 "아마도 내가 지은 죄 때문에 영혼 없는 붉은 제라늄이 될 거야!!"라고 농담했다.

오늘날의 우리는 대부분 반즈나 모리스처럼 감정적으로 제라늄을 대하지 않는다. 사실 당연하게 여기는 편이다. 버밍엄, 베른, 브리즈번, 봄베이나 캘리포니아 버클리 등 세계 어느 도시의 거리를 걸어도 제라늄을 보게 된다. 창가 화단에서 뻗어 나가거나, 선술집에 매달아 놓은 바구니 안 피튜니아 사이에 자리 잡고 있거나, 사무실 블라인드 뒤에서 햇빛을 보려고 애쓰거나, 바닷가나 지역 박물관 앞에서 신호등처럼 빛난다. 경치나 위인의 동상을 보면서 감탄

상트페테르부르크 스몰니 학원의 레닌 박물관 앞 제라늄

해야 하는데도 제라늄의 선명한 빨간색이 가시권에 들어오면 눈을
떼기 힘들 때가 많다.

마리오 보고니가 그린 이탈리아 관광청의 1915년 포스터

15

스노드롭

설강화, 스노플레이크^{snowflake}, 스노벨^{snow bell}, 스노 바이올렛^{snow violet}, 듀드랍^{dew drop}, 딩글댕글^{dingle-dangle}, 수줍어하는 처녀…. 스노드롭을 표현하는 다른 이름이다. 식물학적으로 그리스어 갈란투스^{Galanthus}와 라틴어 니발리스^{nivalis}를 결합한 스노드롭의 학명은 눈처럼 하얀 꽃을 떠올리게 한다. 스노드롭꽃은 영국에서는 1월과 2월에 피고, 루마니아에서는 3월 초에 피기 시작한다. 러시아 작곡가 차이콥스키가 열두 달로 나누어 계절을 표현한 피아노곡 시리즈 중 스노드롭은 4월을 상징하는 꽃이다. 덴마크에서는 '겨울 바보'로 불리고, 전통적으로 부활절이 되면 사랑하는 사람을 유혹하기 위해 스노드롭꽃을 넣은 비밀 편지를 보냈다.

겨울에는 별난 일을 하거나 뭔가를 자세히 살펴볼 시간이 많다. 스노드롭의 꽃잎 같은 부분(꽃덮이로 알려진) 여섯 개의 배열을 하나하나 살피면서 시간을 보낼 수도 있다. 큰 조각 세 개는 바깥쪽에 있고, 작은 조각 세 개는 안쪽에 있다. 영국 시인 월터 드 라 메어는 그것을 보고 성 삼위일체를 떠올렸고, 프랑스 소설가 콜레트는 "벌의 날개가 세 쌍이라면 스노드롭이 될 것이다. 아니 스노드롭에 날개가 두 쌍밖에 없다면 벌이 될 것이다"라고 생각했다.

꽃 이름에는 빛을 향해 힘차게 밀어 올린다는 의미도 있다. 프랑스에서는 눈에 구멍을 뚫는다는 뜻으로 '팡스 네즈^{pence-neige}'로 불린다. 스노드롭에 관한 이런 관념 때문에 19세기 말 어린이 책에서는 용기, 창, 투구와 연관된 꽃이 되었다. 영국 화가이자 일러스트레이터 월터 크레인은 이디스 네스빗의 '여름을 위해 싸우는 작은 군대'에 관한 시를 읽고 서리 왕을 향해 진군하는 '흰색 병정'으로 스노드롭을 묘사하는 그림을 그렸다. 네스빗은 "스노드롭이라는 은빛 꽃이 나타나면 겨울의 패배는 확실해진다"라고 이야기한다.

크레인과 네스빗 모두 페이비언 협회 회원이었다. 페이비언 협회는 혁명이라는 정면 공격보다는 간접적이면서 반복적이고 끈질긴 공격으로 사회주의를 이룰 수 있다고 믿었다. 협회 이름도 한니발 군대에 맞섰던 로마 장군 퀸투스 파비우스 막시무스의 '파비우스 전략'에서 따왔다. 협회 상징은 양의 탈을 쓴 늑대 그리고 천천히 움직이지만 강력하게 밀어붙이는 거북이다. 그러나 크레인이 그린 스노드롭을 보면 꽃을 투구로 쓰고 싸움터에 먼저 도착하기로 한 듯 조금 성급하게 다가간다. 이 그림에서 스노드롭은 미군과 영국 공

월터 크레인이 그림책 『꽃의 여신 플로라의 잔치 : 꽃들의 가면
극』(1889)에서 표현한 스노드롭

군의 헌병대와 비슷해 보인다.

작고 하얀 꽃을 남성적이거나 군인 같다고 생각하지는 않는 게
보통이지만, 테드 휴스의 생각은 다르다. 그가 시에서 소녀로 묘사
한 스노드롭의 창백한 머리는 투구가 아니라 그저 "쇳덩어리처럼
무겁다". 스노드롭의 대롱거리는 꽃(날씨가 나쁠 때도 꽃가루가 젖지 않게
해주는 현명한 방법이다)은 여성적인 수줍음을 표현하는 것으로 많이
해석한다. "기분을 상하게 할까 봐 두렵다는 듯/ 이마를 숙인 너를
보고 있어"라고 워즈워스는 노래했다.

하지만 그 꽃을 아마도 중성으로 생각해야 할 수도 있다. 영어 이름 스노드롭snow drop은 16세기와 17세기에 멋쟁이 남성과 여성들이 착용하던 진주 장신구를 뜻하는 독일어 쉬니트로펀Schneetrophen에서 나온 단어다. 목걸이나 브로치에 매달려 있거나 귀걸이로 사용하던 장신구다. 쉬니트로펀은 요하네스 베르메르의 작품 〈진주 귀걸이를 한 소녀〉로 유명하지만, 엘리자베스 1세의 신하 월터 롤리도 즐겨 착용했다.

※

2월의 어여쁜 아가씨, 흰 숙녀, 정화하는 꽃, 마리아의 초 등 스노드롭의 영어 이름은 분명히 여성적이다. 성모마리아와의 관계를 상징하기 때문이다. 더 구체적으로 말하자면, 스노드롭은 성촉절의 꽃이다. 2월 2일 성촉절聖燭節은 성모마리아가 유대 율법에 따라 아기 예수를 예루살렘 성전에 바치면서 정화 의식을 한 날을 기념하는 절기다. 최소한 지중해 지역에서는 봄의 시작을 축하한 로마의 루페르칼리아(2월 15일)처럼 오래된 축제와 기독교를 연결하는 날이기도 하다. 더 북쪽 지방에 사는 농부들은 성촉절 날씨로 앞날을 예측했다.

성촉절 날씨가 건조하고 맑다면
겨울의 반이 아직 남은 것이다.
성촉절 날씨가 사납고 비가 온다면
겨울의 반이 크리스마스 때 지나갔다고 본다.

어쨌든 2월 중순에는 스노드롭이 영국 전역의 교회 뜰에 잔뜩 피어 있어야 했다. 요즘도 전에 수도원이나 수녀원이었던 곳에서는 한꺼번에 스노드롭이 피어 있는 모습을 볼 수 있다. 아마도 수도사들이 이탈리아에서 갖고 와서 심었던 것 같다. 16세기 전에 영국에서 스노드롭에 관해 기록한 글이나 그림은 없고, 1770년대에 이르러서야 야생에서 자라는 모습이 발견됐다.

성촉절에는 그리스도와 가족들이 축복을 받고자 교회에 가져온 촛불을 기념한다. 그래서 성촉절에 사용한 초는 한 해 동안 개인적으로 기도할 때 사용했다. 예를 들어, 누군가 아프면 침대 옆에 그 초를 켜놓고 하나님이 돌보아주시기를 기도했다. 마리아의 초라는 이름이 생기면서 스노드롭은 상징의 상징이 되었다. 셰이머스 히니는 네 살 때 사망한 동생 크리스토퍼를 기리는 시에서 침대 옆에서 위로하던 촛불과 스노드롭을 함께 떠올린다.

성촉절과의 관련성을 보면, 스노드롭이 어떤 면에서 기독교의 여성적 미덕인 순수함과 정결함을 구체적으로 보여준다고 보는지 알 수 있다. 백합 같은 다른 흰색 꽃에도 이런 미덕이 담겨 있다고 여기지만 신교도들은 스노드롭의 종교적이고 도덕적인 가르침을 교회에서만 전하는 게 충분하지 않다고 생각했다. 그래서 특히 어린이를 위한 책과 잡지에는 스노드롭이 자주 등장했다.

미국교회학교연합이 펴낸 책에 나오는 이야기 중에는 추운 겨울에 참고 기다리다가 드디어 창조주의 신실함을 드러내는 증거로 피는 꽃을 보며 감사하라고 여섯 살짜리에게 가르치는 내용이 나온다. 다른 이야기에서는 한 아이가 자신의 스노드롭을 자랑하다 가

소설 『스노드롭, 죽은 자로부터의 삶』(1876)의 결정적인 장면

진 것을 과시하는 어리석은 행동을 하지 않는 게 좋다는 사실을 배운다. 세 번째 이야기에서는 죽어가는 소녀가 남동생에게 자신이 스노드롭처럼 "순수하고 하얗고, 고결하게" 돌아올 것이라고 위로한다. 몇몇 이야기는 스노드롭의 관점에서 이야기를 전한다. 투덜거리는 소년과 소녀에게 교훈을 주는 한 이야기에서는 불평하던 스노드롭이 화분에 심겨 병든 아이의 침실 창턱에 놓인 후 삶의 목적을 발견한다. 아이가 회복되자 스노드롭은 "내가 쓸모가 있어서 정

말 기뻐. 나는 하나님의 뜻에서 벗어난 존재가 될 수 없으니 다시는 불평하지 않을 거야”라고 속삭인다.

때로는 밖에서 꽃을 피우는 실제 스노드롭보다 도덕적 가르침을 주는 상징적인 스노드롭이 더 많아 보였다. 1823년, 에드거 테일러가 그림 형제의 동화 『백설 공주』를 영어로 처음 번역할 때 제목을 '스노 화이트Snow White'에서 '스노드롭Snow-Drop'으로 바꾸었다. 스노드롭은 캐나다에서 처음 나온 어린이 잡지의 이름이기도 했다 (1847년에서 1853년까지 발행됐다).

19세기 말, 영국 셰필드의 노동자층 여성(그다음 영국 북부 전역으로 퍼졌다)은 '스노드롭 밴드'에 가입하라는 권유를 받았다. 그들이 혼전 성관계나 자유분방한 행동을 하지 않도록 그리고 나쁜 영향을 주는 바보 같은 책을 읽지 않도록 교육하기 위해 만든 사교 클럽이었다. 나쁜 영향을 주는 책에는 로버트 번스의 〈키스〉 같은 시가 포함되었을 가능성이 높다. 그 시는 "젊은 남녀의 관계에서 가장 사랑스러운 유대"를 "사랑의 첫 번째 스노드롭, 첫 번째 키스"로 말랑말랑하게 묘사했다.

그러나 스노드롭 밴드는 키스가 아니라 저녁 식사에 초대받았다. 각자 화분에 스노드롭 알뿌리를 심은 다음에는 갈색 요리, 꽃이 피었다고 축하할 때는 흰색 요리를 먹었다. 스노드롭은 성모마리아를 새 이브로 여긴다. 첫 번째 이브가 세상에 죽음을 가지고 왔다고 비난받았다면, 새 이브는 예수로 생명을 살렸다고 한다. 이브를 겨울의 어두움, 성모마리아를 봄의 빛으로 여기기도 한다. 이처럼 스노드롭은 겨울과 봄 그리고 이브와 성모마리아를 연결한다. 스노드롭과 관련된 유명한 전설에서는 아담과 이브가 에덴에서 추방되었을 때 눈이 내리기 시작했다. 그때 천사가 나타나 눈송이를 잡고 입김을 불어 넣었더니 스노드롭으로 바뀌었다. 스노드롭은 "태양과 여름이 곧 찾아온다"는 약속이었다. 눈송이가 아니라 이브의 눈물이 변해 스노드롭이 되었다는 전설도 있다. 그래서 스노드롭의 여러 이름 중 '이브의 눈물'도 있다.

조지 엘리엇의 첫 번째 소설이자 가장 직접적인 알레고리 소설인 『아담 비드』(1859)에는 이런 연관성이 많이 담겨 있다. 주인공 아담 비드의 어머니 리스베스는 흰색 리넨 모자를 쓴 '스노드롭처럼 깨끗한' 모습이다. 더 중요한 부분은 스노필드 방적 공장에서 일하다 감리교의 평신도 설교자가 된 여자 주인공 다이나 모리스와 스노드롭의 관련성이다(다이나도 흰색 모자를 썼고, 투명할 정도로 흰 얼굴이다). 이 소설은 스노드롭의 냉철한 금욕주의에 관해 조금 회의적인 것 같다. 황량한 시골 스토니셔가 부유한 롬셔보다 좋다고 다이나가 말하자 리스베스는 곧장 그의 금욕적인 낭만주의를 반박한다. "당신은 그렇게 말해도 되겠죠. 스노드롭과 많이 닮았으니까. 내가 딴 스노드롭은 물 한 방울 햇살 한 줄기로도 몇 날 며칠을 살아 있었어요. 하지만 굶주린 사람들은 그런 헐벗은 시골을 떠나는 게 좋아요"라고 말한다. 하지만 이야기가 전개되면서 그런 비판은 서서히 줄어들고, 리스베스는 다이나를 '금방 딴 스노드롭'처럼 순수하고 우아한 '천사'로 바라본다. 책이 처음 출간되었을 때 읽었던 독자는 꽃의 상징을 잘 알았기 때문에 새 이브(다이나)가 아담 비드와 결혼한 후 에덴동산 같은 롬셔에 정착해 가정을 꾸리는 이야기에 별로 놀라지 않았을 것이다.

보통 검은색을 죄악과 사악함을, 눈과 같은 흰색은 순수함과 선량함을 상징하는 색으로 생각한다. 아프리카계 미국인들은 이런 상징에 무척 익숙했다. 그리고 노예제 폐지 운동을 하는 동안 연설가이자 수필가였던 아프리카계 미국인 마리아 스튜어트 같은 사람들까지 "피부는 밤 그늘처럼 검어도 마음은 순수하고 영혼은 하얗다는 사실을 세상에 증명하기 위해 …"라고 자주 이야기했다.

노예제가 폐지됐어도 피부색에 따른 인종차별 제도가 생기면서 이런 선입관만 깊어졌다. 1895년에 발표한 폴 로렌스 던바의 시는 백인이 원하는 표정을 보여주려고 아프리카계 미국인이 가면을 써야만 했던 상황을 보여준다. 동시에 여러 존재가 되려고 노력하면서 모순적인 삶을 사는 게 어떤 느낌인지를 보여주는 시〈역설〉(1899)은 더욱 강렬하다. 어떻게 한 나무에 꽃봉오리와 활짝 핀 꽃, 낙엽이 동시에 있을 수 있을까? 어떻게 한 사람의 손등은 진흙처럼 까무잡잡한데, 손바닥은 '스로드롭처럼' 하얄 수 있을까? 스노드롭의 상징이 도덕적 교훈에서 인종 문제로 바뀐 게 설득력 없어 보인다면 불과 4년 후인 1903년에 출간된 책 『세계의 미신, 민속, 신비학에 관한 백과사전*The American Encyclopedia of Superstitions, Folklore, and the Occult Sciences of the World*』에서 스노드롭에 관해 어떻게 설명하는지 보자. 1. 스노드롭을 가까이하면 생각이 순수해진다. 2. 소녀가 봄에 발견한 첫 스노드롭을 먹으면 여름에 햇볕에 그을리지 않는다.

✣

애호가들은 스노드롭에 관해 과장된 표현을 사용한다. 보통 때는 냉소적인 체코 작가 카렐 차페크도 스노드롭을 보고 감동해서 "승리의 기쁨에 들어 올린 손바닥, 선악과, 영광의 월계관도 싸늘한 바람에 흔들리는 연약한 줄기 위의 이 하얗고 가냘픈 컵보다 아름답지 않다"라고 분명하게 말했다. 빅토리아 시대 사람들은 특별히 크림 전쟁 현장에서 새 품종들이 영국으로 들어온 후 스노드롭의 열렬한 팬이 되었다. 그리고 최근에 그 열기가 되살아났다. 스노드롭(학명 Galanthus)은 공식적으로는 20개 종밖에 없지만, 수백 가지 육성 품종을 살피고 즐길 수 있었다. 2012년에는 '스노드롭 애호가galanthophiles'란 단어가 드디어 옥스퍼드 영어 사전에 실렸다. 18세기에 앵초를 열렬하게 좋아했던 사람들처럼 스노드롭 애호가들도 자신의 보물을 극적으로 보여주려고 검은색을 배경으로 한 전시실을 만든다. 그리고 정기적으로 만나 잎의 모양, 꽃잎 크기나 자태 그리고 곤충 같은 꽃가루 매개체를 끌어들이고 안내하는 방식에 관해 이야기한다. 헬렌 옘은 스노드롭 애호가들의 모임 분위기가 고상하면서 열광적이고, 상당한 돈을 쓸 준비가 되어 있다고 기록한다. 2015년에는 이베이 경매에서 '갈란투스 플리카투스Galanthus plicatus' 알뿌리 가격이 1천390파운드에 달했다.

스노드롭에 부정적인 사람도 있다. 식물 수집가 레지널드 패러는 스노드롭이 "쌀쌀맞고, 무정하고, 냉정한" 꽃이어서 봄을 약속한다기보다 겨울의 결정체라고 생각했다. 그는 스노드롭을 보자마자 난롯가로 달려가 몸을 녹인다고 말했다. 19세기에는 무덤에 심었기 때문에 스노드롭은 '죽음의 꽃'이라는 평판도 얻었다. 1868년에 영국 웨스트서식스의 미신을 기록한 샬럿 레이덤은 "수의 입은 시체처럼 보인다고 스노드롭을 무서워하는 사람이 많았다"라고 썼다. 다른 지역에서도 스노드롭을 집 안으로 가지고 오거나 병문안 때 한 송이라도 들고 가면 불길하다고 여겼다. 이런 생각은 성촉절과 관련된 스로드롭 이미지와는 너무나 대조적이어서 리처드 메이비는 반가톨릭적인 이유에서 나온 이야기일 수도 있다고 생각한다. 겨울에 길에서 죽어 얼음이 녹은 다음에야 나타나는 시체를 모스크바에서는 '스노드롭'이라는 속어로 부르고, A. D. 밀러의 소설 『스노드롭』은 그것을 전제로 펼쳐진다.

스노드롭은 또한 우리 건강을 해칠 수도 있다. 식물 전체에 독성이 있고, 특히 알뿌리에는 더 많다. 스노드롭을 먹으면 위경련, 설사, 메스꺼움, 현기증과 구토를 일으킬 수 있다. 그러니 미국 항공병들이 에른 호수의 무인도에서 생존시험을 할 때 9일 동안 스노드롭 죽만 조금 먹었다는 사실이 놀랍다. 『일러스트레이티드 런던 뉴스』는 "그들은 섬에서 나와 검사를 받았고, 눈에 띄는 부작용은 없었다"라고 보도했다.

✤

식물 생화학자들은 조금 더 신중한 태도로 지난 50년 동안 스노드롭의 화학 구조를 탐구하고 의학적, 농업적 활용 가능성을 연구했다. 농업 생명공학은 식물이 동물에게 먹히지 않으려고 발달시켰다고 여기는 단백질 렉틴을 오랫동안 연구해왔다. 식물이 스스로 포식자를 물리칠 수 있다면 살충제를 줄일 수 있기 때문이다. 유전학자들은 1990년대 초부터 스노드롭 렉틴GNA, Galanthus nivalis agglutinin 유전자를 복제해서 밀, 쌀, 감자 같은 작물에 집어넣는 실험을 시작했다. 그러자 스노드롭 렉틴이 진딧물, 딱정벌레와 나방을 물리치는 데는 효과를 보이면서도, 포유류에는 나쁜 영향을 주지 않는다는 사실이 밝혀졌다. GNA로 유전자 조작을 한 농작물도 안전한지 알아보는 게 다음 단계였다. 1998년, 헝가리 생화학자 아르파드 푸스자이가 텔레비전 방송에 출연해 자신이 연구하던 유전자 조작 감자가 실험용 쥐에 해를 끼쳤다는 사실을 밝히고, 선택권이 있다면 자신은 단연코 그런 감자를 먹지 않겠다고 발표하면서 논란이 일었다. 푸스자이는 유전자 조작 반대 운동을 하는 사람들에게 영웅이 되었지만, 그의 실험에는 문제가 많고 제대로 결론을 내지 못했다는 사실을 알게 된 과학자들은 그를 외면했다. 오늘날에는 다양한 작물을 GNA로 유전자 조작을 한다.

스노드롭에서 추출한 또 다른 중요 물질(갈란타민으로 불리는 일종의 알칼로이드)은 별로 논란을 겪지 않았다. 1951년, 러시아 약리학자 미하일 마쉬코프스키는 우랄산맥의 마을에 사는 사람들이 두통약 대신 스노드롭 가루를 이마에 문지르고, 소아마비에 걸린 아이에게 스노드롭을 달인 즙을 먹이는 모습을 관찰했다. 놀랍게도 스노드롭을 먹은 아이는 아무 후유증 없이 소아마비에서 회복되었다. 마쉬코프스키와 동료들은 그 후 몇 년 동안 화학적 효과가 있는 화합물인 갈란타민을 분리하고, 그 물질이 신경 전달에 어떤 역할을 하는지 실험했다. 갈란타민은 1958년에 불가리아에서 약으로 사용할

화보에 실린 에버하드 킥의 수채화(1703-5). 왼쪽에 스노드롭과
석회바위취가 함께 있고, 중앙에 독말풀이 그려져 있다. 오른쪽
은 가는기린초다.

수 있도록 공식 승인을 받았다. 그때는 냉전이 한창이던 시기여서 동유럽 밖으로는 갈란타민이 알려지지 않았다. 1980년대가 되어서 야 알츠하이머병의 새 치료법을 찾던 연구자들이 이 물질을 발견했다. 오늘날에는 알츠하이머병 초기 단계에서 증상을 없애주는 효과적인 치료약으로 널리 사용된다.

갈란타민 연구는 호메로스가 『오디세이아』에서 '몰리'라고 이름 붙인 마법의 약초를 알아낼 수 있을지로 주목받았다. 마녀 키르케가 오디세우스의 부하들에게 "고향에 관한 기억을 모두 지우는" 위험한 약초를 먹이자 헤르메스는 오디세우스를 만나 키르케의 마법을 물리칠 강력한 약초 '몰리'를 준다. 키르케가 에게해 지역의 어떤 식물을 사용했을지를 놓고 여러 추측이 나왔다. 뇌의 특정 신경 전달 물질을 차단해 망상과 기억상실을 일으키는 아트로핀이 함유된 독말풀(학명 Datura stramonium)이 가장 그럴듯해 보인다. 갈란타민에 관한 정보가 알려지던 1981년, 안드레아스 플레타키스와 로저 뒤바젱은 세계 신경과학회 무대에서 언급하길, 몰리가 스노드롭과 상당히 비슷하며, 진짜 스노드롭이라면 『오디세이아』는 중추성 항콜린제 중독을 치료할 항콜린에스테라제 사용에 관한 최초의 기록일 것이라고 했다. 하지만 보퍼트 공작부인이 의뢰한 화보花譜에서 에버하드 킥이 수채화로 독말풀과 그 풀의 해독제 스노드롭을 나란히 그린 것은 순전히 우연의 일치다.

16

아몬드

겨울의 어느 때, 그 겨울이 절대 끝나지 않을 것처럼 느껴지면 정원의 스노드롭조차 매력적으로 보이지 않는다. 그럴 때면 북쪽에서 추위에 떨던 사람들이 조금 더 마음에 드는 꽃, 분홍빛 도는 아몬드 꽃이 무더기로 핀 곳을 찾아 남쪽으로 향한다.

혹독한 겨울에 남쪽을 그리워한다? 물론, 진부한 주제다. 오늘날에는 글래스고에서 카나리아 제도 테네리페 섬, 모스크바에서 푸켓으로 가는 데 그렇게 비용이 많이 들지 않는다. 하지만 과거에는 부자들만 따뜻한 남쪽 나라로 가서 지낼 만한 비용을 감당할 수 있었다. 겨울이 오면 날씨가 따뜻하고 경치 좋은 프랑스 동남부와 이탈리아 서북부의 지중해 연안 지역 리비에라에서 몇 달 지내다 오는 게 18세기 말 영국 귀족들 사이에서 유행이었고, 이후 러시아 귀족들도 따라 했다. 처음에는 (일광욕으로 원기를 회복한다는) 햇빛 요법이라는 이름이 달린 치료 여행이었지만, 사실 그렇게 아름다운 곳을 찾는 데 다른 이유는 필요 없었다. 19세기 중반에 철도가 연결되고 호텔이 들어서면서 리비에라를 찾기는 더 쉬워졌고, 예술가, 작가와 중산층 사람들까지 점점 더 이 유행에 합류했다. 리비에라 지역의 코트다쥐르는 1920년대가 되어서야 겨울보다 여름 휴양지로 더 유명해졌다.

겨울에 꽃과 함께 생활한다는 생각은 굉장히 매력적이었다. 코트다쥐르의 망통에 '성모마리아 온실'이라는 정원을 만든 로렌스 존스턴이나 리비에라의 캅 페라에 별장 '빌라 에프뤼시'를 지은 베아트리스 드 로스차일드 남작 부인을 비롯해 이 지역에서 겨울을 보낸 많은 사람이 고향에서는 생각하기 어려웠던 식물들을 기르는 기회를 즐겼다. 영국 왕립원예학회에 위슬리 가든을 기부한 것으로 유명한 토머스 핸버리는 두 사람보다 앞선 사례다. 1867년, 길고 춥고 음울한 영국의 겨울에 완전히 넌더리가 난 핸버리는 이탈리아 서북부 해안의 오래된 저택을 사들여 화려한 정원 '라 모르톨라'를 조성했다. 새해를 맞을 때마다 당시에 핀 꽃들을 자세히 기록해서 겨울에 리비에라 지역에서 꽃을 재배할 수 있다는 증거로 영국 원예잡지 『가드너스 크로니클』에 목록을 보내는 게 그의 큰 즐거움 중 하나였다. 핸버리는 독자들이 조금 질투심을 느낄 수도 있음을 충분히 이해했다. "기차로 30시간을 가야 하는 지역에서 꽃을 피우는 500여 종의 식물 목록을 실어 혹독한 겨울을 견뎌야 하는 북쪽 사람들에게 들려주는 일이 과연 호의적인 행동일까?" 그는 자문했다. 잡지는 영국 독자에게 교외 온실에서 핸버리처럼 해보라고 몇 가지를 제안했지만, "무엇을 하든 계속 내리쬐는 리비에라의 햇빛을 가져올 수는 없다"는 사실을 인정해야 했다.

이탈리아 투스카나 지방의 날씨는 더 좋았다. D. H. 로렌스는 "분홍색 집들, 분홍색 아몬드꽃, 분홍색 복숭아꽃, 보라색 살구꽃, 분홍색 아스포델꽃… 시칠리아에서는 2월 말만 되어도 갑자기 더워져 아몬드꽃이 "가장 부드러운 산들바람에도 분홍빛 눈처럼 떨어질 수 있다"라고 열정적으로 기록했다(영국에서는 모든 게 훨씬 늦다. 시인 에드윈 아놀드는 아몬드꽃을 "4월의 벌에게 보내는 4월의 선물"이라고 표현했다).

로렌스는 그곳을 찾기 전부터 오랫동안 지중해 지역의 아몬드꽃을 상상했다. 한 번도 해외에 나가본 적이 없었던 1909년, 그는 이 남쪽 나라의 아몬드꽃과 영국의 산울타리 밑에 숨은 봄의 제비꽃을 비교하는 시를 썼다. 그는 프로방스, 일본과 이탈리아처럼 행복한 땅이 아몬드 나무 아래서 휴식을 취한다고 표현했다. 로렌스는 1920년이 되어서야 드디어 아몬드 나무를 직접 볼 수 있었다. 시칠리아 북동 해안 타오르미나 언덕에서 집을 빌려 아내 프리다와 함께 생활할 때였다. 오스트레일리아 인상주의 화가 존 피터 러셀이 1880년대에 야외에서 그림을 그린 장소와 가까운 곳이었다. 러셀의 작품 〈아몬드 나무와 폐허〉를 자세히 들여다보면 물감 안에 꽃잎이 들어 있다는 사실을 알 수 있다.

❀

〈아몬드 나무와 폐허, 시칠리아〉(1887). 존 러셀 作

그러나 태양을 찾아가는 사람들에게 따뜻한 날씨가 언제나 필수 조건은 아니었다. 러셀의 친구였던 빈센트 반 고흐는 1888년 2월에 프로방스에 도착했다. '일본의 겨울 풍경'처럼 전원을 하얗게 뒤덮는 진짜 눈을 찾아서였다. 그 세대의 많은 사람처럼 반 고흐도 일본에 사로잡혀 있었다(국화 부분 참조). 그는 일본 목판화를 보면서 감탄했던, 절제되고 평면적인 양식에 어울리는 그림 주제를 찾아 남프랑스로 갔다. 그뿐 아니라 "자기 자신이 꽃인 양 자연 속에서 살아가는" 능력을 갖춘 듯한 일본인을 본받고 싶었다. '라 모르톨라'처

〈유리잔에 담긴 아몬드 꽃가지〉(1888). 빈센트 반 고흐 作

럼 화려한 정원에서 독특한 꽃들을 찾아내기보다 농부들이 들판이나 과수원에서 기르는 꽃들에 관심을 기울이는 일도 점점 더 일본인처럼 되려는 노력 중 일부였다. 사실 반 고흐가 그린 대표적인 꽃 두 가지는 모두 먼 나라에서 유럽으로 건너온 꽃들이다. 해바라기는 멕시코에서, 아몬드는 서아시아 산맥에서 건너왔다. 이 꽃들 역시 오랜 시간이 흐르면서 토착 식물 같은 느낌을 주었다.

아를에 도착한 지 1주일이 조금 지났을 무렵, 고흐는 동생 테오에게 편지를 썼다. "된서리와 눈이 계속 내리지만, 벌써 꽃을 피운 아몬드 나뭇가지를 연구한 작품을 간신히 두 점 그렸어." 가까이에서 포착한 장면을 묘사한 단순한 구도에서 일본의 영향이 뚜렷하게 드러나는 그림이다. 탁자 가장자리의 직선은 벽의 빨간 선 때문에 더욱 강조된다. 그리고 분홍빛 꽃이 달린 대각선의 가지가 빈 공간을 가로지르면서 이 직선들과 대비된다. 유럽의 정물화는 '죽어있는 자연'을 표현함으로써 삶의 덧없음을 생각하게 하기에 보통은 낙관적인 그림이 아니다. 하지만 이 그림에는 즐거운 기대감이 넘쳐흐른다. 우선 꽃가지라는 개념은 더 큰 나무가 존재한다는 사실을 떠올리게 한다. 게다가 분홍빛 약속을 하는 듯한 아몬드꽃을 따라 벽의 붉은 선 그리고 밑줄 친 고흐의 붉은색 서명까지 시선이 위로 올라간다. 그가 프로방스 생활에서 기대하는 모든 것을 표현한 그림이다.

2년 후 반 고흐는 아몬드 나무와 희망에 경의를 표하는 유명한 그림 〈아몬드꽃〉을 그렸다. 야외에서 그린 그림으로, 하늘색 배경의 커다란 나뭇가지들을 올려다보는 느낌을 준다. 고흐는 1890년

2월, 테오가 아들을 낳은 후 자신의 이름을 따서 빈센트라고 이름 붙였다는 소식을 듣자마자 이 그림을 그리기 시작했다. 〈아몬드꽃〉은 새로 태어난 아기에게 주는 선물이었고, 반 고흐는 그 그림을 아기 침대 위에 걸고 싶었다. 한 달 정도 그림을 그린 후 그는 테오에게 "일본인처럼 차분하고 흔들림 없이 작업했기 때문에 이제까지 작품 중 아마도 가장 끈기 있고 훌륭하게 해냈다고 생각한다"라고 털어놓았다. 하지만 이렇게 자신만만하고 자부심 넘치는 기분은 오래가지 못했다. 반 고흐는 점점 더 끔찍하게 좌절하다가 무너졌다. 〈아몬드꽃〉을 완성한 후 그는 '짐승처럼 결딴 난' 기분이 들었고, 1890년 7월에 자살했다.

❀

물론 반 고흐는 아몬드꽃만 그리지는 않았다. 1888년 4월 한 달만 보아도 복숭아, 살구, 사과, 배, 자두 과수원을 바삐 옮겨 다니면서 유화 물감을 두껍게 칠하는 임파스토 기법으로 미친 듯이 그렸다. 그는 전체적인 풍경이 언제든 바뀔 수 있어서 재빨리 작업해야 한다고 말했다. 봄에는 "다양한 색감으로 서로 경쟁한다"라는 플리니우스 표현처럼 다양한 꽃들이 다투어 핀다. 하지만 아몬드꽃이 필 때는 다르다. 쉬지 않고 여기저기에서 꽃봉오리가 맺히는 봄과 달리 2월에 홀로 피는 아몬드꽃은 앞으로 어떤 일이 벌어질지 그저 한입 맛보게 할 뿐이다. 만찬 전에 먹는 애피타이저 같은 존재다.

아몬드는 구약성경 예레미야서에서 처음으로 예언과 관련되는 식물이 되었다. 신은 아몬드 나뭇가지를 보여주면서 앞날을 예언하고, 예레미야를 예언자로 임명한다. 아몬드 나무라는 뜻의 히브리어(샤케드)와 무언가를 지켜본다는 뜻을 지닌 히브리어(쇼케드) 발음이 비슷해서 관련성은 더욱 강해졌다. 여러 시와 그림에서 주인공이 아몬드 꽃가지를 쥐고 있으면 집안일을 예언할 수 있다는 의미로 통한다. 예를 들어, 빅토리아 시대 잡지에 실린 이름 모를 작가의 시에서는, 한 남편이 진절머리 나는 노동과 삶에 지쳐 실의에 빠져 있을 때 아내가 손에 아몬드 가지를 들고 나타나 미래의 행복을 약속하는 말로 안심시킨다. 말할 것도 없이 아내가 옳았다.

성직자나 시인들은 일찍 꽃을 피우는 아몬드에 주목했지만, 왜 이 나무만 복숭아 같은 과일나무보다 일찍 잠에서 깨어나는지 의문을 던지는 사람은 거의 없다. 이것은 예기치 않은 늦서리를 두려워하는 과일 재배 농부에게는 정말 중요한 문제이고, 유전학자들은 자연의 속도를 조절할 수 있다는 희망을 품고 이 문제를 연구하고 있다.

반면 신화를 만들어내는 사람들은 마음껏 상상력을 발휘해 설명했다. 필리스와 데모폰 이야기를 보자. 연인 데모폰이 돌아오지 않자 절망한 필리스는 목매어 자살하고, 잎이 없는 겨울 아몬드 나무로 변한다. 드디어 뒤늦게 돌아와 어떤 일이 일어났는지 알게 된 데모폰은 슬퍼하며 그 나무를 껴안는다. 그래서 잎이 돋았다는 이야기도 있고, 식물학적으로 조금 더 정확하게 표현하려고 사랑스러운 꽃이 활짝 피었다는 이야기도 있다. 어느 이야기에서든 필리스와 데모폰은 화해했다.

빅토리아 시대 사람들은 이야기를 좋아했다. 에드워드 번 존스는 연인 마리아 잠바코와의 관계에 죄책감을 느끼고 필리스와 데모폰 이야기를 두 차례에 걸쳐 그렸다. 두 번째 그림에 그는 〈용서의 나무〉(1882)라는 제목을 붙였다. 그런데 두 작품 모두에서 필리스를 만난 데모폰이 별로 좋아하는 것 같지 않다. 번 존스는 죽었다가 나타난 여성의 등장에도, 제목으로 추측할 수 있는 여성의 용서에도 초점을 맞추지 않는다. 그의 관심은 온통 나무에 사는 스토커(필리스)를 보고 움찔 놀라 뒷걸음질하는 불쌍한 남자(데모폰)에 쏠려 있다. 『런던 타임스』는 이 그림이 "극도로 혐오감을 준다"라고 평가했지만, 소설가 헨리 제임스는 그림에서 아몬드꽃이 "싱싱하고 촉촉해 보인다"라고 칭찬했다.

고국을 떠나 사는 사람들 사이에서는 아몬드꽃에 관한 순수하고 기독교적인 이야기가 퍼졌다(연인이 아니라 남매가 등장한다). 『리비에라 네이처 노츠*Riviera Nature Notes*』에 따르면, 성 패트릭이 어느 겨울에 생 오노라 섬의 레린 수도원으로 공부하러 가면서 과일나무에 꽃이 피기 시작하면 돌아오겠다고 여동생에게 약속했다고 한다. 그런데 겨울은 길었고, 동생은 참을성을 잃기 시작했다. 여동생은 모든 나무에 서둘러 꽃을 피워 달라고 간청했지만 한 나무는 서리를 두려워했고, 다른 나무는 살을 에는 듯한 바람을 피하려고, 세 번째 나무는 혼자 꽃을 피우면서 눈에 띄고 싶지 않다고 거절했다. 오직 마음이 따뜻한 아몬드 나무만 꽃봉오리를 터뜨리겠다고 약속했다. 성 패트릭도 꽃이 핀 것을 알고 돌아왔다. 아몬드 나무는 고마워하는 여동생과 흡족해하는 성 패트릭의 미소를 보면서 자랑스러워했고, 그때

〈용서의 나무〉(1882). 에드워드 번 존스 作

부터 어느 나무보다 일찍 꽃을 피웠다고 한다.

　D. H. 로렌스는 지하 세계에서 돌아온 페르세포네나 불꽃에서 날아오르는 불사조처럼 원시적이고 이교도적인 이야기를 좋아했지만, 화해하고 새롭게 출발하는 아몬드 나무의 능력을 보여주는 이 이야기에도 매력을 느꼈다. 로렌스는 시칠리아 타오르미나 언덕에서 보이는 뒤틀리고 울퉁불퉁한 아몬드 나무에서 오래전 지중해의 아침과 현대사회를 연결해 새로운 20세기를 만들려는 자신의 희망

을 표현해줄 만한 상징을 발견했다. 로렌스의 소설『사랑에 빠진 여인들』의 주인공 중 한 명은 "바삐 돌아가는 기계 위에서는 어떤 꽃도 자라지 않는다"라고 단호하게 이야기한다. 그러나 고대의 남쪽 지방에서는 불가능할 것 같지도 않았다. 겨울 아몬드 나무의 뒤틀린 가지들은 마치 철로 만들어진 것 같았지만(로렌스처럼 산업도시 노팅엄에서 옮겨온 것 같았다), 로렌스는 그 나무에서 "철도 꽃을 피울 수 있다"는 사실을 발견했다.

지금은 철의 시대
하지만 힘을 내자
꽃봉오리가 철을 뚫고 나오는 모습을 봐
녹슨 철이 구름 같은 꽃을 내뿜는 모습을 봐.

시칠리아에서는 철마저 생명을 지니고 주변 환경에 예민하게 반응했다. 다른 시에서는 아몬드 나무의 헐벗은 가지들이 맨 먼저 "낡고 뒤틀린 기계", 그다음에는 "뭔가 이상하게 매력적인 기계"로 바뀐 다음 그 기계의 섬세한 끝부분이 에트나산에서 "뭔가 비밀스러운 암호"로 보내는 메시지를 잡아낸다.

햇살과 꽃을 찾아다니는 로렌스의 여행은 시칠리아에서 끝나지 않았다. 그는 스리랑카, 오스트레일리아, 멕시코와 뉴멕시코에서 감탄할 식물들을 많이 찾아냈다. 하지만 아몬드 나무를 잊은 적은 없었다. 1930년, 44세 나이로 사망하기 몇 달 전에 그는 다시 그 주제로 돌아가 시를 썼다. 이번에는 사람이 죽으면 신체의 '아몬드 뼈'

인 꼬리뼈에서 새로운 육체가 '1월의 아몬드꽃'처럼 나타날 수 있다는 미드라시의 전설에 관심이 쏠렸다. 그는 물었다. "새로 태어난 아몬드 나무들이 1월과 2월, 남쪽 지중해 지역의 맹렬한 겨울 햇살 아래, 영광의 구름에 둘러싸여 서 있는 모습을 본 적이 있는가? 아, 맞아. 아, 맞아. 그 모습을 내가 다시 볼 수 있을까!"

※

로렌스가 아몬드 나무를 고대 문명과의 연결고리로 본 것은 옳았다. 오늘날 주로 재배하는 아몬드 나무인 프루누스 둘시스(학명 Prunus dulcis)는 아르메니아, 터키와 아제르바이잔의 가파른 산비탈에서 자라던 야생 품종에서 진화한 것으로 보인다. 인간이 언제 어디서 아몬드를 재배하기 시작했는지는 명확하지 않다. 시리아의 식물 고고학자들이 1만1천 년이 된 저장고의 잔재를 발견했을 때 그 안에는 아몬드 조각이 들어 있었다.

글로 된 증거들도 남아 있다. 이집트보다 팔레스타인과 이스라엘에서 아몬드를 먼저 재배했다는 사실을 우리는 알고 있다. 야곱이 "이 땅에서 나는 가장 좋은 토산물"을 가지고 가서 곡식을 얻어 오라며 아들들을 이집트로 보낼 때 "아몬드와 피스타치오를 담았다"라고 구약 성경 창세기에 기록되어 있기 때문이다. 앞에서 이야기했듯 예레미야 이야기에서는 아몬드 나무가 더욱 귀한 존재가 된다. 그리고 하룻밤 만에 아론의 지팡이에서 "싹이 나고, 꽃이 피고, 아몬드 열매가 맺힌다"(민수기 17장 참고). 이런 상징들은 결국 모세가 만든 아몬드 가지 모양의 촛대인 메노라로 결실을 보았고, 이제 메노라는 이스라엘의 상징이 되었다.

팔레스타인 문화에서는 올리브 나무가 여전히 중요한 상징이지만, 아몬드 나무의 상징성도 그에 뒤떨어지지 않는다. 팔레스타인 시인 마흐무드 다르위시는 2008년, 아몬드꽃의 미묘한 특징을 포착하려고 애쓸 때의 어려움을 팔레스타인이 정치적으로 인정받으려는 투쟁과 견주었다. 그는 "작가가 아몬드꽃을 성공적으로 묘사하면 이게 우리 애국가 가사라고 모두 이야기할 것"이라고 말했다.

✳

지금까지는 달콤한 아몬드와 관련 있는 긍정적인 측면을 이야기했다. 의례용 음식으로서 아몬드는 건강, 행복, 행운, 생명의 부활과 풍요를 상징한다. 설탕을 입혀 달콤하게 만들면 특히 더 그렇다. 여러 문화권의 결혼식에서 설탕을 입힌 아몬드를 나눠 주거나 던지는 게 바로 그 때문이다. 그리스에서는 결혼하지 않은 여성이 미래의 남편을 꿈에서 보려고 베개 밑에 아몬드를 집어넣기도 한다. 하지만 씁쓸한 아몬드 향내는 그 의미가 완전히 다르다. 죽음, 살인(특히 아가사 크리스티 소설에서) 그리고 가브리엘 가르시아 마르케스의 『콜레라 시대의 사랑』에 등장하는 후베날 우르비노 박사에게는 짝사랑의 슬픔을 의미한다.

씁쓸한 아몬드의 향내는 물론 청산염 냄새다. 모든 아몬드에는 청산염의 전구체前驅體인 아미그달린이 들어 있다. 달콤한 품종의 아몬드에는 아주 적은 양만 있지만, 조금 더 쌉쌀한 품종의 아몬드 (그리고 아몬드와 가까운 살구 같은 과일의 씨)에는 50배나 더 들어 있다. 어린이가 그런 아몬드를 7~8개만 먹어도 죽을 수 있다. 독성이 너무 심해 미국 식품의약처FDA는 이런 아몬드의 판매를 제한했다. 아몬드의 독성을 제거한 후 마지팬, 아마레티 비스킷이나 아마레토 리큐어를 만드는 식품 제조업체들만 사용할 수 있다. 청산염 중독 위험 때문에 FDA는 아미그달린 보충제의 유통을 엄격하게 단속하기도 했다. 한때는 아미그달린이 암을 자연스럽게 치료한다고 대대적으로 홍보했고, 비타민(B17)처럼 판매할 때도 많았다. 하지만 인터넷 시대에는 정부의 판결을 강요하기가 쉽지 않다. 아미그달린이 암 치료에는 아무런 효과가 없고 독성만 강한 물질이라는 과학자들의 의견은 기득권의 음모로 묵살되기도 한다. 그리고 돌팔이 의사들은 계속 쌉쌀한 아몬드와 살구씨 가루로 희망을 팔고 있다.

🏵

오늘날에는 전 세계 아몬드의 82퍼센트를 미국 캘리포니아주 센트럴 밸리에서 생산한다. 산으로 둘러싸이고 면적이 46,620제곱킬로미터에 이르는 곳으로, 북쪽에는 새그라멘토 밸리, 남쪽에는 조금 더 건조한 샌워킨 밸리가 있다. 존 뮤어는 1890년대에 그곳을 방문해 "꽃으로 뒤덮인 평평하고 비옥한 땅"을 발견했다. 그 땅에서 아몬드를 재배하기까지는 시간이 좀 걸렸다. 맨 처음 스페인 사람들이 멕시코에 아몬드를 전한 다음, 샌디에이고에서 샌프란시스코까지 해안가 포교 시설에서 아몬드를 재배했다. 그러나 습도가 높은 기후는 아몬드 나무 재배에 적당하지 않았고, 아몬드에 관한 관심도 사그라들었다. 겨울에는 아주 서늘하고 여름에는 상당히 더운 데다 늦서리가 많이 내리지 않고 물이 충분히 공급되는 곳을 찾아야 했다. 센트럴 밸리가 조건에 딱 맞았고, 20세기 초에 다른 견과류, 과일, 채소들과 함께 아몬드를 재배하기 시작했다.

이곳의 아몬드 재배 면적이 1920년대에는 81제곱킬로미터 정도였지만 2017년에는 4,047제곱킬로미터로 늘었고, 대부분 샌워킨 밸리의 남쪽 부분에서 재배한다. 지난 20년 동안 재배 면적은 급격하게 확대되었다. 아몬드가 "인간이 먹을 수 있는 단일 음식 중 영양학적으로 최고"라는 판촉 활동이 여기저기에서 벌어지고, 중국과 인도에서 구매력이 높아진 게 주된 이유였다. 지금은 아몬드가 캘리포니아에서 가장 중요한 수출 농산물이다.

그러나 아몬드 재배 면적이 급격하게 확대되던 시기에 극심한 가뭄이 몇 년간 덮치면서 "들판에 공장처럼 만든 농장"이 환경에 어떤 영향을 끼칠지에 관한 논란에서 아몬드는 중심에 섰다. 가령, 아몬드 재배를 위해 캘리포니아에서 공급되는 물의 10퍼센트 정도를 소비한다. 날씨와 상관없이 재배지에 물을 대야 하는 게 주된 이유다. 상추나 참외를 주로 재배하는 밭에는 물을 대지 않아도 된다. 아몬드 재배 농부들은 물을 절약하는 새로운 방법을 개발했다고 하지만, 비판자들은 아몬드 나무를 많이 심지 않는 게 진정한 해결책이라고 지적한다.

수술의 꽃가루를 암술머리로 옮기는 수분受粉도 지속적인 관심거리다. 1950년대에는 아몬드꽃을 모두 수분할 정도로 벌 떼가 많았다. 하지만 수분할 아몬드꽃이 갑자기 늘어나(1,200평마다 벌집 2개가 적정 비율이므로 총 2백만 개의 벌집이 필요하다) 벌이 부족해지면서 오리건주, 워싱턴주, 애리조나주, 플로리다주에서까지 수많은 벌을 실어 와야 했다.

양봉가들은 아몬드꽃에 대해 애증이 엇갈린다. 벌의 판매 가격과 대여료가 계속 오른다는 사실은 좋은 점이다(2000년에는 벌집 1개에 50달러 정도였지만, 2019년에는 200달러다). 게다가 멜론, 블루베리와 알팔파 같은 다른 작물을 수분할 때는 벌 떼의 건강이 나빠지지만, 아몬드 수분 시는 통통하고 힘도 좋아진다. 반면 한 장소에 너무 많은 벌이 집중되면서 진드기와 바이러스가 쉽게 퍼지고, 수분하는 짧은 기간 동안 잔치를 벌이던 벌들은 얼마 지나지 않아 굶주려야 한다. 캘리포니아의 벌 중개인 조 트레이너는 최근 "아몬드꽃이 2~3주가 아니라 1년 내내 핀다면 벌과 양봉가의 삶 모두 정말 달콤해질 텐데"라고 말했다. 아몬드와 관련된 모든 게 그렇듯 벌과 양봉가의 삶도 확실히 달콤 쌉싸름하다.

감사의 글

우선 이 책을 만들기 위해 많은 노력을 기울인 예일대학교 출판사의 모든 분에게 감사합니다. 루시 버컨, 필립 다이슨, 퍼시 에질러, 클로이 포스터, 이브 레키, 클라리사 서덜랜드 외 많은 분이 수고해주었습니다. 특별히 이 책을 쓰라고 제안해준 헤더 맥컬럼에게 감사해요. 그의 현명한 충고 그리고 마리카 라이샌드루와 익명 독자들의 충고가 이 책이 나오기까지 많은 도움을 주었습니다.

이 책에 실린 수많은 시각 자료를 제공해준 박물관, 미술관, 사진 자료관의 담당자들 그리고 비용을 지원해준 케임브리지 대학교 영문학부에도 깊은 감사를 드립니다. 텐비 수선화의 분류 체계에 관해 최신 정보를 알려준 왕립원예학회의 존 데이비드와 조나단 그렉슨에게도 감사 인사를 드리고 싶어요.

운이 좋게도 가까운 사람들과 꽃에 관해 많은 이야기를 나눌 수 있었습니다. 멋진 제안을 잔뜩 해준 앨리 스미스, 멕시코인 입장에서 메리골드를 바라본 실비아 프렌크 엘스너, 책을 빌려주고 정신적인 지지를 아끼지 않았던 헤더 글렌, 아쉽게도 활용하지는 못했지만 멋진 인도 사진들을 보내준 재닛 바디, 러시아어 번역과 향수 조사를 도와주고 폴란드 군인의 노래 〈몬테카시노의 붉은 양귀비들〉을 불러준 에이다 바디, 특별히 고마워요.

가까이에서 내 글을 읽어준 사람들에게 따뜻한 감사의 마음을 전합니다. 끊임없이 용기를 북돋워주고 글을 수정해준 제인 에저스키, 그리고 수많은 이유로 데이비드 트로터에게도 감사합니다.

모두 정말 엄청나게 멋진 꽃다발을 받을 자격이 있습니다.

감사의 글

참고문헌

꽃 모으기

Aesop's Fables, trans. Laura Gibbs (Oxford: Oxford University Press, 2002)

Bacon, Francis, 'Of Gardens', in *The Essays*, ed. John Pitcher (Harmondsworth: Penguin, 1985)

Baudelaire, Charles, 'Une charogne' ('A Carcass'), in *The Flowers of Evil: Parallel Text*, trans. James McGowan (Oxford: Oxford University Press, 1993)

Brooks, Gwendolyn, 'The Second Sermon on the Warpland', in *The Essential Gwendolyn Brooks* (New York: Library of America, 2005)

Buchmann, Stephen, *The Reason for Flowers: Their History, Culture, Biology, and How They Change Our Lives* (New York: Scribner, 2015)

Coates, Alice M., *Flowers and their Histories* (London: Adam & Charles Black, 1956)

Dickens, Charles, *Hard Times* (Harmondsworth: Penguin, 1995)

Dickinson, Emily, 'Did the Harebell loose her girdle', in *Emily Dickinson's Poems: As She Preserved Them*, ed. Christanne Miller (Princeton: Princeton University Press, 2006)

Dove, Rita, 'Evening Primrose', in *Black Nature: Four Centuries of African American Nature Poetry*, ed. Camille T. Dungy (Athens: University of Georgia Press, 2009)

Dowling, Laura, *Floral Diplomacy at the White House* (Oostkamp: Stichting Kunstboek, 2017)

Emerson, Ralph Waldo, 'Gifts', in *Essays and Lectures* (New York: Library of America, 1983)

Folkard, Richard, *Plant-Lore, Legends, and Lyrics* (London: Sampson Low, Marston, Searle, & Rivington, 1884)

Goody, Jack, *The Culture of Flowers* (Cambridge: Cambridge University Press, 1983)

Guéguen, Nicolas, Sébastien Meineri and Jordy Stefan, "'Say It with Flowers ... To Female Drivers: Hitchhikers Holding a Bunch of Flowers and Driver Behavior', *North American Journal of Psychology* 14, no. 3 (2012), 623-28

Haviland-Jones, Jeannette, Holly Hale Rosario, Patricia Wilson and Terry R. McGuire, 'An Environmental Approach to Positive Emotion: Flowers', *Evolutionary Psychology* 3, no. 1 (2005), 104-32

Herrick, Robert, 'To the Virgins, to make much of Time', in *Robert Herrick*, ed. Stephen Romer (London: Faber, 2010)

Heywood, V.H., R.K. Brummitt, A. Culham and O. Seberg, *The Flowering Plant Families of the World* (New York: Firefly, 2007)

Hoyles, Martin, *The Story of Gardening* (London: Journeyman Press, 1991)

— *Bread and Roses: Gardening Books from 1560–1960* (London: Pluto, 1991)

Inwards, Richard, *Weather Lore: A Collection of Proverbs, Sayings, and Rules Concerning the Weather* (Cambridge: Cambridge University Press, 2015)

Johnson, Louisa, *Every Lady Her Own Flower Gardener* (New Haven: S. Babcock, 1839)

Kaur, Rupi, 'Sunflowers', in *The Sun and Her Flowers* (New York: Simon & Schuster, 2017) Knapp, Sandra, *Flora: An Artistic Voyage through the World of Plants* (London: Natural History Museum/Scripta, 2003)

Lawrence, D.H., 'Nottingham and the Mining Countryside', in *Late Essays and Articles*, ed. James T. Boulton (Cambridge: Cambridge University Press, 2004)

— 'The Shades of Spring', in *Complete Poems* (Harmondsworth: Penguin, 1994)

— *Women in Love* (Cambridge: Cambridge University Press, 1987)

Mabey, Richard, *Flora Brittanica* (London: Sinclair–Stevenson, 1996)

— *The Cabaret of Plants: Botany and the Imagination* (London: Profile Books, 2015)

Mahood, M.M., *The Poet as Botanist* (Cambridge: Cambridge University Press, 2008)

Marrs, Suzanne, *One Writer's Imagination: The Fiction of Eudora Welty* (Baton Rouge: Louisiana State University Press, 2002)

McKay, Claude, 'Joy in the Woods', in *Complete Poems*, ed. William J. Maxwell (Urbana: University of Illinois Press, 2004)

McKay, George, *Radical Gardening: Politics, Idealism and Rebellion in the Garden* (London: Frances Lincoln, 2011)

Moore, Marianne, 'Roses Only', in *New Collected Poems*, ed. Heather Cass White (London: Faber, 2017)

Muir, John, 'My First Summer in the Sierra', in *Nature Writings* (New York: Library of America, 1997)

Nevins, Allan, *John D. Rockefeller: The Heroic Age of American Enterprise*, vol. 2 (New York: Charles Scribners' Sons, 1940)

Plants of the World Online, www.plantsoftheworldonline.org

Potter, Jennifer, *Seven Flowers and How They Shaped Our World* (London: Atlantic Books, 2013)

Ruskin, John, *The Brantwood Diary*, ed. Helen Gill Viljoen (New Haven and London: Yale University Press, 1971)

Schuyler, James, 'February', in *Collected Poems* (New York: Farrar, Straus and Giroux, 1993)

Seaton, Beverley, *The Language of Flowers: A History* (Charlottesville: University Press of Virginia, 1995)

Seidel, Frederick, 'Prayer', in *Poems, 1959–2009* (New York: Farrar, Straus and Giroux, 2009)

Shakespeare, William, *Macbeth*, in *The Complete Works*, ed. Peter Alexander (London:

Collins, 1951)

Stewart, Amy, *Flower Confidential: The Good, the Bad, and the Beautiful in the Business of Flowers* (New York: Algonquin Books, 2008)

Stowe, Harriet Beecher, *Uncle Tom's Cabin* (Oxford: Oxford University Press, 2008)

Todd, Helen M., 'Getting Out the Vote: An Account of a Week's Automobile Campaign by Women Suffragists', *American Magazine*, September 1911

Veblen, Thorstein, *The Theory of the Leisure Class* (Oxford: Oxford University Press, 2007)

Vickery, Roy, *Vickery's Folk Flora* (London: Weidenfeld & Nicolson, 2019)

Walcott, Derek, 'Isla Incognita', in *Caribbean Literature and the Environment*, eds. Elizabeth M. DeLoughrey, Renée K. Gosson and George B. Handley (Charlottesville: University of Virginia Press, 2005)

Walker, Alice, 'In Search of Our Mothers' Gardens', in *In Search of Our Mothers' Gardens*(London: The Women's Press, 1984)

— 'Revolutionary Petunias', in *Revolutionary Petunias and Other Poems* (New York: Harcourt Brace, 1982)

Ward, Bobby J., *A Contemplation Upon Flowers: Garden Plants in Myth and Literature* (Portland: Timber Press, 1999)

Watson, Bruce, *Bread and Roses: Mills, Migrants, and the Struggle for the American Dream* (New York: Viking, 2005)

Watts, D.C., *Elseviers Dictionary of Plant Lore* (Amsterdam: Elsevier, 2007)

Way, Twigs, *The Wartime Garden* (Oxford: Shire, 2015)

Willes, Margaret, *The Gardens of the British Working Class* (New Haven and London: Yale University Press, 2014)

Woolf, Virginia, 'Sketch of the Past' (1939), in *Moments of Being: Autobiographical Writings*, ed. Jeanne Schulkind (London: Pimlico, 2002)

Wright, Richard, *12 Million Black Voices* (1941) (New York: Basic Books, 2008)

봄

Barker, Elspeth, *O Caledonia* (London: Penguin, 1992)

Durkheim, Émile, *Suicide: A Study in Sociology* (1897), trans. John A. Spaulding and George Simpson, ed. George Simpson (London: Routledge and Kegan Paul, 1952)

Gershwin, George (music) and Ira Gershwin (lyrics), ''S Wonderful' (1927)

Hardy, Thomas, *Far from the Madding Crowd* (Oxford: Oxford University Press, 2002)

Hawthorne, Nathaniel, 'Buds and Bird Voices', in *Tales and Sketches* (New York: Library of America, 1982)

Hopkins, Gerard Manley, 'Spring', in *The Major Works* (Oxford: Oxford University Press, 1986)

Housman, A.E., *A Shropshire Lad and Other Poems* (London: Penguin, 2010)

Hughes, Langston, 'Earth Song' in *The Complete Poems*, eds. Arnold Rampersad and David Roessel (New York: Vintage, 1994)

Landesman, Frances (lyrics) and Tommy Jr. Worf (music), 'Spring Can Really Hang You Up the Most' (1955)

Lawrence, D.H., *Lady Chatterley's Lover* (London: Penguin, 2006)

Ovid, *Metamorphoses*, trans. A.D. Melville (Oxford: Oxford University Press, 1986)

Shelley, Percy Bysshe, 'Adonais', in *The Complete Poems* (New York: Modern Library, 1997)

'A Small Request', trans. Velecheru Narayana Rao and David Shulman, in *Indian Love Poems*, ed. Meena Alexander (London: Everyman, 2005)

Smith, Ali, *Spring* (London: Hamish Hamilton, 2019)

Snodgrass, W.D., 'April Inventory', in *Not for Specialists: New and Selected Poems* (Rochester: BOA Editions, 2006)

Thoreau, Henry David, *The Journal, 1837–1861*, ed. Damion Searls (New York: New York Review of Books, 2009)

데이지

de Beauvoir, Simone, *Brigette Bardot and the Lolita Syndrome* (London: Four Square, 1962)

Bevis, John, *The Keartons: Inventing Nature Photography* (Axminster: Uniformbooks, 2016)

Burns, Robert, 'To a Mountain-Daisy', in *Flora Poetica: The Chatto Book of Botanical Verse*, ed. Sarah Maguire (London: Chatto & Windus, 2003)

Carroll, Lewis, *Alice in Wonderland* and *Through the Looking Glass* (London: Penguin, 1998)

Clare, John, 'To an April Daisy', in *The Early Poems of John Clare, 1804–1822*, volume 1, eds. Eric Robinson and David Powell (Oxford: Oxford University Press, 1989)

Eliot, George, *The Mill on the Floss* (Oxford: Oxford University Press, 1996)

Fitzgerald, F. Scott, *The Great Gatsby* (London: Penguin, 1984)

Griffiths, Brent, 'Clinton Campaign Evokes "Daisy Girl to attack Trump on Nuclear Weapons', *Politico*, 31 October, 2016, www.politico.com

Horton, Robert, *Frankenstein* (New York: Columbia University Press, 2004)

Hunt, Leigh, *The Descent of Liberty: A Mask* (London: Gale, Curtis & Fenner, 1815)

Kearton, Richard, *Wild Nature's Ways*, with photographs by Richard and Cherry Kearton (London: Cassell, 1903)

Kell, Katherine T., 'The Folklore of the Daisy', *The Journal of American Folklore* 69, no. 274

(Oct–Dec 1956), 368–76

Kent, Elizabeth, *Flora Domestica, or the Portable Flower-Garden* (Cambridge: Cambridge University Press, 2017)

Kerouac, Jack, 'Pull My Daisy', in *Scattered Poems* (San Francisco: City Lights Books, 1971)

Kieman, Frances, *Seeing Mary Plain: A Life of Mary McCarthy* (New York: Norton, 2000)

Lawrence, D.H., 'Piccadilly Circus at Night: Street Walkers', in *Complete Poems* (Harmondsworth: Penguin, 1994)

Mabey, Richard, *Flora Brittanica* (London: Sinclair–Stevenson, 1996)

de Machaut, Guillaume, '*Le Dit de la Marguerite*' and '*Le Dit de la Fleur de Lis et de la Marguerite*', in *Chaucer's Dream Poetry: Sources and Analogues*, ed. and trans. B.A. Windeatt (Woodbridge: D.S. Brewer 1982)

Mann, Robert, *Daisy Petals and Mushroom Clouds: LBJ, Barry Goldwater, and the Ad That Changed American Politics* (Baton Rouge: Louisiana State University Press, 2011)

McCarthy, Mary, *The Group* (London: Virago, 2009)

Rousseau, Jean–Jacques, *Letters on the Elements of Botany, Addressed to a Lady*, trans. Thomas Martyn (Cambridge: Cambridge University Press, 2017)

Stott, Annette, 'Floral Femininity: A Pictorial Definition', *American Art* 6, no. 2 (Spring 1992), 60–77

Wordsworth, William, 'To the Daisy' and 'To the Same Flower', in *The Major Works*, ed. Stephen Gill (Oxford: Oxford University Press, 2000)

수선화

Attar, Samar, *Borrowed Imagination: The British Romantic Poets and Their Arabic-Islamic Sources* (Lanham: Lexington Books, 2014)

Brend, Barbara, *Perspectives on Persian Painting* (London: Routledge Curzon, 2003)

Chelkowski, Peter, *Mirror of the Invisible World: Tales from the Khamseh of Nizami* (New York: Metropolitan Museum of Art, 1975)

Danticat, Edwidge, *Breath, Eyes, Memory* (London: Abacus, 1994)

Forbes, Duncan, 'Ode from the Dīwān of Khākāni', in *A Grammar of the Persian Language: To Which is Added, a Selection of Easy Extracts for Reading, Together with a Copious Vocabulary* (London: W.H. Allen, 1869)

Hafez, 'Ode 44', trans. Richard Le Gallienne, in *Persian Poems*, ed. Peter Washington (London: Everyman, 2000)

Herrick, Robert, 'To Daffodils', in *Robert Herrick*, ed. Stephen Romer (London: Faber, 2010)

Homer, 'Hymn 2: To Demeter', in *The Homeric Hymns*, trans. Michael Crudden (Oxford:

Oxford University Press, 2001)

Howard, Thad M., *Bulbs for Warm Climates* (Austin: University of Texas, 2002)

Jones, William, *A Grammar of the Persian Language* (London: W. and J. Richardson, 1771)

Kincaid, Jamaica, 'Garden Inspired by William Wordsworth's Dances with Daffodils', *Architectural Digest*, April 2007, www.architecturaldigest.com

— *Lucy* (New York: Farrar, Straus and Giroux, 2002)

— 'What Joseph Banks Wrought', in *My Garden (Book)* (London: Vintage, 2000)

Mabey, Richard, *Flora Britannica* (London: Sinclair–Stevenson, 1996)

Naipaul, V.S., *A House for Mr. Biswas* (London: Picador, 2002)

— 'Jasmine', in *The Overcrowded Barracoon* (Harmondsworth: Penguin, 1976)

Ovid, *Metamorphoses*, trans. A.D. Melville (Oxford: Oxford University Press, 1986)

Rhys, Jean, 'The Day They Burned the Books', in *Tigers are Better-Looking* (Harmondsworth: Penguin, 1972)

Schimmel, Annemarie, *The Two-Colored Brocade: The Imagery of Persian Poetry* (Chapel Hill: University of North Carolina Press, 1992)

Shakespeare, William, *The Winter's Tale*, in *The Complete Works*, ed. Peter Alexander (London: Collins, 1951)

Spenser, Edmund, 'Aprill', in *The Shepheardes Calender*, in *The Shorter Poems*, ed. Richard A. McCabe (London: Penguin, 1999)

Thackston, W.M., 'Mughal Gardens in Persian Poetry', in *Mughal Gardens*, eds. James L. Westcoat Jr and Joachim Wolschke–Bulhman (Washington: Dumbarton Oaks, 1996)

Walcott, Derek, 'The Muse of History', in *What the Twilight Says* (New York: Farrar, Straus and Giroux, 1998)

Woof, Robert (ed.), *William Wordsworth: The Critical Heritage, Vol. 1: 1793–1820* (London: Routledge, 2001)

Wordsworth, Dorothy and William Wordsworth, *Home at Grasmere* (Harmondsworth: Penguin, 1978)

Wordsworth, William, 'I wandered lonely as a Cloud', in *The Major Works* (Oxford: Oxford University Press, 2000)

Wu, Duncan, *Wordsworth's Reading, 1770–1799* (Cambridge: Cambridge University Press, 1993)

Yoshikawa, Saeko, *William Wordsworth and the Invention of Tourism, 1820–1900* (Farnham: Ashgate, 2014)

Zonneveld, B.J.M., 'The Systematic Value of Nuclear DNA Content for All Species of Narcissus L. (Amaryllidaceae)', *Plant Systematics and Evolution* 275, no. 1 (2008), 109–32

백합

Allen, S.R., 'Easter Lilies', in *Pictures and Poems of Arkansas*, eds. Bernie Babcock and O.C. Ludwig (Little Rock: Sketchbook, 1906)

Barrett, William Alexander, *Flowers and Festivals: Or Directions for the Floral Decoration of Churches* (London: J.G.F. & J. Rivington, 1868)

'The Belfast Agreement', see item 5 under 'Rights, Safeguards, and Equality of Opportunity: Economic, Social and Cultural Issues', www.gov.uk/government/publications

'Bloom for the Somme!', The Orange Order, 26 February, 2016, www.grandorangelodge.co.uk

Bos, Fred, '*Lilium bulbiferum* L. subsp. *croceum* (Chaix) arcang., the orange lily, a special plant of lowland NW Europe', *Floriculture and Ornamental Biotechnology* 6 (December 2012), 54–56

Bottome, Margaret, 'Easter Lilies', *Christian Advocate*, 20 March, 1893

'California', *The Churchman*, 18 May, 1878

Clancy, Paddy, 'Orange Order plan to sell orange lily bulbs in Battle of Boyne soil', *The Irish Times*, 28 June, 2007

'Display of Lilies in Parliament Buildings', transcript of debate, 10 April, 2001, Northern Ireland Assembly Archive, www.archive.niassembly.gov.uk

Faber, Frederick William, 'The Cherwell Water Lily', in *The Cherwell Water Lily and Other Poems* (London: J.G.F. & J. Rivington, 1840)

Fenton, Siobhán, 'As Northern Ireland's flag debate rages on, could a new neutral design be the answer?', *New Statesman*, 4 August, 2015

Friend, Hilderic, *Flowers and Flower-Lore* (London: W. Swan Sonnenshein, 1884)

'A Glossary of Terms Relating to the Conflict', Conflict Archive on the Internet (CAIN), University of Ulster, www.cain.ulster.ac.uk/othelem/glossary

Hale, Anne G., 'Easter Flowers', *The Villa Gardener*, April 1876

Hayward, H. Richard, *Ulster Songs and Ballads of the Town and Country* (London: Duckworth, 1925)

Higgins, Roisin, '"The Irish Republic was proclaimed by poster": the politics of commemorating the Easter Rising', in *Remembering 1916*, eds. Richard S. Grayson and Fearghal McGarry (Cambridge: Cambridge University Press, 2016)

Hirn, Yrjo, *The Sacred Shrine: A Study of the Poetry and Art of the Catholic Church* (Boston: Beacon Press, 1912)

Johnston, Niall, 'The Northern Ireland Assembly: A New Beginning?', *The Journal of Legislative Studies* 8, no. 1 (2002), 1–9

Loftus, Belinda, *Mirrors: Orange and Green* (Dundrum: Picture Press, 1994)

'Louisville, KY', in *The American Florist*, 1 May, 1887

Lynes, Barbara Buhler, *Georgia O'Keeffe and the Calla Lily in American Art, 1860–1940* (London and New Haven: Yale University Press, 2002)

McKay, Claude, 'The Easter Flower', in *Complete Poems*, ed. William J. Maxwell (Urbana: University of Illinois Press, 2004)

Morris, Ewan, *Our Own Devices: National Symbols and Political Conflict in Twentieth-Century Ireland* (Dublin: Irish Academic Press, 2005)

'New York', *The American Florist*, 1 March, 1887

Perry, Leonard, 'Easter Lilies', Department of Plant Sciences, University of Vermont, www.pss. uvm.edu/ppp/articles/eastlily

Sackville-West, Vita, *Vita Sackville-West's Garden Book*, ed. Philippa Nicolson (London: Book Club Associates, 1974)

Schmidt, Leigh Eric, *Consumer Rites: The Buying and Selling of American Holidays* (Princeton: Princeton University Press, 1995)

Souhami, Diana, *Gluck: Her Biography* (London: Quercus, 2013)

'Stormont Lilies Row Raises Head Again', BBC News Online, 1 March, 2002

Tomkins, Calvin, 'Georgia O'Keeffe's Vision', *The New Yorker*, 4 March, 1974

카네이션

Antolini, Katherine Lane, *Memorializing Motherhood: Anna Jarvis and the Struggle for Control of Mother's Day* (Morgantown: West Virginia University Press, 2014)

Beckson, Karl, 'Oscar Wilde and the Green Carnation', *English Literature in Transition (1880–1920)* 43, no. 4 (2000), 387–97

— *Arthur Symons: A Life* (Oxford: Clarendon Press, 1987)

Bradley, Richard, *New Improvements of Planting and Gardening: Both Philosophical and Practical* (London: A. Bettesworth, J. & J. Pemberton, J. & P. Knapton, D. Brown, 1739)

'Carnations $1 Each for Mother's Day', *New York Times*, 9 May, 1921

Cather, Willa, 'Paul's Case: A Study in Temperament', in *The Short Stories of Willa Cather*, ed. Hermione Lee (London: Virago, 1989)

Coward, Noel, 'We All Wore a Green Carnation', in *Bitter-Sweet*, in *Plays: Two* (London: Methuen, 1979)

Darwin, Erasmus, 'The Loves of the Plants', the second part of *The Botanic Garden: A Poem, in two parts* (London: J. Johnson, 1791)

Duthie, Ruth, *Florists' Flowers and Societies* (Aylesbury: Shire, 1988)

Ellmann, Richard, *Oscar Wilde* (New York: Vintage, 1988)

Foner, Philip S., *American Labor Songs of the Nineteenth Century* (Urbana: University of Illinois Press, 1975)

Hobsbawm, Eric, 'Birth of a Holiday: The First of May', in *Uncommon People: Resistance, and Jazz* (London: Abacus, 1999)

Howells, William Dean, *Life in Letters*, vol. 1, ed. Mildred Howells (New York: Doubleday, Doran, 1928)

Janes, Dominic, *Oscar Wilde Prefigured: Queer Fashioning and British Caricature, 1750–1900* (Chicago: University of Chicago Press, 2016)

Kastan, David Scott, *On Color* (London and New Haven: Yale University Press, 2018)

'Keep Mother's Day Without Flowers', *New York Times*, 2 May, 1920

Leverson, Ada, 'The First Last Night', in *Oscar Wilde: Interviews and Recollections*, vol. 2, ed. E.H. Mikhail (Basingstoke: Macmillan, 1979)

Linnaeus, *The Elements of Botany*, trans. Hugh Rose (London: T. Cadell & M. Hingeston, 1775)

Liu, Shu and Linda M. Meyer, 'Carnations and the Floriculture Industry: Documenting the Cultivation and Marketing of Flowers in Colorado', *Journal of Archival Organization* 6, nos. 1–2 (2008), 6–23

'Making More of Mother's Day', *Florists' Review*, 22 April, 1920

Mansfield, Katherine, 'Carnation', in *The Collected Stories* (London: Penguin, 2001)

McKenna, Neil, *The Secret Life of Oscar Wilde* (New York: Basic Books, 2005)

McWhorter, Diane, 'The Bum Who Fathered Mother's Day', *New York Times*, 8 May, 1994

Menkes, Suzy, 'Pistil Packin', *New York Times Magazine*, 7 November, 2004

'Mother's Day', *New York Times*, 7 May, 1922

'Mother's Day, Theme in Pulpits of the City', *New York Times*, 15 May, 1922

Nash, Elizabeth, 'Shy Rebel Puts Carnations into Portugal's Revolution', *The Independent*, 26 April, 1999

Ostrom, Lizzie, *Perfume: A Century of Scents* (London: Hutchinson, 2015)

Parker, Geoffrey, *Global Crisis: War, Climate Change and Catastrophe in the Seventeenth Century* (London and New Haven: Yale University Press, 2013)

Pastoureau, Michel, *Red: The History of a Color*, trans. Jody Gladding (Princeton: Princeton University Press, 2017)

'Retail Store Management', *Florists' Review*, 15 April, 1920

Sex and the City, HBO, series 6, episode 6, 'Hop, Skip and a Week', first aired 27 July, 2003

Shakespeare, William, *The Winter's Tale*, in *The Complete Works*, ed. Peter Alexander (London: Collins, 1951)

Soboleva, N.A., 'From the History of Soviet Political Symbolism', *Russian Studies in History*

47, no. 2, 59–91

Stafford, Fiona, 'Gillyflowers', in *The Brief Life of Flowers* (London: John Murray, 2018)

Storey, Margaret M., *Loyalty and Loss: Alabama's Unionists in the Civil War and Reconstruction* (Baton Rouge: Louisiana University Press, 2004)

Symons, Arthur, *The Symbolist Movement in Literature* (Manchester: Carcanet, 2014)

Unowsky, Daniel L., *The Pomp and Politics of Patriotism: Imperial Celebrations in Habsburg Austria, 1848–1914* (West Lafayette: Purdue University Press, 2005)

Utley, Getje, *Picasso: The Communist Years* (London and New Haven: Yale University Press, 2000)

Varela, Raquel, *A People's History of the Portuguese Revolution*, trans. Sean Purdy (London: Pluto, 2019)

Way, Twigs, *Carnation* (London: Reaktion, 2016)

'Which Trends Offer Opportunities on the European Cut Flowers and Foliage Market?', CBI, May 2017, www.cbi.edu

Wilde, Oscar, 'Phrases and Philosophies for the Use of the Young', in *The Artist as Critic: Critical Writings* (New York: Random House, 1970)

The Complete Letters of Oscar Wilde, eds. Merline Holland and Rupert Hart-Davis (London: Fourth Estate, 2000)

여름

Arkell, Reginald, *Old Herbaeous: A Novel of the Garden* (New York: Modern Library, 2003)

Boas, Franz, 'Poetry and Music of Some North American Tribes', *Science*, 22 April, 1887, 383–5

Bosanquet, Theodora, *Henry James at Work*, ed. Lyall H. Powers (Ann Arbor: University of Michigan Press, 2006)

Clare, John, *The Midsummer Cushion*, eds. Kelsey Thornton and Anne Tibble (Manchester: Carcanet, 1990)

Keats, John, 'To Autumn', in *The Complete Poems*, ed. Miriam Allott (London: Longman, 1970)

Lawrence, D.H., *Lady Chatterley's Lover* (London: Penguin, 2006)

— *Women in Love* (Cambridge: Cambridge University Press, 1987)

Pendleton, S.L., G.H. Miller, N. Lifton, et al., 'Rapidly receding Arctic Canada glaciers revealing landscapes continuously ice-covered for more than 40,000 years', *Nature Communication* 10, no. 445 (2019), online

Stewart, Amy, *Flower Confidential: The Good, the Bad, and the Beautiful in the Business of Flowers* (New York: Algonquin Books, 2008)

Thoreau, Henry David, *The Journal, 1837–1861*, ed. Damion Searls (New York: New York Review of Books, 2009)

— 'The Soul's Season', in *Collected Essays and Poems* (New York: Library of America, 2001)

Ton, Peter, *Cotton and Climate Change: Impacts and Options to Mitigate and Adapt* (Geneva: International Trade Centre, 2011)

Wharton, Edith, *A Backward Glance* (London: Everyman, 1993)

장미

Bataille, Georges, 'The Big Toe' and 'The Language of Flowers', in *Visions of Excess: Selected Writings, 1927–1939*, trans. Allan Stoekl, with Carl R. Lovitt and Donald M. Leslie Jr., ed. Allan Stoekl (Minneapolis: University of Minnesota Press, 1985)

Blake, William, 'The Sick Rose', in *Songs of Experience*, in *Blake's Poetry and Designs*, eds. Mary Lynn Johnson and John E. Grant (New York: Norton, 1979)

Bridgman, Richard, *Gertrude Stein in Pieces* (New York: Oxford University Press, 1970)

'Bring Roses', *The Urban Dictionary*, theurbandictionary.com

Collins, Lauren, 'Fragrant Harvest', *The New Yorker*, 19 March, 2018

Dalzell, Tom and Terry Victor (eds), *The New Partridge Dictionary of Slang and Unconventional English* (London: Routledge, 2013)

Dionysius the Sophist, 'You with the Roses', in *The Greek Anthology, Volume 1: Books 1–5*, trans. W.R. Paton, revised Michael A. Tueller (Cambridge: Harvard University Press, 2014)

Freedman, Ralph, *Life of a Poet: Rainer Maria Rilke* (New York: Farrar, Straus and Giroux, 1995)

Gass, William, *Reading Rilke: Reflections on the Problems of Translation* (New York: Knopf, 1999)

Genet, Jean, *Querelle of Brest*, trans. Gregory Steatham (London: Faber, 2019)

— *Miracle of the Rose,* trans. Bernard Frechtman (New York: Grove Press, 1966)

Goethe, Johannes, 'Heidenröslein', in *Selected Verse*, trans. David Luke (Harmondsworth: Penguin 1964)

Hardy, Thomas, *Jude the Obscure* (Oxford: Oxford University Press, 2020)

Herrick, Robert, 'To the Virgins, to make much of Time', in *Robert Herrick*, ed. Stephen Romer (London: Faber, 2010)

Lawrence, D.H., 'The Shadow in the Rose Garden', in *The Complete Short Stories*, vol. 1 (Harmondsworth: Penguin, 1976)

de Lorris, Guillaume and Jean de Meun, *The Romance of the Rose*, trans. Frances Horgan (Oxford: Oxford University Press, 1994)

Ovid, *Fasti*, trans. Anne and Peter Wiseman (Oxford: Oxford University Press, 2013)

Paletta, Damian, 'In rose beds, money blooms', *Washington Post,* 10 February, 2018

Pollan, Michael, 'Into the Rose Garden', in *Second Nature* (London: Bloomsbury, 1996)

Richards, Jeffrey, *Sex, Dissidence and Damnation: Minority Groups in the Middle Ages* (London: Routledge, 1991)

Sackville-West, Vita, *Even More for Your Garden* (London: Frances Lincoln, 2004)

Schimmel, Annemarie, *And Muhammad is His Messenger: The Veneration of the Prophet in Islamic Poetry* (Chapel Hill: University of North Carolina Press, 1985)

Shakespeare, William, Sonnet 35, in *Complete Sonnets and Poems,* ed. Colin Burrow (Oxford: Oxford University Press, 2002)

Sharp, Jane, *The Midwives Book: or the Whole Art of Midwifery Discovered* (1671) (Oxford: Oxford University Press, 1999)

'Should You Bring Her Flowers on the First Date?', *The Art of Charm,* www.theartofcharm.com

Spenser, Edmund, *The Faerie Queene* (London: Penguin, 1987)

Stein, Gertrude, *Four in America* (London and New Haven: Yale University Press, 1947)

'Poetry and Grammar', in *Look at Me Now and Here I Am: Writings and Lectures, 1909–1945,* ed. Patricia Meyerowitz (London: Penguin, 1984)

Stern, Jesse, 'What Every Man Should Know About Flowers and How to Exploit It for Personal Gain', *Primer,* 2011, www.primermagazine.com

Swift, Jonathan, 'Strephon and Chloe', in *The Poems of Jonathan Swift,* volume 2, ed. Harold Williams (Oxford: Oxford University Press, 1958)

Tennyson, Alfred Lord, *Maud: A Monodrama,* in *Tennyson: A Selected Edition,* ed. Christopher Ricks (London: Longman, 1989)

Thomas, Graham Stuart, *The Graham Stuart Thomas Rose Book* (London: John Murray, 1994)

'Tips for Navigating the First Date', *Esquire,* 6 June, 2016

Wang, Chen-ho, *Rose, Rose, I Love You,* trans. Howard Goldblatt (New York: Columbia University Press, 1998)

Williams, Gordon, *Shakespeare's Sexual Language: A Glossary* (London: Continuum, 1997)

Williams, William Carlos, 'The Rose', in *Collected Poems I: 1909–1939,* eds. A. Walton Litz and Christopher MacGowan (Manchester: Carcanet, 2018)

Woolf, Virginia, 'How It Strikes a Contemporary' and 'On Being Ill', in *The Crowded Dance of Modern Life,* ed. Rachel Bowlby (London: Penguin, 1993)

— *Mrs Dalloway* (London: Penguin, 1992)

연꽃

Barthlott, Wilhelm and Christoph Neinhuis, 'Purity of the Sacred Lotus, or Escape from

Contamination in Biological Surfaces', *Planta* 202, no. 1 (1997), 1–8

Bertol, Elisabetta, Vittorio Fineschi, et al., '*Nymphaea* Cults in Ancient Egypt and the New World: A Lesson in Empirical Pharmacology', *Journal of the Royal Society of Medicine* 97, no. 2 (2004), 84–5

Conrad, Joseph, *Heart of Darkness* (Oxford: Oxford University Press, 1990)

Conze, Edward (ed.), *Buddhist Texts through the Ages* (New York: Harper and Row, 1964)

Dodd, George, *The History of the Indian Revolt and of the Expeditions to Persia, China, and Japan, 1856–1858* (London: W. and R. Chambers, 1859)

The Egyptian Book of the Dead, trans. E.A. Wallis Budge (London: Penguin, 2008)

Eliot, T.S., 'Burnt Norton', in *Four Quartets*, in *The Complete Poems and Plays of T.S. Eliot* (London: Faber, 1969)

Goodyear, W.H., *The Grammar of the Lotus* (London: Low, 1891)

Griffiths, Mark, *The Lotus Quest: In Search of the Sacred Flower* (London: Chatto & Windus, 2009)

Haksar, A.N.D. (ed. and trans.), *Subhashitavali: An Anthology of Comic, Erotic and Other Verse* (London: Penguin, 2007)

Herodotus, *The Histories*, trans. Robin Waterfield (Oxford: Oxford University Press, 1998)

Homer, *The Odyssey*, trans. Emily Wilson (New York: Norton, 2017)

Jerrold, Douglas, 'The Lotus Eaters of Downing Street', *Punch, or the London Charivari* 13 (October 1847)

Joyce, James, *Ulysses: The 1922 Text* (Oxford: Oxford University Press, 1993)

Nanakaiyar, Kaccipettu, 'What She Said', trans. A.K. Ramanujan, in *Indian Love Poems*, ed. Meena Alexander (London: Everyman, 2005)

Poems of Life and Love in Ancient India: Hāla's Sattasaī, trans. Peter Khoroche and Herman Tieken (Albany: State University of New York University Press, 2009)

Tennyson, Alfred Lord, 'The Lotos-Eaters', in *Tennyson: A Selected Edition*, ed. Christopher Ricks (London: Longman, 1989)

Theophrastus, *Enquiry into Plants, Volume 1: Books 1–5*, trans. Arthur Hort (Cambridge: Harvard University Press, 1916)

Thomson, Mowbray, *The Story of Cawnpore* (London: R. Bentley, 1859)

Thoreau, Henry David, *The Journal, 1837–1861*, ed. Damion Searls (New York: New York Review Books, 2009)

'Slavery in Massachusetts', in *Political Writings*, ed. Nancy L. Rosenblum (Cambridge: Cambridge University Press, 1996)

Yanovsky, Elias, *Food Plants of the North American Indians* (Washington: U.S. Department of Agriculture, 1936)

목화

Beckert, Sven, *Empire of Cotton: A New History of Global Capitalism* (London: Penguin, 2014)

Breward, Christopher, *The Culture of Fashion* (Manchester: Manchester University Press, 1995)

Herodotus, *The Histories*, trans. Robin Waterfield (Oxford: Oxford University Press, 1998)

Hughes, Langston, 'Share-Croppers', in *The Complete Poems*, eds. Arnold Rampersad and David Roessel (New York: Vintage, 1994)

Hughs, S.E., T.D. Valco and J.R. Williford, '100 Years of Cotton Production, Harvesting, and Ginning Systems Engineering: 1907-2007', *Transactions of the ASABE* 51, no. 4, 1187-98

Kincaid, Jamaica, 'The Glasshouse', in *My Garden (Book)* (London: Viking, 2000)

Lewington, Anna, *Plants for People* (London: Natural History Museum, 1990)

Mandeville, John, *Book of Marvels and Travels*, trans. Anthony Bale (Oxford: Oxford University Press, 2012)

Northup, Solomon, *Twelve Years a Slave*, in *I Was Born a Slave: An Anthology of Classic Slave Narratives, vol. 2: 1849–1866*, ed. Yuval Taylor (Edinburgh: Payback Press, 1999)

Patton, Charley, 'Mississippi Bo Weevil Blues', in *Complete Recorded Works in Chronological Order*, Volume 1 (Document Records, 1990)

Pauly, Philip J., *Fruits and Plains: The Horticultural Transformation of America* (Cambridge: Harvard University Press, 2007)

Riello, Georgio, *Cotton: The Fabric That Made the Modern World* (Cambridge: Cambridge University Press, 2013)

Rothermund, Dietmar, *An Economic History of India: From Pre-Colonial Times to 1986* (London: Croom Helm, 1988)

Smith, Chloe Wigston, '"Callico Madams": Servants, Consumption and the Calico Crisis', *Eighteenth-Century Life* 31, no. 2 (Spring 2007), 29-55

Smith, Wayne C. (ed), *Cotton: Origin, History, Technology and Production* (New York: John Wiley and Sons, 1999)

Stephen, Alexander M., *Hopi Journal*, ed. Elsie Clews Parsons (New York: Columbia University Press, 1936)

Toomer, Jean, 'November Cotton Flower', in *Cane* (New York: Penguin, 2019)

Turpin, Edna, *Cotton* (New York: American Book Company, 1924)

Whittier, John Greenleaf, 'The Peace Autumn', in *Anti-Slavery: Songs of Labor and Reform* (New York: Houghton, Mifflin, 1888)

Wright, Richard, *12 Million Black Voices* (New York: Basic Books, 2008)

Wyke, Terry, with Harry Cocks, *Public Sculpture of Greater Manchester* (Liverpool: Liverpool University Press, 2004)

Yafa, Stephen, *Cotton: The Biography of a Revolutionary Fiber* (New York: Viking, 2005)

해바라기

Atamian, H.S., N.M. Creux, E.A. Brown, et al., 'Circadian Regulation of Sunflower Heliotropism, Floral Orientation, and Pollinator Visits', *Science*, 5 August, 2006, 587–90

Blackman, Benjamin K., Moira Scascitelli, et al., 'Sunflower Domestication Alleles Support Single Domestication Centre in Eastern North America', *Proceedings of the National Academy of Sciences of the United States of America* 108, no. 34 (2011), 14360–14365

Byron, Lord, *Don Juan*, in *The Major Works* (Oxford: Oxford University Press, 2000)

Cather, Willa, *My Ántonia* (Oxford: Oxford University Press, 2006)

Cooney, Catherine M., 'Sunflowers Remove Radionuclides from Water in Ongoing Phytoremediation Field Tests', *Environmental Science and Technology* 30, no. 5 (1996), 194A

Cowley, Abraham, *Six Books of Plants* (1689), Electronic Text Center, University of Virginia Library, www.cowley.lib.virginia.edu

Debaeke, Philippe, Pierre Cadadebaig, et al., 'Sunflower Crop and Climate Change', *Oilseeds and Fats, Crops and Lipids* 24, no. 1 (2017), online

Donghuan, Xu, 'Xu Jiang's Sunflowers Are Symbol of a Lost Generation', *South China Morning Post*, 18 October, 2014

Druick, Douglas W., *Van Gogh and Gauguin: The Studio of the South* (London: Thames & Hudson, 2001)

Fengyuan, Ji, *Linguistic Engineering: Language and Politics in Mao's China* (Honolulu: University of Hawai'i Press, 2004)

Finnegan, Margaret, *Selling Suffrage: Consumer Culture and Votes for Women* (New York: Columbia University Press, 1999)

Gauguin, Paul, *Intimate Journals*, trans. Van Wyck Brooks (New York: Crown, 1936)

Gerard, John, *The Herbal, or General History of Plants*, The Complete 1633 Edition, as revised and enlarged by Thomas Johnson (New York: Dover, 2015)

Ginsberg, Allan, 'Sunflower Sutra', in *Collected Poems, 1947–1997* (London: Penguin, 2006)

'Global Trends in Sunflower Production', 9 March, 2019, www.nuseed.com

Greenwell, Dora, 'The Sun-flower', in *Poems* (London: Walter Scott, 1889)

Harris, Stephen A., *Sunflowers* (London: Reaktion, 2018)

Heiser, Charles B., 'The Sunflower among the North American Indians', *Proceedings of the American Philosophical Society* 95, no. 4 (1951), 432–48

Kaur, Rupi, 'The Sun and Her Flowers', in *The Sun and Her Flowers* (New York: Simon & Schuster, 2017)

Mancoff, Debra N., *Sunflowers* (Chicago: Art Institute of Chicago, 2001)

Marsh, Peter, 'China Noses Ahead as Top Goods Producer', *Financial Times*, 13 March 2011

McPherson, Alan, *State Botanical Symbols* (Bloomington: AuthorHouse, 2013)

Murphy, Bernadette, *Van Gogh's Ear: The True Story* (London: Chatto & Windus, 2016)

Ovid, *Metamorphoses*, trans. A.D. Melville (Oxford: Oxford University Press, 1986)

Pappalardo, Joe, *Sunflowers, The Secret History: The Unauthorized Biography of the World's Most Beloved Weed* (Woodstock: Overlook Press, 2008)

Peacock, John, *The Look of Van Dyck: The Self-Portrait with a Sunflower and the Vision of the Painter* (London: Routledge, 2006)

Perlez, Jane, 'Sunflower Seeds Replace Ukraine's Old Missile Sites', *New York Times*, 5 June, 1996

Pollan, Michael, 'Consider the Castor Bean', in *My Favourite Plant*, ed. Jamaica Kincaid (London: Vintage, 1999)

Swinton, Jonathan, Erinma Ochu and The MSI Turing's Sunflower Consortium, 'Novel Fibonacci and non-Fibonacci Structure in the Sunflower: Results of a Citizen Science Experiment', Royal Society Open Science, 1 May, 2016, www.royalsocietypublishing.org

Takenaka, Chisato, 'Effects on Agricultural Products and Wild Plants', in *Environmental Contamination from the Fukushima Nuclear Disaster* (Cambridge: Cambridge University Press, 2019)

Van Gogh, Vincent, *The Letters*, eds. Leo Jansen, Hans Luijten and Nienke Bakker, vangoghletters. org

Waters, Frank, *Book of the Hopi* (New York: Viking, 1963)

Wilde, Oscar, 'Impressions', in *Complete Poetry*, ed. Isobel Murray (Oxford: Oxford University Press, 1997)

Wilson, Gilbert L., *Buffalo Bird Woman's Garden: Agriculture of the Hidatsa Indians* (1917) (St Paul: Minnesota Historical Society Press, 1987)

가을

Baudelaire, Charles, '*Chant d'automne*' ('Autumn Song'), in *The Flowers of Evil: Parallel Text*, trans. James McGowan (Oxford: Oxford University Press, 1993)

Blake, William, 'To Autumn', in *Blake's Poetry and Designs*, eds. Mary Lynn Johnson and John E. Grant (New York: Norton, 1979)

Čapek, Karel, *The Gardener's Year*, trans. M. and R. Weatherall (London: George Allen &

Unwin, 1931)

Dickinson, Emily, 'A Field of Stubble – lying sere', 'Apparently with no surprise', and 'God made a little Gentian', in *Emily Dickinson's Poems: As She Preserved Them*, ed. Christanne Miller (Princeton: Princeton University Press, 2006)

Donne, John, 'The Autumnal', in *The Complete English Poems*, ed. A.J. Smith (Harmondsworth: Penguin, 1971)

Farr, Judith, *The Gardens of Emily Dickinson* (Cambridge: Harvard University Press, 2009)

Hopkins, Gerard Manley, 'Spring and Fall: to a Young Child', in *The Major Works* (Oxford: Oxford University Press, 1986)

Hughes, Ted, 'The Seven Sorrows', in *Season Songs* (London: Faber, 1985)

Keats, John, 'To Autumn', in *The Complete Poems*, ed. Miriam Allott (London: Longman, 1970)

Moore, Thomas, 'The Last Rose of Summer', in *Irish Melodies*, ed. J.W. Glover (Dublin: James Duffy, 1859)

Pushkin, Alexander, 'Autumn (A Fragment)', in *Selected Lyric Poetry*, trans. James E. Falen (Evanston: Northwestern University Press, 2009)

Rossetti, Christina, 'October', in *The Months: A Pageant*, in *The Complete Poems* (London: Penguin, 2001)

Ruskin, John, *Praeterita* (London: Rupert Hart-Davis, 1949)

al-Shabbi, Abu al-Qasim, 'The Will of Life', trans. Naomi Shihab Nye and Lena Jayyusi, in *Arabic Poems: A Bilingual Edition*, ed. Marlé Hammond (London: Everyman, 2014)

Sweeting, Adam, *Beneath the Second Sun: A Cultural History of Indian Summer* (Hanover: University Press of New England, 2003)

Wilder, Louise Beebe, *The Fragrant Garden* (New York: Dover, 1974)

사프란

Alsayied, Nouf Fakieh, José Antonio Fernández, et al., 'Diversity and Relationships of *Crocus sativus* and Its Relatives Analysed by Inter-retroelement Amplified Polymorphism (IRAP)', *Annals of Botany* 116, no. 3 (2015), 359–368

Culpeper, Nicholas, *Culpeper's Complete Herbal* (London: W. Foulsham, 1950)

Dalby, Andrew, *Dangerous Tastes: The Story of Spices* (Berkeley: University of California Press, 2000)

Deepak, Sharanya, 'This Land is Meant Only for Saffron. Without It, It Means Nothing', *The Eater*, 13 February, 2019, www.eater.com

Evelyn, John, *The Diary*, ed. Guy de Bédoyère (Woodbridge: Boydell Press, 1995)

Fernie, W.T., *Herbal Simples, Approved for Modern Uses of Cure* (Bristol: John Wright, 1897)

Fisher, Celia, *The Medieval Flower Book* (London: British Library, 2013)

Flavin, Susan, *Consumption and Culture in Sixteenth-Century Ireland: Saffron, Stockings and Silk* (Woodbridge: Boydell Press, 2014)

Fluch, Silvia, Karin Hohl, et al. 'Crocus sativus L.: Molecular Evidence on Its Clonal Origin', *Acta Horticulture* 850 (2010), 41–46

Freedman, Paul, *Out of the East: Spices and the Medieval Imagination* (London and New Haven: Yale University Press, 2008)

Graber, Cynthia and Nicola Twilley, 'The Spice That Hooked Medieval Nuns', *The Atlantic*, 23 January, 2018

Hakluyt, Richard, 'Remembrances for a Factor', in *The Principal Navigations, Voyages, Traffiques and Discoveries of the English Nation*, volume 5 (Cambridge: Cambridge University Press, 2014)

Hammond, Peter, *Food and Feast in Medieval England* (Stroud: Sutton, 1993)

Hayward, Maria, *Rich Apparel: Clothing and the Law in Henry VIII's England* (Farnham: Ashgate, 2009)

Herbert, Ian, 'Gangs Make a Fortune from the Ancient Art of Adulterating Saffron', *The Independent*, 8 April, 2000

Holmes, Clare Patricia, *Economic Activity in Saffron Walden between the Sixteenth and Eighteenth Centuries (with particular reference to the crocus industry)* (s.l.: C.P. Holmes, 1988)

Jones, Anne Rosalind and Peter Stallybrass, *Renaissance Clothing and the Materials of Memory* (Cambridge: Cambridge University Press, 2000)

Joyce, James, *Finnegans Wake* (Oxford: Oxford University Press, 2012)

— *Letters*, volume 1, ed. Stuart Gilbert (London: Faber, 1957)

— *Ulysses: The 1922 Text* (Oxford: Oxford University Press, 1993)

Joyce, P.W., *A Social History of Ancient Ireland*, volume 2 (London: Longmans, Green, 1903)

Kiani, Sajad, Saeid Minaei, et al., 'Integration of Computer Vision and Electronic Nose as Non-destructive Systems for Saffron Adulteration Detection', *Computers and Electronics in Agriculture* 141 (September 2017), 46–53

Klemetillä, Hannele, *The Medieval Kitchen* (London: Reaktion, 2012)

Muffet, Thomas, 'Theater of Insects', in Edward Topsell, *The History of Four-footed Beasts, Serpents and Insects* (London: G. Sawbridge, 1658)

Nemati, Zahra, Dört Harpke, et al., 'Saffron (*Crocus sativus*) is an Autotriploid in Attica (Greece) from Wild *Crocus cartwrightianus*', *Molecular Phylogenetics and Evolution*, 136 (July 2019), 14–20

Parashar, Parmanand, *Kashmir: The Paradise of Asia* (New Delhi: Sarup and Sons, 2004)

Parker, Rowland, *The Common Stream: 200 Years of the English Village* (Chicago: Academy Chicago Publishers, 1994)

Pegge, Samuel, *The Forme of Cury: A Roll of Ancient English Cookery* (London: J. Nichols, 1780)

Pereira, Jonathan, *The Elements of Materia Medica and Therapeutics*, Volume 2: Part 1 (Cambridge: Cambridge University Press, 2014)

Pliny the Elder, *Natural History*, Volume 6: Books 20–23, trans. W.H.S. Jones (Cambridge: Harvard University Press, 1951)

The Proceedings of the Old Bailey, 1674–1913, www.oldbaileyonline.org

Raffield, Paul, 'Reformation, Regulation and the Image: Sumptuary Legislation and the Subject of Law', *Law and Critique* 13, no. 2 (2002), 127–55

Schier, Volker, 'Probing the Mystery of the Use of Saffron in Medieval Nunneries', *Senses and Society* 5, no. 1 (2010), 57–72

Schleif, Corine and Volker Schier, *Katerina's Windows: Donation and Devotion, Art and Music, as Heard and Seen Through the Writings of a Birgittine Nun* (University Park: Penn State Press, 2009)

Shafiee, Mojtaba, Soheil Arekhi, et al., 'Saffron in the Treatment of Depression, Anxiety and Other Medical Disorders', *Journal of Affective Disorders* 227 (2018), 330–37

Shakespeare, William, *The Winter's Tale*, in *The Complete Works*, ed. Peter Alexander (London: Collins, 1951)

Spenser, Edmund, *A View of the State of Ireland* (Oxford: Blackwell, 1997)

Theophrastus, *Enquiry into Plants*, Volume 2: Books 6–9, trans. Arthur Hort (Cambridge: Harvard University Press, 1926)

Thompson, Daniel V., *The Materials of Medieval Painting* (London: G. Allen and Unwin, 1936)

Weiss, E.A., *Spice Crops* (Wallingford: CABI Publishing, 2002)

Willard, Pat, *Saffron: The Vagabond Life of the World's Most Seductive Spice* (Boston: Beacon Press, 2001)

Yeats, William Butler, 'The Wanderings of Usheen [Oisin]', in *When You Are Old: Early Poems, Plays, and Fairy Tales*, ed. Robert Doggett (London: Penguin, 2015)

국화

Abe, Naoko, *'Cherry' Ingram: The Englishman who Saved Japan's Blossoms* (London: Chatto & Windus, 2019)

Alonso, Harriet Hyman, *Peace as a Women's Issue: A History of the US Movement for World Peace and Women's Rights* (Syracuse: Syracuse University Press, 1993)

'Behind the Image: Protesting the Vietnam War with a Flower', Magnum Photos, www.magnumphotos.com

Bergreen, Laurence, *Capone: The Man and the Era* (New York: Simon & Schuster, 1994)

Dumas, Ann, 'Monet's Garden at Giverny', in *Painting the Modern Garden* (London: Royal Academy of Arts, 2015)

Fish, Margery, *We Made a Garden* (London: W.H. & L. Collingridge, 1956)

Ginsberg, Allen, 'Demonstration or Spectacle as Example, As Communication or How to Make a March/Spectacle' (November 1965), in *Deliberate Prose: Selected Essays, 1952–1995*, ed. Bill Morgan (London: HarperCollins, 2000)

Haggard, H. Rider, *A Gardener's Year* (Cambridge: Cambridge University Press, 2012)

Iorizzo, Luciano, *Al Capone: A Biography* (Westport: Greenwood, 2003)

Jezer, Marty, *Abbie Hoffman: American Rebel* (New Brunswick: Rutgers University Press, 1992)

Keefe, Rose, *Guns and Roses: The Untold Story of Dean O'Banion* (Nashville: Cumberland House, 2003)

Liming, Wei, *Chinese Festivals* (Cambridge: Cambridge University Press, 2011)

Lloyd, Jenna M. 'War is Not Healthy for Children and Other Living Things', *Environment and Planning D: Society and Space* 27, no. 3 (2009), 403–24

Marc Riboud: 60 ans de photographie (Paris: Flammarion, 2014)

Mouse, John, *Monet: Nature into Art* (London and New Haven: Yale University Press, 1986)

Nelson, Susan E. 'Revisiting the Eastern Fence: Tao Qian's Chrysanthemums', *The Art Bulletin* 83, no. 3 (2001), 437–60

Ohnuki–Tierney, Emiko, *Flowers That Kill: Communicative Opacity in Political Spaces* (Stanford: University of Stanford Press, 2015)

— *Kamikaze, Cherry Blossoms, and Nationalisms* (Chicago: University of Chicago Press, 2002)

Okakura, Kakuzō, *The Book of Tea* (London: Penguin, 2016)

Proust, Marcel, *In the Shadow of Young Girls in Flower*, trans. James Grieve (London: Penguin, 2002)

Radnor, Abigail, 'That's Me in the Picture: Jan Rose Kasmir at an Anti–Vietnam–War Rally at the Pentagon, in 1967', *The Guardian*, 7 November, 2014

Silva, Horacio, 'Karma Chameleon', *New York Times Magazine*, 9 October, 2017

Spaargaren, Jaap J., *Origin and Spreading of the Cultivated Chrysanthemum, and World Market Analysis of Cut Flowers* (Aalsmeer: J.J. Spaargarden, 2015)

Taylor, Judith M., *An Abundance of Flowers: More Great Flower Breeders of the Past* (Athens: Swallow Press, 2018)

Tian, Xiaofei, *Tao Yuanming and Manuscript Culture: The Record of a Dusty Table* (Seattle: University of Washington Press, 2005)

Willsdon, Clare A.P., *In the Gardens of Impressionism* (London: Thames & Hudson, 2004)

— 'Making the Modern Garden', in *Painting the Modern Garden* (London: Royal Academy of Arts, 2015)

메리골드

Bye, Robert and Edelmira Linares, 'Creating the Illusion of the Countryside: Frida Kahlo's Post- Revolutionary Mexican Suburban Domestic Garden', in *Frida Kahlo's Garden*, eds. Adrian Zavala, Mia D'Avanza and Joanna L. Groake (New York: New York Botanical Garden, 2015)

Chadha, Kumkum, *The Marigold Story: Indira Gandhi and Others* (Chennai: Tranquebar, 2019)

Curry, Helen Anne, *Evolution Made to Order: Plant Breeding and Technological Innovation in Twentieth-Century America* (Chicago: University of Chicago Press, 2016)

Doctor, Vikram, 'This Lok Sabha Election, Mega Garlands Made from Apple, Almond and Raisins Are in Vogue', *The Economic Times*, 20 April, 2019

Elferink, J.G.R. and J.A. Flores Frafán, 'Yauhtli and Cempoalxochitl: The Sacred Marigolds, *Tagetes* Species in Aztec Medicine and Religion', CIESAS, Mexico, Academia.edu, n.d.

Heyden, Doris, 'Symbolism of Ceramics from the Templo Mayor', in *The Aztec Templo Mayor*, ed. Elizabeth Hill Boone (Washington D.C.: Dumbarton Oaks, 1987)

Jekyll, Gertrude, *Colour Schemes for the Flower Gardens* (London: Francis Lincoln, 1988)

Knutson, Lawrence L., 'It's Official: Rose to be Official National Flower', Associated Press, 24 September, 1986, www.apnews.com

Kraft, Ken, *Garden to Order: The Story of Mr Burpee's Seeds and How They Grow* (New York: Doubleday, 1963)

Lahiri, Jhumpa, *The Namesake* (New York: Houghton Mifflin, 2003)

Lomnitz, Claudio, *Death and the Idea of Mexico* (New York: Zone Books, 2005)

Mackaman, Frank H., 'Promoting the Marigold as National Floral Emblem', The Dirksen Congressional Center, August 2011, www.direksencenterprojects.org

Myers, Helen, *Music of Hindu Trinidad: Songs from the Indian Diaspora* (Chicago: University of Chicago Press, 1998)

Robinson, William, *The English Flower Garden* (London: Bloomsbury, 1998)

Siegel, R.K., P.R. Collings and J.L. Díaz, 'On the Use of *Tagetes lucida* and *Nicotioana rustica* as a Huichol Smoking Mixture: The Aztec "Yauhtli" with Suggestive Hallucinogenic Effects', *Economic Botany* 31, no. 1 (1977), 16–23

'Still Searching', *Nevada Daily Mail*, 24 September, 1972

Taylor, Judith M., *Visions of Loveliness: Great Flower Breeders of the Past* (Athens: Swallow Press,

2014)

'A True Drama: The Effect of Alice Vonk on Pure White Marigolds', *People*, 15 September, 1975

Wyndham, John, *The Day of the Triffids* (London: Penguin, 2008)

Zindel, Paul, *The Effect of Gamma Rays on Man-in-the-Moon Marigolds* (New York: HarperTrophy, 2005)

양귀비

Ahmed, Sofia, 'No, I won't wear the "Poppy Hijab" to prove I'm not a Muslim extremist', *The Independent*, 4 November, 2015

Allen, Chris, 'The Poppy Hijab Is Just Islamophobia with a Floral Motif', *New Statesman*, 3 November, 2014

Baum, L. Frank, *The New Wizard of Oz*, with pictures by W.W. Denslow (Indianapolis: Bobs- Merrill Company, 1903)

Clare, John, 'May', in *The Shepherd's Calendar*, eds. Eric Robinson, Geoffrey Summerfield and David Powell (Oxford: Oxford University Press, 1964)

Conan Doyle, Arthur, 'The Man with the Twisted Lip' (1891), in *The Complete Sherlock Holmes* (Harmondsworth: Penguin, 1981)

Colette, 'Poppy', in *Flowers and Fruit*, trans. Matthew Ward and ed. Robert Phelps (London: Secker & Warburg, 1986)

Courtwright, Daniel T., *Dark Paradise: Opiate Addiction in America Before 1940*, enlarged ed. (Cambridge: Harvard University Press, 2001)

Crabbe, George, *The Village*, in *Tales, 1812 and Other Selected Poems*, ed. Howard Mills (Cambridge: Cambridge University Press, 1967)

Douglas, Alfred, 'Two Loves', *The Chameleon* 1, no. 1 (1894)

Homer, *The Iliad*, trans. Robert Fagles (London: Penguin, 1990)

Hopkins, Gerard Manley, 'The Woodlark', in *The Major Works* (Oxford: Oxford University Press, 1986)

Johnson, Heather Anne, *Madame Guérin*, poppyladymadameguerin.wordpress.com/

Lack, Andrew, *Poppy* (London: Reaktion, 2017)

Lawrence, D.H., 'Study of Thomas Hardy', in *Study of Thomas Hardy and Other Essays* (Cambridge: Cambridge University Press, 1985)

Longley, Michael, 'Poppies', in *The Ghost Orchid* (London: Jonathan Cape, 1995)

Mabey, Richard, *Weeds: The Story of Outlaw Plants* (London: Profile Books, 2010)

Ohnuki-Tierney, Emiko, *Kamikaze, Cherry Blossoms, and Nationalisms: The Militarization of Aesthetics in Japanese History* (Chicago: Chicago University Press, 2002)

Okakura, Kakuzō, *The Book of Tea* (London: Penguin, 2016)

Plath, Sylvia, 'Poppies in July', in *The Collected Poems*, ed. Ted Hughes (New York: HarperPerennial, 2008)

Ruskin, John, *Proserpina. A Study of Wayside Flowers*, vol. 1 (Orpington: George Allen, 1879)

Seward, Anna, 'Sonnet LXXI: To the Poppy', in *British Women Poets of the Romantic Era: An Anthology*, ed. Paula R. Feldman (Baltimore: Johns Hopkins University Press, 1997)

The Song of Roland and Other Poems of Charlemagne, trans. Simon Gaunt and Karen Pratt (Oxford: Oxford University Press, 2016)

'What is the U.S. Opioid Epidemic?', U.S. Department of Health and Human Services, www. hhs.gov/opiods/about-the-epidemic

Wolf, Eric, *Envisioning Power: Ideologies of Dominance and Crisis* (Berkeley: University of California Press, 1999)

겨울

Addison, Joseph, *The Spectator* no. 477, 6 September, 1712, in *The Genius of the Place: The English Landscape Garden, 1620–1820*, eds. John Dixon Hunt and Peter Willis (Cambridge: MIT Press, 1988)

Bacon, Francis, 'Of Gardens', in *The Essays*, ed. John Pitcher (Harmondsworth: Penguin, 1985)

'Climate Change Indicators: Length of Growing Season', US Environmental Protection Agency, August 2016, www.epa.gov/climate-indicators

Cobbett, William, *The English Gardener* (Oxford: Oxford University Press, 1980)

Coleridge, Samuel Taylor, 'Frost at Midnight', in *The Complete Poems* (London: Penguin, 1997)

Kincaid, Jamaica, 'Winter' and 'Spring', in *My Garden (Book)* (London: Vintage, 2000)

Kingsley, Charles, 'My Winter Garden', in *Prose Idylls, New and Old* (London: Macmillan, 1873)

Martial, 'Garlands of Roses', in *Epigrams, with Parallel Latin Text*, trans. Gideon Nisbet (Oxford: Oxford University, 2015)

Sackville, Thomas, Earl of Dorset, 'Winter', in *The Four Seasons*, ed. J.D. McLatchy (London: Everyman, 2008)

Seneca, *Letters from a Stoic*, ed. and trans. Robin Campbell (Harmondsworth: Penguin, 1969)

Shakespeare, William, *Love's Labour's Lost* (1597), in *The Complete Works*, ed. Peter Alexander (London: Collins, 1951)

Shapiro, Karl, 'California Winter', in *Selected Poems*, ed. John Updike (New York: Library of

America, 2003)

Sheldon, Ernie, 'Bring Me a Rose', on *Never Underestimate the Power of The Womenfolk* by The Womenfolk (RCA, 1964)

Shelley, Percy Bysshe, 'The Zucca', in *The Complete Poems* (New York: Modern Library, 1997)

Simcox, George Augustus, 'Hothouse Flowers', in *Poems and Romances* (London: Strahan and Co., 1869)

Spenser, Edmund, 'December', in *The Shepheardes Calender*, in *The Shorter Poems*, ed. Richard A. McCabe (London: Penguin, 1999)

Thompson, James, 'Winter. A Poem', in *The Seasons*, ed. James Sanbrooke (Oxford: Oxford University Press, 1981)

von Arnim, Elizabeth, *Elizabeth and Her German Garden* (London: Virago, 1985)

제비꽃

Atkinson, Diane, *Purple, White and Green: Suffragettes in London, 1906–1914* (London: Museum of London, 1992)

Barnard, Edward W., 'Winter Violets', *Puck*, 28 March, 1894

Cicero, *Tusculan Disputations*, trans. J.E. King (Cambridge: Harvard University Press, 1927)

Coombs, Roy E., *Violets: The History and Cultivation of Scented Violets* (London: Croom Helm, 1981)

Crawford, Elizabeth, 'Sussex Violets And "Votes For Women"', *Woman and Her Sphere*, 3 March, 2017, www.womanandhersphere.com/suffrage-stories

Eliot, T.S., *The Waste Land*, in *The Complete Poems and Plays of T.S. Eliot* (London: Faber, 1969)

The Flower Fields, BBC Radio 4 Extra, October 2012

Freud, Sigmund, 'The Question of Symbolism in the Dreams of Normal Persons' (1914), addition to chapter 6 of *The Interpretation of Dreams* (1900), trans. James Strachey (Harmondsworth: Penguin, 1976)

Hamilton, Cecily, *Life Errant* (London: Dent, 1935)

Hood, Thomas, 'The Plea of the Midsummer Fairies', in *The Plea of the Midsummer Fairies, and Other Poems* (London: Longman, Rees, Orme, Brown and Green, 1827)

Kastan, David Scott, *On Color* (London and New Haven: Yale University Press, 2018)

Lawrence, D.H., 'Do Women Change?', in *Late Essays and Articles*, ed. James T. Boulton (Cambridge: Cambridge University Press, 2004)

— *Lady Chatterley's Lover* (London: Penguin, 2006)

— *The Letters*, Volume 1, 1901–1913, ed. James T. Boulton (Cambridge: Cambridge University

Press, 1979)

Maxwell, Catherine, *Scents and Sensibility: Perfume in Victorian Literary Culture* (Oxford: Oxford University Press, 2017)

Mee, Arthur, *Cornwall: England's Farthest South* (London: Hodder and Stoughton, 1937)

Miller, Patricia Cox, *The Corporeal Imagination: Signifying the Holy in Late Ancient Christianity* (Philadelphia: University of Pennsylvania Press, 2009)

Mitford, Mary Russell, *Our Village* (Harmondsworth: Penguin, 1987)

Nesbit, Edith, 'To His Daughter', in *Ballads and Lyrics of Socialism, 1883–1908* (London: Fabian Society, 1908)

— 'WinterViolets', in *Leaves of Life* (London: Longmans, Green, 1888)

Pankhurst, Christabel, 'The Political Importance of the Colours', *Votes for Women*, 7 May, 1909

Pankhurst, E. Sylvia, *The Suffragette: The History of the Women's Militant Suffrage Movement, 1905–1910* (London: Sturgis & Walton, 1911)

Sappho, *A New Translation of the Complete Works*, trans. Diane J. Rayor (Cambridge: Cambridge University Press, 2014)

Shakespeare, William, *Hamlet*, in *The Complete Works*, ed. Peter Alexander (London: Collins, 1951)

Sharp, William, *The Life and Letters of Joseph Severn* (London: Sampson, Low, Marston & Co., 1892)

Shaw, George Bernard, *Pygmalion* (London: Penguin, 2003)

'The Suffragette and the Dress Problem', *Votes for Women*, 30 July, 1908

Tarkington, Booth, *Alice Adams*, in *Novels and Stories* (New York: Library of America, 2019)

Toynbee, J.C., *Death and Burial in the Roman World* (Baltimore: Johns Hopkins University Press, 1996)

deVilmorin, Henry L., *Flowers of the French Riviera* (London: Spottiswoode and Co., 1898)

'Where Dresses in the Colours Can Be Bought', *Votes for Women*, 23 April, 1909

Wilde, Oscar, *A Picture of Dorian Gray* (Oxford: Oxford University Press, 2006)

— *The Complete Letters*, eds. Merline Holland and Rupert Hart-Davis (London: Fourth Estate, 2000)

제라늄

Alcott, Louisa May, *Little Women* (Oxford: Oxford University Press, 2008)

Anonymous, *Jenny's Geranium; or, the Prize Flower of a London Court* (London: S.W. Partridge, 1869)

Aubrey, John, *Aubrey's Natural History of Wiltshire*, ed. John Britton (Newton Abbott: David and Charles, 1969)

Austen, Jane, *Mansfield Park* (Harmondsworth: Penguin, 1984)

Barnes, Charlotte S.M., 'The Dead Geranium', *The Churchman's Magazine* 8 (1845), p. 7

Blunt, William and William T. Stearn, *The Art of Botanical Illustration,* revised ed. (Woodbridge: Antique Collectors Club, 1994)

Boddy, Kasia, *Geranium* (London: Reaktion, 2013)

Chandler, Raymond, *The Big Sleep* (London: Penguin, 2005)

Cottesloe, Gloria, and Doris Hunt, *The Duchess of Beaufort's Flowers* (Exeter: Webb and Bower, 1983)

Cowper, William, *The Task* (London: James Nisbet, 1855)

Darwin, Erasmus, 'The Loves of the Plants', the second part of *The Botanic Garden: A Poem, in Two Parts* (London: J. Johnson, 1791)

Elliot, Brent, *Victorian Gardens* (Portland: Timber Press, 1986)

Ellmann, Richard, *Oscar Wilde* (New York: Vintage, 1988)

George, Samantha, *Botany, Sexuality and Women's Writing, 1760–1830* (Manchester: Manchester University Press, 2007)

Harvey, John, *Early Gardening Catalogues* (London: Phillimore, 1972)

Hunt, Leigh, 'A Flower for Your Window', in *Selected Essays* (London: Dent, 1947)

Jefferson, Thomas, *Thomas Jefferson's Garden Book, 1776–1824*, ed. Edwin Morris Betts (Philadelphia: American Philosophic Society, 1944)

Morris, William, 'Making the Best of It', in *Hopes and Fears for Art* (Bristol: Thoemmes Press, 1994)

Parkes, Revd Samuel Hadden, *Window Gardens for the People, and Clean and Tidy Rooms; Being an Experiment to Improve the Lives of the London Poor* (London: S.W. Partridge, 1864)

Polwhele, Richard, *The Unsex'd Females* (1798), in *Revolutions in Romantic Literature: An Anthology of Print Culture, 1780–1832*, ed. Paul Keen (Toronto: Broadview Press, 2004)

Rabelais, Robert, *A Nineteenth Century, and Familiar History of the Lives, Loves, and Misfortunes of Abeillard and Heloisa* (London: Bumpus, 1819)

Repton, Humphry, *The Landscape Gardening and Landscape Architecture of the Late Humphry Repton*, ed. J.C. Loudon (London: Longman, 1840)

Rousseau, Jean-Jacques, *Reveries of the Solitary Walker*, trans. Russell Goulbourne (Oxford: Oxford University Press, 2011)

Saunders, Gill, *Picturing Plants* (Berkeley: University of California Press, 1995)

Slaughter, Thomas P., *The Natures of John and William Bartram* (New York: Knopf, 1996)

Smith, Charlotte, 'To a geranium which flowered during the winter' and 'To the goddess of botany', in *The Poems*, ed. Stuart Curran (Oxford: Oxford University Press, 1993)

Smith, Margaret Bayard, *The First Forty Years of Washington Society* (New York: Scribner's, 1906)

Watson, Forbes, *Flowers and Gardens* (London: Strahan and Co., 1872)

Webb, William J., *The Pelargonium Family* (London: Croom Helm, 1984)

Woods, Mary and Arete Swartz Warren, *Glass Houses: A History of Greenhouses, Orangeries, and Conservatories* (New York: Rizzoli, 1988)

스노드롭

Bartley, Paula, *Prostitution: Prevention and Reform, 1860–1914* (London: Routledge, 2000)

Čapek, Karel, *The Gardener's Year*, trans. M. and R. Weatherall (London: George Allen & Unwin, 1931)

Colette, 'Snowdrop', in *Flowers and Fruit*, trans. Matthew Ward and ed. Robert Phelps (London: Secker & Warburg, 1986)

Crane, Walter, *Flora's Feast: A Masque of Flowers* (London: Cassell, 1889)

Daniels, Cora Linn Morrison and Charles McClellan Stevens, *Encyclopaedia of Superstitions, Folklore, and the Occult Science of the World*, vol. 2 (Milwaukee: J.H. Yewdale, 1903)

De la Mare, Walter, 'A Snowdrop', in *A Snowdrop* (London: Faber, 1929)

'The Discontented Snowdrop: A Lesson for Grumbling Boys and Girls', *Juvenile Instructor and Companion*, May 1871, 123–25

Dunbar, Paul Laurence, 'The Paradox', in *The Collected Poetry*, ed. Joanne M. Braxton (Charlottesville: University of Virginia Press, 1993)

Eliot, George, *Adam Bede* (London: Penguin, 1985)

Ewan, Stanley and Arpad Pusztai, 'Effects of Diets Containing Genetically Modified Potatoes Expressing *Galanthus nivalis* Lectin on Rat Small Intestine', *Lancet* 354, 16 October, 1999, 1353–4

Farrer, Reginald, *In a Yorkshire Garden* (London: Edward Arnold, 1909)

Harland, Gail, *Snowdrop* (London: Reaktion, 2016)

Heaney, Seamus, 'Mid–Term Break', in *Opened Ground: Selected Poems 1966–1996* (New York: Farrar, Straus and Giroux, 1998)

Heinrich, Michael and H. Lee Toah, 'Galanthamine from snowdrop – The development of a modern drug against Alzheimer's disease from local Caucasian knowledge', *Journal of Ethnopharmacology* 92, nos. 2/3 (2004), 147–62

Hughes, Ted, 'Snowdrop', in *Lupercal* (London: Faber, 1960)

Latham, Charlotte, 'Some West Sussex Superstitions Lingering in 1868', *The Folk-Lore Record* 1 (1878), 1–67

Mabey, Richard, *Flora Brittanica* (London: Sinclair–Stevenson, 1996)

Miller, A.D., *Snowdrops* (London: Atlantic Books, 2010)

Muire, Edward, *Ritual in Early Modern Europe* (Cambridge: Cambridge University Press, 2005)

Nesbit, Edith, 'The Champion', in *Many Voices* (London: Hutchinson, 1922)

Plaitakis, Andreas and Roger Duvoisin, 'Homer's Moly Identified as *Galanthus nivalis* L.: Physiologic Antidote to Stramonium Poisoning', *Clinical Neuropharmacology* 6, no. 1 (1983), 1–5

'Prophetic Days', *Chambers's Journal*, 11 October, 1873, 655–56

Randerson, James, 'Arpad Pusztai: Biological Divide', *The Guardian*, 15 January, 2008

The Snow Drop (Philadelphia: American Sunday School Union, 1909)

'The Snowdrop', in *The Juvenile Miscellany of Facts and Fiction*, volume 1 (London: Houlston & Stoneman, 1844)

The Snowdrop, or Life from the Dead (London: S.W. Partridge, n.d.)

Stewart, Maria, 'Religion and the Pure Principles of Morality', in *Words of Fire: An Anthology of African-American Feminist Thought*, ed. Beverley Guy-Sheftall (New Press: New York, 1995)

'Volunteer Castaways: U.S. Airmen, Based in Britain, on a Survival Test', *Illustrated London News*, 12 May, 1956

Wordsworth, William, 'To a Snowdrop', in *The Major Works*, ed. Stephen Gill (Oxford: Oxford University Press, 2000)

Yemm, Helen, 'Why We All Love Snowdrops So Much', *The Telegraph*, 10 February, 2016

아몬드

'Almond-Blossom', *All the Year Round*, 3 April, 1886

Arnold, Edwin, 'Almond Blossom', in *Griselda: A Tragedy and Other Poems* (London: David Bogue, 1855)

[Casey, George C. E.], *Riviera Nature Notes* (Manchester: Labour Press, 1898)

Darwish, Mahmoud, 'To Describe an Almond Blossom', in *Almond Blossoms and Beyond*, trans. Mohammad Shaheen (Northampton: Interlink Books, 2009)

Edwards, Thornton B., 'The Sugared Almond Modern Greek Rites of Passage', *Folklore* 107 (1996), 49–56

García Marquéz, Gabriel, *Love in the Time of Cholera*, trans. Edith Grossman (London: Penguin, 1989)

'The Grosvenor Gallery', *The Times*, 8 May, 1882

Hamblin, James, 'The Dark Side of Almond Use', *The Atlantic*, 28 August, 2014

Hanbury, Thomas, 'Plants on the Riviera', *Gardeners' Chronicle*, 20 February, 1886

James, Henry, 'London Pictures, 1882', in *The Painter's Eye: Notes and Essays on the Pictorial Arts*, ed. John L. Sweeney (Madison: University of Wisconsin Press, 1989)

Lawrence, D.H., 'Flowery Tuscany', in *Sketches of Etruscan Places and Other Essays*, ed. Simonetta De Fillipis (Cambridge: Cambridge University Press, 1992)

— 'Letter from Town: The Almond Tree', 'Almond Blossom', 'Bare Almond-Trees', and 'Sicilian Cyclamens', in *Complete Poems* (Harmondsworth: Penguin, 1994)

— 'Sun', in *The Woman Who Rode Away and Other Stories* (London: Penguin, 1997)

— *Women in Love* (Cambridge: Cambridge University Press, 1987)

Lerner, Irving J., 'Laetrile: A Lesson in Cancer Quackery', *CA – A Cancer Journal for Clinicians* 31, no. 2 (1981), 91–5

Muir, John, *The Mountains of California* (London: Penguin, 2008)

Pliny the Elder, *Natural History,* Volume 4: Books 12–16, trans. H. Rackham (Cambridge: Harvard University Press, 1945)

Reichman, Edward and Fred Rosner, 'The Bone Called Luz', *Journal of the History of Medicine and Allied Sciences* 51 (1996), 52–61

Sánchez-Perez, Raquel, Jorge Del Cueto, et al., 'Recent Advancements to Study Flowering Time in Almond and Other Prunus Species', *Frontiers in Plant Science* 5, no. 334 (2014) online

Sewell, Philip, 'Winter-Flowering Plants at La Mortola', *Gardeners' Chronicle*, 15 March, 1890

'Sir Thomas Hanbury', *The Times*, 12 March, 1907

Traynor, Joe, 'A History of Almond Pollination in California', *Bee World* 94, no. 3 (2017), 69–79

van Gogh, Vincent, *The Letters*, eds. Leo Jansen, Hans Luijten and Nienke Bakker, vangoghletters.org

Weinberg, H. Barbara, *American Impressionism and Realism* (New York: Metropolitan Museum of Art, 2009)

Willcox, George, Sandra Fornite and Linda Herveux, 'Early Holocene Cultivation before Domestication in Northern Syria', *Vegetation History and Archeobotany* 17, no. 3 (2008), 313–25

이미지 출처

p.14 'Woman in a wide dress, garland in her hands', c. 1910-20, hand-coloured watercolour on paper, 295 x 249 mm. Rijksmuseum, Amsterdam.

p.16 Jacques-Laurent Agasse, *Studies of Flowers*, 1848, oil on canvas. 489 x 833 mm. Yale Center for British Art, Paul Mellon Collection.

p.17 Hendrick Goltzius, *A Young Man with Flowers in His Hand*, 1582, engraving on paper, 258 x 138 mm. Rijksmuseum, Amsterdam.

p.18 Anya Gallaccio, *Red on Green*, 2012, 10, 000 red roses laid in a field upon the gallery floor, dimensions variable. © Anya Gallaccio. All rights reserved, DACS/ Artimage 2019.

p.25 Guy Spencer, cartoon featuring John D. Rockefeller Jr and an American Rose, *The Commoner*, April 21, 1905, p. 1.

p.42 Eyebright and a human eye illustrating the 'doctrine of signatures', coloured ink drawing, c. 1923, after a woodcut by Giambattista della Porta in *Phytognomonica*, 1588. CC BY, Wellcome Collection.

p.45 Photograph of the Daisy Chain at Vassar College, 1910. Author's collection.

p.45 Cover of the first US edition of Mary McCarthy *The Group*, New York: Harcourt, Brace, 1963. Author's collection.

p.48 Still from 'Peace, Little Girl', also known as 'Daisy Girl', advertisement for Lyndon B. Johnson's 1964 Presidential Campaign. Lyndon B. Johnson Library, University of Texas, Austin.

p.51 Gari Melchers, *Red Hussar*, c. 1912-15, oil on canvas, 120.6 x 100.9 cm. Gari Melchers Home and Studio, University of Mary Washington.

p.52 Cover of promotional booklet for *En effeuillant la marguerite*, movie dir. Marc Allégret, 1956. Author's collection.

p.59 Photograph of an ornamental tray. Royal Falcon Ware, J.H. Weatherby & Sons, Hanley, Staffordshire. Author's collection.

p.62 Shaikh Zada, detail of 'Bahram Gur in the White Palace on Friday', Folio 235 from a *Khamsa (Quintet)* of the poet Nizami, 1524-25, Herat in present-day Afghanistan. Metropolitan Museum of Art, New York.

p.62   Zhao Mengjian, detail of handscroll, ink on paper, China, mid-thirteenth-century, handroll image 33.2 x 374 cm; overall with mounting 34.1 x 993.6 cm. Metropolitan Museum of Art, New York.

p.70   Early twentieth-century Easter card. Author's collection.

p.70   Early twentieth-century Easter card. Author's collection.

p.72   Charles Walter Stetson, *An Easter Offering*, 1896, oil on canvas, 101.9cm x 127.6cm. Spencer Museum of Art, University of Kansas. Museum purchase 1982.0051.

p.73   Diego Rivera, *The Flower Seller (Girl with Lilies)*, 1941, oil on Masonite, 121.9 x 121.9 cm. Norton Simon Museum, Gift of Mr Cary Grant. © Banco de México Diego Rivera Frida Kahlo Museums Trust, México, D.F./ DACS 2019.

p.75   Georgia O'Keeffe, *Yellow Calla,* 1926, oil on fibreboard, 22.9 x 32.4 cm. Smithsonian American Art Museum, Washington DC.

p.77   Keith Ruffles, photograph of a mural featuring a lily pin, Béal Feirste, Belfast, 2010.

p.79   Jan Davidsz. de Heem, *Cartouche with a Portrait of Prince William III of Orange*, mid-1660s, oil on canvas, 132 x 108 cm. Musée des Beaux-Arts, Lyon.

p.84   Alexander Marshal, *Florilegium*, L. CV. Royal Collection Trust / © Her Majesty Queen Elizabeth II 2019 (RCIN 924390).

p.93   Arno Mohr, poster for the Socialist Unity Party of Germany, advertising May Day, 1946. Author's collection.

p.94   A Soviet postcard from the 1980s. Author's collection.

p.96   *25 Abril 1974*, poster based on a lithograph by Sergio Guimarães, Portugal, 1974. Author's collection.

p.99   Mother's Day Card, 1914. Author's collection.

p.111   Miniature of the lover tending the rose, from *Le Roman de la Rose*, Harley ms 4425, f. 284 v, Bruges, *c.* 1490-1500, British Library.

p.114   Two lovers, or a man with a courtesan, holding roses within an oval frame, watercolour drawing, Kalighat, no date. CC BY, Wellcome Collection.

p.115   Illustration of woman in utero, from Jane Sharp, *The Midwives Book: or the Whole Art of Midwifery Discovered*, 1671. CC BY, Wellcome Collection.

p.118   'Sah ein Knab' . . . mach's Mit'. Bundeszentrale für gesundheitliche Aufklärung, Cologne, 1990s, lithograph printed in colour, after Marcel Kolvenbach and Guido Meyer, 59.5 x 42 cm. CC BY, Wellcome Collection.

p.123   Jean Cocteau, poster of Vaslav Nijinsky in *Le Spectre de la Rose* for the Ballets Russes, 1913, colour lithograph, printing ink on paper, 189 x 129 cm. © ADAGP/ DACS/Comité Cocteau, Paris 2019/Victoria & Albert Museum, London.

p.124   Screenshot from *Un Chant d'Amour* dir. Jean Genet, 1950.

p.127   Adam Eastland, photograph of Roman mosaic featuring Nile river scene, from the House of the Faun, Pompeii, 120 BCE, Archaeological Museum, Naples, photograph 2016. Alamy Stock Photo.

p.128   Lotus inlay, Faience, Egypt, New Kingdom, Amarna, 1353–1336 BCE, 3.7 x 4.4 x 0.6 cm. Metropolitan Museum of Art, New York.

p.132   Vishnu and Lakshmi seated on a Lotus Blossom, early 1800s, Himachal Pradesh, Pahari, Northern India, gum tempera and gold on paper, 13.3 x 9 cm. Cleveland Museum of Art, Cleveland.

p.133   A Buddhist monk holding a lotus, wall painting (pigments on mud plaster), Kizil cliffs, China, sixth to seventh century, 81.3 x 37.5 cm. Metropolitan Museum of Art, New York.

p.137   A 'Pond Lily' leaded glass and bronze table lamp, Tiffany Studios, New York, early twentieth century, 67.3cm high, shade diameter 45.7cm. © Christie's Images, London/Scala, Florence.

p.142   Watercolour of *Gossypium hirsutum* from the William Roxburgh collection, no. 1497, Royal Botanical Gardens, Kew.

p.147   The Vegetable Lamb of Tartary, woodcut from the 1725 edition of *The Voiage and Travaile of John Mandeville, Knight*. Granger Historical Picture Archive/Alamy Stock Photo.

p.150   Lamar Baker, *The Slave Plant*, lithograph on paper, 1939, 28.3 x 40.6 cm. Smithsonian American Art Museum, Washington DC.

p.153   Carol Highsmith, photograph of the boll weevil monument, Enterprise, Alabama, 2010. The George F. Landegger Collection of Alabama Photographs in Carol M. Highsmith's America, Library of Congress, Prints and Photographs Division.

p.155   Photograph of Mahatma Gandhi spinning cotton on a charkha, late 1940s.

p.158   Vincent van Gogh, *Sunflowers*, 1887, oil on canvas, 43.2 x 61 cm. Metropolitan Museum of Art, New York.

p.159   Paul Gauguin, *The Painter of Sunflowers (Portrait of Vincent van Gogh)*, 1888, oil on canvas, 73 x 91 cm. Van Gogh Museum, Amsterdam (Vincent van Gogh Foundation).

p.160   Roland Holst, lithograph on cover of *Tentoonstelling der nagelaten werken van Vincent van Gogh*, a catalogue for an exhibition of Vincent van Gogh's work, 1892, 18.2 x 21 cm. Museum of Fine Arts, Boston.

p.162   Poster for Die Grünen, the German Green Party, *c.* 1980, 85 x 59.5 cm. International Institute of Social History, Amsterdam.

p.165   Tristan Nitot, photograph of sunflowers growing outside the nuclear power

이미지 출처

station at Saint Laurent des Eaux in central France, 2007.

p.170   Sunflower clock. Illustration from Athanasius Kircher, *Magnes, sive De Arte Magnetica*, Cologne, 1643.

p.174   Wenceslaus Hollar, etching after Anthony van Dyck, *Self-Portrait with a Sunflower*, 1644, 13.5 x 11.1 cm. Metropolitan Museum of Art, New York.

p.175   'Chairman Mao is the red sun in the hearts of the revolutionary people of the world', 1967. International Institute of Social History, Amsterdam.

p.185   A woman picking wild *Crocus cartwrightianus* on a rocky hillside, wall painting, Xestes 3, Akrotiri, Thera (Santorini), *c.* 3000-1100 BCE.

p.188   Illustration in *Taqwīm as-Siḥḥa* (*Maintenance of Health*), an eleventh-century Arab medical treatise that was translated into Latin in the thirteenth century as *Tacuinum Sanitatis*, Cod. Ser. n. 2644, fol. 40v. Österreichische Nationalbibliothek (Austrian National Library), Vienna.

p.188   Safa Daneshvar, photograph of a woman harvesting saffron, Torbat-e-Heydarieh, Razavi Klorasan Province, Iran, 2007. CC BY-SA 4.

p.200   Marc Riboud, photograph of Jan Rose Kasmir at the Pentagon, 1967. Marc Riboud / Fonds Marc Riboud au MNAAG, Magnum Photographs.

p.204   A poster advertising the 2018 ChongYang Festival. Author's collection.

p.208   James Tissot, *Chrysanthemums*, 1874-76, oil on canvas, 118.4 x 76.2 cm. The Clark Art Institute, Williamstown.

p.210   Katsushika Hokusai, *Chrysanthemums and Horsefly*, *c.* 1833-34, woodblock print, ink and colour on paper, 24.6 × 36.7 cm. Minneapolis Institute of Art, Minneapolis.

p.211   Claude Monet, *Massif de chrysanthèmes*, 1897, oil on canvas, 81.7 x 100.5 cm. Kunstmuseum Basel.

p.219   Saturnino Herrán, *La ofrenda* (*The Offering*), 1913, oil on canvas, 182 x 210 cm. Museo Nacional de Arte, Mexico.

p.225   A press photo from a 1970 Broadway production of Paul Zindel's play *The Effect of Gamma Rays on Man-in-the-Moon Marigolds*. Author's collection.

p.227   A 1940 advertisement for Camel cigarettes, featuring David Burpee and one of his marigolds. Author's collection.

p.235   Philip Lyford's illustration for John McCrae's poem 'We Shall Not Sleep' used as the cover E.E. Tanner's musical setting. Undated. Library of Congress World War 1 Sheet Museum Collection.

p.236   The original French-made cotton memorial poppy, sold in 1921 by Anna Guérin. Reproduced, with permission, from the collection of Heather Anne

Johnson, poppyladymadameguerin.wordpress.com

p.240   W.W. Denslow, illustration for L. Frank Baum's *The Wonderful Wizard of Oz*, New York, 1900. Author's collection.

p.254   Cover of a Muse lingerie box, Atlanta, Georgia, early twentieth century. Author's Collection.

p.256   Jean Dominique Étienne Canu, 'Violettes du 20 Mars 1815', hand-coloured etching on paper, 141 x 90 mm. British Museum, London.

p.257   Postcard of violet-picking on the Côte d'Azur. Author's Collection.

p.261   Postcard featuring the music hall star Marie Studholme as flower seller 'Sweet Violets'. Author's collection.

p.266   John William Godward, *Violets, Sweet Violets*, 1906, oil on canvas, 92 cm diameter. Private Collection.

p.271   'December', engraving by Henry Fletcher after the painting by Pieter Casteels, from Robert Furber, *The Twelve Months of Flowers*, London, 1730.

p.275   'Forcing Garden in Winter', coloured lithograph from Humphry Repton, *Fragments on the Theory and Practice of Landscape Gardening*, London, 1816.

p.279   Ralph Hedley, *Blinking in the Sun*, 1881, oil on canvas, 53 x 42.9 cm. Laing Art Gallery, Newcastle upon Tyne.

p.282   Photograph of Geraniums in front of the Lenin Memorial Museum at the Smolny Institute, St Petersburg. © Edifice/The Bridgeman Art Library.

p.283   Mario Bogoni, poster for Ente Nazionale Italiano per il Turismo, 1915. Author's collection.

p.286   Walter Crane, 'Snowdrops', from *Flora's Feast: A Masque of Flowers*, London: Cassell, 1889. Almay Stock Photo.

p.289   Illustration from *The Snowdrop, or Life from the Dead*, London, 1876. Author's Collection.

p.296   Everard Kick (Kickius), *Datura stramonium* at the centre, with *Galanthus nivalis* 'Flore Pleno' on the left and *Saxifraga paniculata* syn. *Aizoon* on the right. Duchess of Beaufort Florilegium, 1703-5.

p.301   John Russell, *Armandiers et ruines, Sicilie* (*Almond Trees and Ruins, Sicily*), 1887, oil on canvas, 64.5 x 81.2 cm. Queensland Art Gallery. Purchased 1989 from the estate of Lady Trout with a special allocation from the Queensland Government.

p.302   Vincent van Gogh, *Sprig of Flowering Almond in a Glass*, 1888, oil on canvas, 24.5 x 19.5 cm. Van Gogh Museum, Amsterdam.

p.307   Edward Burne-Jones, *The Tree of Forgiveness*, 1882, oil on canvas, 90.5 x 106.7 cm. National Museums Liverpool.

이미지 출처

세계사를 바꾼 16가지 꽃 이야기

계절마다 피는 평범한 꽃들로 엮어낸 찬란한 인간의 역사

1판 1쇄 발행 2021년 4월 20일
1판 5쇄 발행 2024년 2월 1일

지은이 캐시어 바디
옮긴이 이선주
발행인 박명곤 **CEO** 박지성 **CFO** 김영은
기획편집1팀 채대광, 김준원, 이승미, 이상지
기획편집2팀 박일귀, 이은빈, 강민형, 이지은
디자인팀 구경표, 구혜민, 임지선
마케팅팀 임우열, 김은지, 이호, 최고은

펴낸곳 (주)현대지성
출판등록 제406-2014-000124호
전화 070-7791-2136 **팩스** 0303-3444-2136
주소 서울시 강서구 마곡중앙6로 40, 장흥빌딩 10층
홈페이지 www.hdjisung.com **이메일** support@hdjisung.com
제작처 영신사

ⓒ 현대지성 2021

"Curious and Creative people make Inspiring Contents"
현대지성은 여러분의 의견 하나하나를 소중히 받고 있습니다.
원고 투고, 오탈자 제보, 제휴 제안은 support@hdjisung.com으로 보내 주세요.

현대지성 홈페이지

이 책을 만든 사람들
편집 채대광 **디자인** 한승주